EBRAICO

VOCABOLARIO

PER STUDIO AUTODIDATTICO

ITALIANO-EBRAICO

Le parole più utili
Per ampliare il proprio lessico e affinare
le proprie abilità linguistiche

7000 parole

Vocabolario Italiano-Ebraico per studio autodidattico - 7000 parole
Di Andrey Taranov

I vocabolari T&P Books si propongono come strumento di aiuto per apprendere, memorizzare e revisionare l'uso di termini stranieri. Il dizionario si divide in vari argomenti che includono la maggior parte delle attività quotidiane, tra cui affari, scienza, cultura, ecc.

Il processo di apprendimento delle parole attraverso i dizionari divisi in liste tematiche della collana T&P Books offre i seguenti vantaggi:

- Le fonti d'informazione correttamente raggruppate garantiscono un buon risultato nella memorizzazione delle parole
- La possibilità di memorizzare gruppi di parole con la stessa radice (piuttosto che memorizzarle separatamente)
- Piccoli gruppi di parole facilitano il processo di apprendimento per associazione, utile al potenziamento lessicale
- Il livello di conoscenza della lingua può essere valutato attraverso il numero di parole apprese

T&P Books Publishing
www.tpbooks.com

ISBN: 978-1-78716-425-3

Questo libro è disponibile anche in formato e-book.
Visitate il sito www.tpbooks.com o le principali librerie online.

VOCABOLARIO EBRAICO
per studio autodidattico

I vocabolari T&P Books si propongono come strumento di aiuto per apprendere, memorizzare e revisionare l'uso di termini stranieri. Il vocabolario contiene oltre 7000 parole di uso comune ordinate per argomenti.

- Il vocabolario contiene le parole più comunemente usate
- È consigliato in aggiunta ad un corso di lingua
- Risponde alle esigenze degli studenti di lingue straniere sia essi principianti o di livello avanzato
- Pratico per un uso quotidiano, per gli esercizi di revisione e di autovalutazione
- Consente di valutare la conoscenza del proprio lessico

Caratteristiche specifiche del vocabolario:

- Le parole sono ordinate secondo il proprio significato e non alfabeticamente
- Le parole sono riportate in tre colonne diverse per facilitare il metodo di revisione e autovalutazione
- I gruppi di parole sono divisi in sottogruppi per facilitare il processo di apprendimento
- Il vocabolario offre una pratica e semplice trascrizione fonetica per ogni termine straniero

Il vocabolario contiene 198 argomenti tra cui:

Concetti di Base, Numeri, Colori, Mesi, Stagioni, Unità di Misura, Abbigliamento e Accessori, Cibo e Alimentazione, Ristorante, Membri della Famiglia, Parenti, Personalità, Sentimenti, Emozioni, Malattie, Città, Visita Turistica, Acquisti, Denaro, Casa, Ufficio, Lavoro d'Ufficio, Import-export, Marketing, Ricerca di un Lavoro, Sport, Istruzione, Computer, Internet, Utensili, Natura, Paesi, Nazionalità e altro ancora ...

INDICE

GUIDA ALLA PRONUNCIA

Nome della lettera	Lettera	Esempio ebraico	Alfabeto fonetico T&P	Esempio italiano
Alef	א	אריה	[ɑ], [ɑ:]	fare
	א	אחד	[ɛ], [ɛ:]	bestia
	א	מֵאָה	['] (hamza)	occlusiva glottidale sorda
Bet	ב	בית	[b]	bianco
Ghimel	ג	גמל	[g]	guerriero
Ghimel+geresh	ג'	ג'ונגֶל	[ʤ]	piangere
Dalet	ד	דג	[d]	doccia
Hej	ה	הר	[h]	[h] aspirate
Waw	ו	וסת	[v]	volare
Zajin	ז	זאב	[z]	rosa
Zajin+geresh	ז'	ז'ורנָל	[ʒ]	beige
Chet	ח	חוט	[χ]	[h] dolce
Tet	ט	טוב	[t]	tattica
Jod	י	יום	[j]	New York
Kaf	ך כ	כריש	[k]	cometa
Lamed	ל	לחם	[l]	saluto
Mem	ם מ	מלך	[m]	mostra
Nun	ן נ	נר	[n]	notte
Samech	ס	סוס	[s]	sapere
Ajin	ע	עין	[ɑ], [ɑ:]	fare
	ע	תְשעִים	['] (ayn)	fricativa faringale sonora
Pe	ף פ	פיל	[p]	pieno
Tzadi	ץ צ	צעצוע	[ʦ]	calzini
Tzadi+geresh	צ'ץ'	צָ'יק	[ʧ]	cinque
Kof	ק	קוף	[k]	cometa
Reš	ר	רבבת	[r]	[R] vibrante
Sin	ש	שלחן, עָשׂרִים	[s], [ʃ]	sapere, ruscello
Tav	ת	תפוז	[t]	tattica

ABBREVIAZIONI
usate nel vocabolario

Italiano. Abbreviazioni

agg	-	aggettivo
anim.	-	animato
avv	-	avverbio
cong	-	congiunzione
ecc.	-	eccetera
f	-	sostantivo femminile
f pl	-	femminile plurale
fem.	-	femminile
form.	-	formale
inanim.	-	inanimato
inform.	-	familiare
m	-	sostantivo maschile
m pl	-	maschile plurale
m, f	-	maschile, femminile
masc.	-	maschile
mil.	-	militare
pl	-	plurale
pron	-	pronome
qc	-	qualcosa
qn	-	qualcuno
sing.	-	singolare
v aus	-	verbo ausiliare
vi	-	verbo intransitivo
vi, vt	-	verbo intransitivo, transitivo
vr	-	verbo riflessivo
vt	-	verbo transitivo

Ebraico. Abbreviazioni

ז	-	maschile
ז"ר	-	maschile plurale
ז, נ	-	maschile, femminile
נ	-	femminile
נ"ר	-	femminile plurale

CONCETTI DI BASE

Concetti di base. Parte 1

1. Pronomi

io	ani	אֲנִי (ז, נ)
tu (masc.)	ata	אַתָה (ז)
tu (fem.)	at	אַת (נ)
lui	hu	הוּא (ז)
lei	hi	הִיא (נ)
noi	a'naχnu	אֲנַחנוּ (ז, נ)
voi (masc.)	atem	אַתֶם (ז"ר)
voi (fem.)	aten	אַתֶן (נ"ר)
Lei	ata, at	אַתָה (ז), אַת (נ)
Voi	atem, aten	אַתֶם (ז"ר), אַתֶן (נ"ר)
loro	hem, hen	הֵם (ז"ר), הֵן (נ"ר)
loro (masc.)	hem	הֵם (ז"ר)
loro (fem.)	hen	הֵן (נ"ר)

2. Saluti. Convenevoli. Saluti di congedo

Salve!	ʃalom!	שָלוֹם!
Buongiorno!	ʃalom!	שָלוֹם!
Buongiorno! (la mattina)	'boker tov!	בּוֹקֶר טוֹב!
Buon pomeriggio!	tsaha'rayim tovim!	צָהֳרַיִים טוֹבִים!
Buonasera!	'erev tov!	עֶרֶב טוֹב!
salutare (vt)	lomar ʃalom	לוֹמַר שָלוֹם
Ciao! Salve!	hai!	הַיי!
saluto (m)	ahlan	אַהלַן
Come sta? Come stai?	ma ʃlomχa?	מַה שלוֹמךָ? (ז)
Come sta?	ma ʃlomeχ?, ma ʃlomχa?	מַה שלוֹמֵך? (נ), מַה שלוֹמךָ? (ז)
Come stai?	ma niʃma?	מַה נִשמָע?
Che c'è di nuovo?	ma χadaʃ?	מַה חָדָש?
Arrivederci!	lehitra'ot!	לְהִתרָאוֹת!
Ciao!	bai!	בַּיי!
A presto!	lehitra'ot bekarov!	לְהִתרָאוֹת בְּקָרוֹב!
Addio!	lehitra'ot!	לְהִתרָאוֹת!
congedarsi (vr)	lomar lehitra'ot	לוֹמַר לְהִתרָאוֹת
Ciao! (A presto!)	bai!	בַּיי!
Grazie!	toda!	תוֹדָה!
Grazie mille!	toda raba!	תוֹדָה רַבָּה!

Prego	bevakaʃa	בְּבַקָשָׁה
Non c'è di che!	al lo davar	עַל לֹא דָבָר
Di niente	ein be'ad ma	אֵין בְּעַד מָה
Scusa!	sliχa!	סלִיחָה!
Scusi!	sliχa!	סלִיחָה!
scusare (vt)	lis'loaχ	לִסלוֹחַ
scusarsi (vr)	lehitnaʦel	לְהִתנַצֵל
Chiedo scusa	ani mitnaʦel, ani mitna'ʦelet	אֲנִי מִתנַצֵל (ז), אֲנִי מִתנַצֶלֶת (נ)
Mi perdoni!	ani miʦta'er, ani miʦta''eret	אֲנִי מִצטַעֵר (ז), אֲנִי מִצטַעֶרֶת (נ)
perdonare (vt)	lis'loaχ	לִסלוֹחַ
Non fa niente	lo nora	לֹא נוֹרָא
per favore	bevakaʃa	בְּבַקָשָׁה
Non dimentichi!	al tiʃkaχ!	אַל תִשכַּח! (ז)
Certamente!	'betaχ!	בֶּטַח!
Certamente no!	'betaχ ʃelo!	בֶּטַח שֶלֹא!
D'accordo!	okei!	אוֹקֵיי!
Basta!	maspik!	מַספִּיק!

3. Numeri cardinali. Parte 1

zero (m)	'efes	אֶפֶס (ז)
uno	eχad	אֶחָד (ז)
una	aχat	אַחַת (נ)
due	'ʃtayim	שתַיִים (נ)
tre	ʃaloʃ	שָלוֹש (נ)
quattro	arba	אַרבַּע (נ)
cinque	χameʃ	חָמֵש (נ)
sei	ʃeʃ	שֵש (נ)
sette	'ʃeva	שֶבַע (נ)
otto	'ʃmone	שמוֹנֶה (נ)
nove	'teʃa	תֵשַע (נ)
dieci	'eser	עֶשֶׂר (נ)
undici	aχat esre	אַחַת־עֶשׂרֵה (נ)
dodici	ʃteim esre	שתֵים־עֶשׂרֵה (נ)
tredici	ʃloʃ esre	שלוֹש־עֶשׂרֵה (נ)
quattordici	arba esre	אַרבַּע־עֶשׂרֵה (נ)
quindici	χameʃ esre	חֲמֵש־עֶשׂרֵה (נ)
sedici	ʃeʃ esre	שֵש־עֶשׂרֵה (נ)
diciassette	ʃva esre	שבַע־עֶשׂרֵה (נ)
diciotto	ʃmone esre	שמוֹנֶה־עֶשׂרֵה (נ)
diciannove	tʃa esre	תשַע־עֶשׂרֵה (נ)
venti	esrim	עֶשׂרִים
ventuno	esrim ve'eχad	עֶשׂרִים וְאֶחָד
ventidue	esrim u'ʃnayim	עֶשׂרִים ושנַיִים
ventitre	esrim uʃloʃa	עֶשׂרִים ושלוֹשָה
trenta	ʃloʃim	שלוֹשִים
trentuno	ʃloʃim ve'eχad	שלוֹשִים וְאֶחָד

trentadue	ʃloʃim u'ʃnayim	שלוֹשִים וּשנַיִים
trentatre	ʃloʃim uʃloʃa	שלוֹשִים וּשלוֹשָה
quaranta	arba'im	אַרבָּעִים
quarantuno	arba'im ve'eχad	אַרבָּעִים וְאֶחָד
quarantadue	arba'im u'ʃnayim	אַרבָּעִים וּשנַיִים
quarantatre	arba'im uʃloʃa	אַרבָּעִים וּשלוֹשָה
cinquanta	χamiʃim	חֲמִישִים
cinquantuno	χamiʃim ve'eχad	חֲמִישִים וְאֶחָד
cinquantadue	χamiʃim u'ʃnayim	חֲמִישִים וּשנַיִים
cinquantatre	χamiʃim uʃloʃa	חֲמִישִים וּשלוֹשָה
sessanta	ʃiʃim	שִישִים
sessantuno	ʃiʃim ve'eχad	שִישִים וְאֶחָד
sessantadue	ʃiʃim u'ʃnayim	שִישִים וּשנַיִים
sessantatre	ʃiʃim uʃloʃa	שִישִים וּשלוֹשָה
settanta	ʃiv'im	שִבעִים
settantuno	ʃiv'im ve'eχad	שִבעִים וְאֶחָד
settantadue	ʃiv'im u'ʃnayim	שִבעִים וּשנַיִים
settantatre	ʃiv'im uʃloʃa	שִבעִים וּשלוֹשָה
ottanta	ʃmonim	שמוֹנִים
ottantuno	ʃmonim ve'eχad	שמוֹנִים וְאֶחָד
ottantadue	ʃmonim u'ʃnayim	שמוֹנִים וּשנַיִים
ottantatre	ʃmonim uʃloʃa	שמוֹנִים וּשלוֹשָה
novanta	tiʃ'im	תִשעִים
novantuno	tiʃ'im ve'eχad	תִשעִים וְאֶחָד
novantadue	tiʃ'im u'ʃayim	תִשעִים וּשנַיִים
novantatre	tiʃ'im uʃloʃa	תִשעִים וּשלוֹשָה

4. Numeri cardinali. Parte 2

cento	'me'a	מֵאָה (נ)
duecento	ma'tayim	מָאתַיִים
trecento	ʃloʃ me'ot	שלוֹש מֵאוֹת (נ)
quattrocento	arba me'ot	אַרבַּע מֵאוֹת (נ)
cinquecento	χameʃ me'ot	חֲמֵש מֵאוֹת (נ)
seicento	ʃeʃ me'ot	שֵש מֵאוֹת (נ)
settecento	ʃva me'ot	שבַע מֵאוֹת (נ)
ottocento	ʃmone me'ot	שמוֹנֶה מֵאוֹת (נ)
novecento	tʃa me'ot	תשַע מֵאוֹת (נ)
mille	'elef	אֶלֶף (ז)
duemila	al'payim	אַלפַּיִים (ז)
tremila	'ʃloʃet alafim	שלוֹשֶת אֲלָפִים (ז)
diecimila	a'seret alafim	עֲשֶׂרֶת אֲלָפִים (ז)
centomila	'me'a 'elef	מֵאָה אֶלֶף (ז)
milione (m)	milyon	מִילִיוֹן (ז)
miliardo (m)	milyard	מִילִיַארד (ז)

5. Numeri. Frazioni

frazione (f)	'ʃever	שֶבֶר (ז)
un mezzo	'χetsi	חֲצִי (ז)
un terzo	ʃliʃ	שלִיש (ז)
un quarto	'reva	רֶבַע (ז)
un ottavo	ʃminit	שמִינִית (נ)
un decimo	asirit	עֲשִירִית (נ)
due terzi	ʃnei ʃliʃim	שנֵי שלִישִים (ז)
tre quarti	'ʃloʃet riv'ei	שלוֹשֶת רִבעֵי

6. Numeri. Operazioni aritmetiche di base

sottrazione (f)	χisur	חִיסוּר (ז)
sottrarre (vt)	leχaser	לְחַסֵר
divisione (f)	χiluk	חִילוּק (ז)
dividere (vt)	leχalek	לְחַלֵק
addizione (f)	χibur	חִיבּוּר (ז)
addizionare (vt)	leχaber	לְחַבֵּר
aggiungere (vt)	leχaber	לְחַבֵּר
moltiplicazione (f)	'kefel	כֶּפֶל (ז)
moltiplicare (vt)	lehaχpil	לְהַכפִּיל

7. Numeri. Varie

cifra (f)	sifra	סִפרָה (נ)
numero (m)	mispar	מִספָר (ז)
numerale (m)	ʃem mispar	שֵם מִספָר (ז)
meno (m)	'minus	מִינוּס (ז)
più (m)	plus	פלוּס (ז)
formula (f)	nusχa	נוּסחָה (נ)
calcolo (m)	χiʃuv	חִישוּב (ז)
contare (vt)	lispor	לִספּוֹר
calcolare (vt)	leχaʃev	לְחַשֵב
comparare (vt)	lehaʃvot	לְהַשווֹת
Quanto? Quanti?	'kama?	כַּמָה?
somma (f)	sχum	סכוּם (ז)
risultato (m)	totsa'a	תוֹצָאָה (נ)
resto (m)	ʃe'erit	שְאֵרִית (נ)
qualche ...	'kama	כַּמָה
un po' di ...	ktsat	קצָת
alcuni, pochi (non molti)	me'at	מְעַט
poco (non molto)	me'at	מְעַט
resto (m)	ʃe'ar	שְאָר (ז)
uno e mezzo	eχad va'χetsi	אֶחָד וָחֵצִי (ז)
dozzina (f)	tresar	תְרֵיסָר (ז)

in due	'χetsi 'χetsi	חֲצִי חֲצִי
in parti uguali	ʃave beʃave	שָׁוֶוה בְּשָׁוֶוה
metà (f), mezzo (m)	'χetsi	חֲצִי (ז)
volta (f)	'paʿam	פַּעַם (נ)

8. I verbi più importanti. Parte 1

accorgersi (vr)	lasim lev	לָשִׂים לֵב
afferrare (vt)	litfos	לִתפּוֹס
affittare (dare in affitto)	liskor	לִשׂכּוֹר
aiutare (vt)	laʿazor	לַעֲזוֹר
amare (qn)	leʾehov	לֶאֱהוֹב
andare (camminare)	la'leχet	לָלֶכֶת
annotare (vt)	lirʃom	לִרשׁוֹם
appartenere (vi)	lehiʃtayeχ	לְהִשׁתַּיֵיך
aprire (vt)	lif'toaχ	לִפתּוֹחַ
arrivare (vi)	leha'giʿa	לְהַגִיעַ
aspettare (vt)	lehamtin	לְהַמתִין
avere (vt)	lehaχzik	לְהַחזִיק
avere fame	lihyot raʿev	לִהיוֹת רָעֵב
avere fretta	lemaher	לְמַהֵר
avere paura	lefaχed	לְפַחֵד
avere sete	lihyot tsame	לִהיוֹת צָמֵא
avvertire (vt)	lehazhir	לְהַזהִיר
cacciare (vt)	latsud	לָצוּד
cadere (vi)	lipol	לִיפּוֹל
cambiare (vt)	leʃanot	לְשַׁנוֹת
capire (vt)	lehavin	לְהָבִין
cenare (vi)	leʾeχol aruχat 'erev	לֶאֱכוֹל אֲרוּחַת עֶרֶב
cercare (vt)	leχapes	לְחַפֵּשׂ
cessare (vt)	lehafsik	לְהַפסִיק
chiedere (~ aiuto)	likro	לִקרוֹא
chiedere (domandare)	liʃ'ol	לִשאוֹל
cominciare (vt)	lehatχil	לְהַתחִיל
comparare (vt)	lehaʃvot	לְהַשווֹת
confondere (vt)	lehitbalbel	לְהִתבַּלבֵּל
conoscere (qn)	lehakir et	לְהַכִּיר אֶת
conservare (vt)	liʃmor	לִשמוֹר
consigliare (vt)	leyaʿets	לְיַיעֵץ
contare (calcolare)	lispor	לִספּוֹר
contare su ...	lismoχ al	לִסמוֹך עַל
continuare (vt)	lehamʃiχ	לְהַמשִיך
controllare (vt)	liʃlot	לִשלוֹט
correre (vi)	laruts	לָרוּץ
costare (vt)	laʿalot	לַעֲלוֹת
creare (vt)	litsor	לִיצוֹר
cucinare (vi)	levaʃel	לְבַשֵׁל

9. I verbi più importanti. Parte 2

dare (vt)	latet	לָתֵת
dare un suggerimento	lirmoz	לִרמוֹז
decorare (adornare)	lekaʃet	לְקַשֵט
difendere (~ un paese)	lehagen	לְהָגֵן
dimenticare (vt)	liʃkoaχ	לִשכּוֹחַ
dire (~ la verità)	lomar	לוֹמַר
dirigere (compagnia, ecc.)	lenahel	לְנַהֵל
discutere (vt)	ladun	לָדוּן
domandare (vt)	levakeʃ	לְבַקֵש
dubitare (vi)	lefakpek	לְפַקפֵּק
entrare (vi)	lehikanes	לְהִיכָּנֵס
esigere (vt)	lidroʃ	לִדרוֹש
esistere (vi)	lehitkayem	לְהִתקַייֵם
essere (vi)	lihyot	לִהיוֹת
essere d'accordo	lehaskim	לְהַסכִּים
fare (vt)	la'asot	לַעֲשׂוֹת
fare colazione	le'eχol aruχat 'boker	לֶאֱכוֹל אֲרוּחַת בּוֹקֶר
fare il bagno	lehitraχets	לְהִתרַחֵץ
fermarsi (vr)	la'atsor	לַעֲצוֹר
fidarsi (vr)	liv'toaχ	לִבטוֹחַ
finire (vt)	lesayem	לְסַייֵם
firmare (~ un documento)	laχtom	לַחתוֹם
giocare (vi)	lesaχek	לְשַׂחֵק
girare (~ a destra)	lifnot	לִפנוֹת
gridare (vi)	lits'ok	לִצעוֹק
indovinare (vt)	lenaχeʃ	לְנַחֵש
informare (vt)	leho'dia	לְהוֹדִיעַ
ingannare (vt)	leramot	לְרַמוֹת
insistere (vi)	lehit'akeʃ	לְהִתעַקֵש
insultare (vt)	leha'aliv	לְהַעֲלִיב
interessarsi di ...	lehit'anyen be...	לְהִתעַניֵין בְּ...
invitare (vt)	lehazmin	לְהַזמִין
lamentarsi (vr)	lehitlonen	לְהִתלוֹנֵן
lasciar cadere	lehapil	לְהַפִּיל
lavorare (vi)	la'avod	לַעֲבוֹד
leggere (vi, vt)	likro	לִקרוֹא
liberare (vt)	leʃaχrer	לְשַחרֵר

10. I verbi più importanti. Parte 3

mancare le lezioni	lehaχsir	לְהַחסִיר
mandare (vt)	liʃloaχ	לִשלוֹחַ
menzionare (vt)	lehazkir	לְהַזכִּיר
minacciare (vt)	le'ayem	לְאַייֵם

mostrare (vt)	lehar'ot	לְהַראוֹת
nascondere (vt)	lehastir	לְהַסתִיר
nuotare (vi)	lisχot	לִשׂחוֹת
obiettare (vt)	lehitnaged	לְהִתנַגֵד
occorrere (vimp)	lehidareʃ	לְהִידָרֵש
ordinare (~ il pranzo)	lehazmin	לְהַזמִין
ordinare (mil.)	lifkod	לִפקוֹד
osservare (vt)	litspot, lehaʃkif	לִצפּוֹת, לְהַשקִיף
pagare (vi, vt)	leʃalem	לְשַלֵם
parlare (vi, vt)	ledaber	לְדַבֵּר
partecipare (vi)	lehiʃtatef	לְהִשתַתֵף
pensare (vi, vt)	laχʃov	לַחשוֹב
perdonare (vt)	lis'loaχ	לִסלוֹחַ
permettere (vt)	leharʃot	לְהַרשוֹת
piacere (vi)	limtso χen be'ei'nayim	לִמצוֹא חֵן בְּעֵינַיִים
piangere (vi)	livkot	לִבכּוֹת
pianificare (vt)	letaχnen	לְתַכנֵן
possedere (vt)	lihyot 'ba'al ʃel	לִהיוֹת בַּעַל שֶל
potere (v aus)	yaχol	יָכוֹל
pranzare (vi)	le'eχol aruχat tsaha'rayim	לֶאֱכוֹל אֲרוּחַת צָהֳרַיִים
preferire (vt)	leha'adif	לְהַעֲדִיף
pregare (vi, vt)	lehitpalel	לְהִתפַּלֵל
prendere (vt)	la'kaχat	לָקַחַת
prevedere (vt)	laχazot	לַחֲזוֹת
promettere (vt)	lehav'tiaχ	לְהַבטִיחַ
pronunciare (vt)	levate	לְבַטֵא
proporre (vt)	leha'tsi'a	לְהַצִיעַ
punire (vt)	leha'aniʃ	לְהַעֲנִיש
raccomandare (vt)	lehamlits	לְהַמלִיץ
ridere (vi)	litsχok	לִצחוֹק
rifiutarsi (vr)	lesarev	לְסָרֵב
rincrescere (vi)	lehitsta'er	לְהִצטַעֵר
ripetere (ridire)	laχazor al	לַחֲזוֹר עַל
riservare (vt)	lehazmin meroʃ	לְהַזמִין מֵרֹאש
rispondere (vi, vt)	la'anot	לַעֲנוֹת
rompere (spaccare)	liʃbor	לִשבּוֹר
rubare (~ i soldi)	lignov	לִגנוֹב

11. I verbi più importanti. Parte 4

salvare (~ la vita a qn)	lehatsil	לְהַצִיל
sapere (vt)	la'da'at	לָדַעַת
sbagliare (vi)	lit'ot	לִטעוֹת
scavare (vt)	laχpor	לַחפּוֹר
scegliere (vt)	livχor	לִבחוֹר
scendere (vi)	la'redet	לָרֶדֶת
scherzare (vi)	lehitba'deaχ	לְהִתבַּדֵחַ

scrivere (vt)	liχtov	לִכתוֹב
scusare (vt)	lis'loaχ	לִסלוֹחַ
scusarsi (vr)	lehitnatsel	לְהִתנַצֵל
sedersi (vr)	lehityaʃev	לְהִתייַשֵב
seguire (vt)	la'akov aχarei	לַעֲקוֹב אַחֲרֵי
sgridare (vt)	linzof	לִנזוֹף
significare (vt)	lomar	לוֹמַר
sorridere (vi)	leχayeχ	לְחַייֵך
sottovalutare (vt)	leham'it be''ereχ	לְהַמעִיט בְּעֵרֶך
sparare (vi)	lirot	לִירוֹת
sperare (vi, vt)	lekavot	לְקווֹת
spiegare (vt)	lehasbir	לְהַסבִּיר
studiare (vt)	lilmod	לִלמוֹד
stupirsi (vr)	lehitpale	לְהִתפַּלֵא
tacere (vi)	liʃtok	לִשתוֹק
tentare (vt)	lenasot	לְנַסוֹת
toccare (~ con le mani)	la'ga'at	לָגַעַת
tradurre (vt)	letargem	לְתַרגֵם
trovare (vt)	limtso	לִמצוֹא
uccidere (vt)	laharog	לַהֲרוֹג
udire (percepire suoni)	liʃmo'a	לִשמוֹעַ
unire (vt)	le'aχed	לְאַחֵד
uscire (vi)	latset	לָצֵאת
vantarsi (vr)	lehitravrev	לְהִתרַברֵב
vedere (vt)	lir'ot	לִראוֹת
vendere (vt)	limkor	לִמכּוֹר
volare (vi)	la'uf	לָעוּף
volere (desiderare)	lirtsot	לִרצוֹת

12. Colori

colore (m)	'tseva	צֶבַע (ז)
sfumatura (f)	gavan	גָוון (ז)
tono (m)	gavan	גָוון (ז)
arcobaleno (m)	'keʃet	קֶשֶת (נ)
bianco (agg)	lavan	לָבָן
nero (agg)	ʃaχor	שָחוֹר
grigio (agg)	afor	אָפוֹר
verde (agg)	yarok	יָרוֹק
giallo (agg)	tsahov	צָהוֹב
rosso (agg)	adom	אָדוֹם
blu (agg)	kaχol	כָּחוֹל
azzurro (agg)	taχol	תָכוֹל
rosa (agg)	varod	וָרוֹד
arancione (agg)	katom	כָּתוֹם
violetto (agg)	segol	סָגוֹל

marrone (agg)	χum	חום
d'oro (agg)	zahov	זָהוֹב
argenteo (agg)	kasuf	כָּסוּף
beige (agg)	beʒ	בֶּז'
color crema (agg)	be'tseva krem	בְּצֶבַע קרֶם
turchese (agg)	turkiz	טורקיז
rosso ciliegia (agg)	bordo	בורדו
lilla (agg)	segol	סָגוֹל
rosso lampone (agg)	patol	פָּטוֹל
chiaro (agg)	bahir	בָּהִיר
scuro (agg)	kehe	כֵּהֶה
vivo, vivido (agg)	bohek	בּוֹהֵק
colorato (agg)	tsiv'oni	צִבעוֹנִי
a colori	tsiv'oni	צִבעוֹנִי
bianco e nero (agg)	ʃaχor lavan	שָחוֹר־לָבָן
in tinta unita	χad tsiv'i	חַד־צִבעִי
multicolore (agg)	sasgoni	סַסגוֹנִי

13. Domande

Chi?	mi?	מִי?
Che cosa?	ma?	מָה?
Dove? (in che luogo?)	'eifo?	אֵיפֹה?
Dove? (~ vai?)	le'an?	לְאָן?
Di dove?, Da dove?	me''eifo?	מֵאֵיפֹה?
Quando?	matai?	מָתַיי?
Perché? (per quale scopo?)	'lama?	לָמָה?
Perché? (per quale ragione?)	ma'du'a?	מַדוּעַ?
Per che cosa?	biʃvil ma?	בִּשבִיל מָה?
Come?	eiχ, keitsad?	כֵּיצַד? אֵיך?
Che? (~ colore è?)	'eize?	אֵיזֶה?
Quale?	'eize?	אֵיזֶה?
A chi?	lemi?	לְמִי?
Di chi?	al mi?	עַל מִי?
Di che cosa?	al ma?	עַל מָה?
Con chi?	im mi?	עִם מִי?
Quanti?, Quanto?	'kama?	כַּמָה?
Di chi?	ʃel mi?	שֶל מִי?

14. Parole grammaticali. Avverbi. Parte 1

Dove?	'eifo?	אֵיפֹה?
qui (in questo luogo)	po, kan	פֹּה, כָּאן
lì (in quel luogo)	ʃam	שָם
da qualche parte (essere ~)	'eifo ʃehu	אֵיפֹה שֶהוּא
da nessuna parte	beʃum makom	בְּשוּם מָקוֹם

vicino a ...	leyad ...	לְיַד ...
vicino alla finestra	leyad haχalon	לְיַד הַחַלוֹן
Dove?	le'an?	לְאָן?
qui (vieni ~)	'hena, lekan	הֵנָה; לְכָאן
ci (~ vado stasera)	leʃam	לְשָׁם
da qui	mikan	מִכָּאן
da lì	miʃam	מִשָּׁם
vicino, accanto (avv)	karov	קָרוֹב
lontano (avv)	raχok	רָחוֹק
vicino (~ a Parigi)	leyad	לְיַד
vicino (qui ~)	karov	קָרוֹב
non lontano	lo raχok	לֹא רָחוֹק
sinistro (agg)	smali	שְׂמָאלִי
a sinistra (rimanere ~)	mismol	מִשְּׂמֹאל
a sinistra (girare ~)	'smola	שְׂמֹאלָה
destro (agg)	yemani	יְמָנִי
a destra (rimanere ~)	miyamin	מִיָּמִין
a destra (girare ~)	ya'mina	יָמִינָה
davanti	mika'dima	מִקָּדִימָה
anteriore (agg)	kidmi	קִדמִי
avanti	ka'dima	קָדִימָה
dietro (avv)	me'aχor	מֵאָחוֹר
da dietro	me'aχor	מֵאָחוֹר
indietro	a'χora	אָחוֹרָה
mezzo (m), centro (m)	'emtsa	אֶמְצַע (ז)
in mezzo, al centro	ba''emtsa	בָּאֶמְצַע
di fianco	mehatsad	מֵהַצַד
dappertutto	beχol makom	בְּכָל מָקוֹם
attorno	misaviv	מִסָבִיב
da dentro	mibifnim	מִבִּפְנִים
da qualche parte (andare ~)	le'an ʃehu	לְאָן שֶהוּא
dritto (direttamente)	yaʃar	יָשָר
indietro	baχazara	בַּחֲזָרָה
da qualsiasi parte	me'ei ʃam	מֵאֵי שָם
da qualche posto (veniamo ~)	me'ei ʃam	מֵאֵי שָם
in primo luogo	reʃit	רֵאשִית
in secondo luogo	ʃenit	שֵנִית
in terzo luogo	ʃliʃit	שלִישִית
all'improvviso	pit'om	פִּתאוֹם
all'inizio	behatslaχa	בַּהַתחָלָה
per la prima volta	lariʃona	לָרִאשוֹנָה
molto tempo prima di...	zman rav lifnei ...	זמַן רַב לִפנֵי ...

di nuovo	meχadaʃ	מֵחָדָש
per sempre	letamid	לְתָמִיד
mai	af 'paʿam, meʿolam	מֵעוֹלָם, אַף פַּעַם
ancora	ʃuv	שוּב
adesso	aχʃav, kaʿet	עַכשָיו, כָּעֵת
spesso (avv)	leʿitim krovot	לְעִיתִים קרוֹבוֹת
allora	az	אָז
urgentemente	bidχifut	בִּדחִיפוּת
di solito	be'dereχ klal	בְּדֶרֶך כּלָל
a proposito, ...	'dereχ 'agav	דֶרֶך אַגַב
è possibile	efʃari	אֶפשָרִי
probabilmente	kanirʾe	כַּנִראֶה
forse	ulai	אוּלַי
inoltre ...	χuts mize ...	חוּץ מִזֶה ...
ecco perché ...	laχen	לָכֵן
nonostante (~ tutto)	lamrot ...	לַמרוֹת ...
grazie a ...	hodot le...	הוֹדוֹת לְ...
che cosa (pron)	ma	מָה
che (cong)	ʃe	שֶ
qualcosa (qualsiasi cosa)	'maʃehu	מַשֶהוּ
qualcosa (le serve ~?)	'maʃehu	מַשֶהוּ
niente	klum	כלוּם
chi (pron)	mi	מִי
qualcuno (annuire a ~)	'miʃehu, 'miʃehi	מִישֶהוּ (ז), מִישֶהִי (נ)
qualcuno (dipendere da ~)	'miʃehu, 'miʃehi	מִישֶהוּ (ז), מִישֶהִי (נ)
nessuno	af eχad, af aχat	אַף אֶחָד (ז), אַף אַחַת (נ)
da nessuna parte	leʃum makom	לְשוּם מָקוֹם
di nessuno	lo ʃayaχ le'af eχad	לֹא שַיָיך לְאַף אֶחָד
di qualcuno	ʃel 'miʃehu	שֶל מִישֶהוּ
così (era ~ arrabbiato)	kol kaχ	כָּל־כָּך
anche (penso ~ a ...)	gam	גַם
anche, pure	gam	גַם

15. Parole grammaticali. Avverbi. Parte 2

Perché?	ma'duʿa?	מַדוּעַ?
per qualche ragione	miʃum ma	מִשוּם־מָה
perché ...	miʃum ʃe	מִשוּם שֶ
per qualche motivo	lematara 'kolʃehi	לְמַטָרָה כָּלשֶהִי
e (cong)	ve ...	וְ ...
o (sì ~ no?)	o	אוֹ
ma (però)	aval, ulam	אֲבָל, אוּלָם
per (~ me)	biʃvil	בִּשבִיל
troppo	yoter midai	יוֹתֵר מִדַי
solo (avv)	rak	רַק
esattamente	bediyuk	בְּדִיוּק

circa (~ 10 dollari)	be"ereχ	בְּעֶרֶך
approssimativamente	be"ereχ	בְּעֶרֶך
approssimativo (agg)	meʃo'ar	מְשוֹעָר
quasi	kim'at	כִּמעַט
resto	ʃe'ar	שְאָר (ז)
l'altro (~ libro)	aχer	אַחֵר
altro (differente)	aχer	אַחֵר
ogni (agg)	kol	כֹּל
qualsiasi (agg)	kolʃehu	כָּלשֶהוּ
molti, molto	harbe	הַרבֵּה
molta gente	harbe	הַרבֵּה
tutto, tutti	kulam	כּוּלָם
in cambio di ...	tmurat ...	תמורַת ...
in cambio	bitmura	בִּתמוּרָה
a mano (fatto ~)	bayad	בַּיָד
poco probabile	safek im	סָפֵק אִם
probabilmente	karov levadai	קָרוֹב לְוַודַאי
apposta	'davka	דַווקָא
per caso	bemikre	בְּמִקרֶה
molto (avv)	me'od	מְאוֹד
per esempio	lemaʃal	לְמָשָל
fra (~ due)	bein	בֵּין
fra (~ più di due)	be'kerev	בְּקֶרֶב
tanto (quantità)	kol kaχ harbe	כָּל־כָּך הַרבֵּה
soprattutto	bimyuχad	בִּמיוּחָד

Concetti di base. Parte 2

16. Giorni della settimana

lunedì (m)	yom ʃeni	יוֹם שֵׁנִי (ז)
martedì (m)	yom ʃliʃi	יוֹם שלִישִׁי (ז)
mercoledì (m)	yom revi'i	יוֹם רְבִיעִי (ז)
giovedì (m)	yom χamiʃi	יוֹם חֲמִישִׁי (ז)
venerdì (m)	yom ʃiʃi	יוֹם שִׁישִׁי (ז)
sabato (m)	ʃabat	שַׁבָּת (נ)
domenica (f)	yom riʃon	יוֹם רִאשוֹן (ז)
oggi (avv)	hayom	הַיוֹם
domani	maχar	מָחָר
dopodomani	maχara'tayim	מָחֳרָתַיִים
ieri (avv)	etmol	אֶתמוֹל
l'altro ieri	ʃilʃom	שִׁלשוֹם
giorno (m)	yom	יוֹם (ז)
giorno (m) lavorativo	yom avoda	יוֹם עֲבוֹדָה (ז)
giorno (m) festivo	yom χag	יוֹם חַג (ז)
giorno (m) di riposo	yom menuχa	יוֹם מְנוּחָה (ז)
fine (m) settimana	sof ʃa'vu'a	סוֹף שָׁבוּעַ
tutto il giorno	kol hayom	כָּל הַיוֹם
l'indomani	lamaχarat	לַמָחֳרָת
due giorni fa	lifnei yo'mayim	לִפנֵי יוֹמַיִים
il giorno prima	'erev	עֶרֶב
quotidiano (agg)	yomyomi	יוֹמיוֹמִי
ogni giorno	midei yom	מִדֵי יוֹם
settimana (f)	ʃa'vua	שָׁבוּעַ (ז)
la settimana scorsa	baʃa'vu'a ʃe'avar	בַּשָׁבוּעַ שֶׁעָבַר
la settimana prossima	baʃa'vu'a haba	בַּשָׁבוּעַ הַבָּא
settimanale (agg)	ʃvu'i	שבוּעִי
ogni settimana	kol ʃa'vu'a	כָּל שָׁבוּעַ
due volte alla settimana	pa'a'mayim beʃa'vu'a	פַּעֲמַיִים בְּשָׁבוּעַ
ogni martedì	kol yom ʃliʃi	כָּל יוֹם שלִישִׁי

17. Ore. Giorno e notte

mattina (f)	'boker	בּוֹקֶר (ז)
di mattina	ba'boker	בַּבּוֹקֶר
mezzogiorno (m)	tsaha'rayim	צָהֳרַיִים (ז"ר)
nel pomeriggio	aχar hatsaha'rayim	אַחַר הַצָהֳרַיִים
sera (f)	'erev	עֶרֶב (ז)
di sera	ba''erev	בָּעֶרֶב

notte (f)	'laila	לַילָה (נ)
di notte	ba'laila	בַּלַילָה
mezzanotte (f)	χatsot	חֲצוֹת (נ)
secondo (m)	ʃniya	שנִייָה (נ)
minuto (m)	daka	דַקָה (נ)
ora (f)	ʃaʿa	שָעָה (נ)
mezzora (f)	χatsi ʃaʿa	חֲצִי שָעָה (נ)
un quarto d'ora	'reva ʃaʿa	רֶבַע שָעָה (ז)
quindici minuti	χameʃ esre dakot	חֲמֵש עֶשׂרֵה דַקוֹת
ventiquattro ore	yemama	יְמָמָה (נ)
levata (f) del sole	zriχa	זרִיחָה (נ)
alba (f)	'ʃaχar	שַחַר (ז)
mattutino (m)	'ʃaχar	שַחַר (ז)
tramonto (m)	ʃkiʿa	שקִיעָה (נ)
di buon mattino	mukdam ba'boker	מוּקדָם בַּבּוֹקֶר
stamattina	ha'boker	הַבּוֹקֶר
domattina	maχar ba'boker	מָחָר בַּבּוֹקֶר
oggi pomeriggio	hayom aχarei hatzahaʿrayim	הַיוֹם אַחֲרֵי הַצָהֳרַיִים
nel pomeriggio	aχar hatsaha'rayim	אַחַר הַצָהֳרַיִים
domani pomeriggio	maχar aχarei hatsaha'rayim	מָחָר אַחֲרֵי הַצָהֳרַיִים
stasera	ha'ʿerev	הָעֶרֶב
domani sera	maχar ba'ʿerev	מָחָר בָּעֶרֶב
alle tre precise	baʃaʿa ʃaloʃ bediyuk	בְּשָעָה שָלוֹש בְּדִיוּק
verso le quattro	bisvivot arba	בִּסבִיבוֹת אַרבַּע
per le dodici	ad ʃteim esre	עַד שתֵים־עֶשׂרֵה
fra venti minuti	beʿod esrim dakot	בְּעוֹד עֶשׂרִים דַקוֹת
fra un'ora	beʿod ʃaʿa	בְּעוֹד שָעָה
puntualmente	bazman	בַּזמַן
un quarto di ...	'reva le...	רֶבַע לְ...
entro un'ora	toχ ʃaʿa	תוֹך שָעָה
ogni quindici minuti	kol 'reva ʃaʿa	כָּל רֶבַע שָעָה
giorno e notte	misaviv laʃaʿon	מִסָבִיב לַשָעוֹן

18. Mesi. Stagioni

gennaio (m)	'yanu'ar	יָנוּאָר (ז)
febbraio (m)	'febru'ar	פֶבּרוּאָר (ז)
marzo (m)	merts	מֶרץ (ז)
aprile (m)	april	אַפּרִיל (ז)
maggio (m)	mai	מַאי (ז)
giugno (m)	'yuni	יוּנִי (ז)
luglio (m)	'yuli	יוּלִי (ז)
agosto (m)	'ogust	אוֹגוּסט (ז)
settembre (m)	sep'tember	סֶפּטֶמבֶּר (ז)
ottobre (m)	ok'tober	אוֹקטוֹבֶּר (ז)
novembre (m)	no'vember	נוֹבֶמבֶּר (ז)
dicembre (m)	de'tsember	דֶצֶמבֶּר (ז)

primavera (f)	aviv	אָבִיב (ז)
in primavera	ba'aviv	בְּאָבִיב
primaverile (agg)	avivi	אֲבִיבִי
estate (f)	'kayits	קַיִץ (ז)
in estate	ba'kayits	בְּקַיִץ
estivo (agg)	ketsi	קֵיצִי
autunno (m)	stav	סתָיו (ז)
in autunno	bestav	בְּסתָיו
autunnale (agg)	stavi	סתָווִי
inverno (m)	'χoref	חוֹרֶף (ז)
in inverno	ba'χoref	בַּחוֹרֶף
invernale (agg)	χorpi	חוֹרפִּי
mese (m)	'χodeʃ	חוֹדֶש (ז)
questo mese	ha'χodeʃ	הַחוֹדֶש
il mese prossimo	ba'χodeʃ haba	בַּחוֹדֶש הַבָּא
il mese scorso	ba'χodeʃ ʃe'avar	בַּחוֹדֶש שֶעָבַר
un mese fa	lifnei 'χodeʃ	לִפנֵי חוֹדֶש
fra un mese	be'od 'χodeʃ	בְּעוֹד חוֹדֶש
fra due mesi	be'od χod'ʃayim	בְּעוֹד חוֹדשַיִים
un mese intero	kol ha'χodeʃ	כָּל הַחוֹדֶש
per tutto il mese	kol ha'χodeʃ	כָּל הַחוֹדֶש
mensile (rivista ~)	χodʃi	חוֹדשִי
mensilmente	χodʃit	חוֹדשִית
ogni mese	kol 'χodeʃ	כָּל חוֹדֶש
due volte al mese	pa'a'mayim be'χodeʃ	פַּעֲמַיִים בְּחוֹדֶש
anno (m)	ʃana	שָנָה (נ)
quest'anno	haʃana	הַשָנָה
l'anno prossimo	baʃana haba'a	בַּשָנָה הַבָּאָה
l'anno scorso	baʃana ʃe'avra	בַּשָנָה שֶעָברָה
un anno fa	lifnei ʃana	לִפנֵי שָנָה
fra un anno	be'od ʃana	בְּעוֹד שָנָה
fra due anni	be'od ʃna'tayim	בְּעוֹד שנָתַיִים
un anno intero	kol haʃana	כָּל הַשָנָה
per tutto l'anno	kol haʃana	כָּל הַשָנָה
ogni anno	kol ʃana	כָּל שָנָה
annuale (agg)	ʃnati	שנָתִי
annualmente	midei ʃana	מִדֵי שָנָה
quattro volte all'anno	arba pa'amim be'χodeʃ	אַרבַּע פְּעָמִים בְּחוֹדֶש
data (f) (~ di oggi)	ta'ariχ	תַאֲרִיך (ז)
data (f) (~ di nascita)	ta'ariχ	תַאֲרִיך (ז)
calendario (m)	'luaχ ʃana	לוּחַ שָנָה (ז)
mezz'anno (m)	χatsi ʃana	חֲצִי שָנָה (ז)
semestre (m)	ʃiʃa χodaʃim, χatsi ʃana	חֲצִי שָנָה, שִישָה חוֹדָשִים
stagione (f) (estate, ecc.)	ona	עוֹנָה (נ)
secolo (m)	'me'a	מֵאָה (נ)

19. Orario. Varie

tempo (m)	zman	זמַן (ז)
istante (m)	'rega	רֶגַע (ז)
momento (m)	'rega	רֶגַע (ז)
istantaneo (agg)	miyadi	מִיָדִי
periodo (m)	tkufa	תקוּפָה (נ)
vita (f)	χayim	חַיִים (ז"ר)
eternità (f)	'netsaχ	נֶצַח (ז)
epoca (f)	idan	עִידָן (ז)
era (f)	idan	עִידָן (ז)
ciclo (m)	maχzor	מַחזוֹר (ז)
periodo (m)	tkufa	תקוּפָה (נ)
scadenza (f)	tkufa	תקוּפָה (נ)
futuro (m)	atid	עָתִיד (ז)
futuro (agg)	haba	הַבָּא
la prossima volta	ba'pa'am haba'a	בַּפַּעַם הַבָּאָה
passato (m)	avar	עָבָר (ז)
scorso (agg)	ʃe'avar	שֶעָבַר
la volta scorsa	ba'pa'am hako'demet	בַּפַּעַם הַקוֹדֶמֶת
più tardi	me'uχar yoter	מְאוּחָר יוֹתֵר
dopo	aχarei	אַחֲרֵי
oggigiorno	kayom	כַּיוֹם
adesso, ora	aχʃav, ka'et	עַכשָיו, כָּעֵת
immediatamente	miyad	מִיָד
fra poco, presto	bekarov	בְּקָרוֹב
in anticipo	meroʃ	מֵרֹאש
tanto tempo fa	mizman	מִזמַן
di recente	lo mizman	לא מִזמַן
destino (m)	goral	גוֹרָל (ז)
ricordi (m pl)	ziχronot	זִיכרוֹנוֹת (ז"ר)
archivio (m)	arχiyon	אַרכִיוֹן (ז)
durante ...	bezman ʃel ...	בְּזמַן שֶל ...
a lungo	zman rav	זמַן רַב
per poco tempo	lo zman rav	לא זמַן רַב
presto (al mattino ~)	mukdam	מוּקדָם
tardi (non presto)	me'uχar	מְאוּחָר
per sempre	la'netsaχ	לָנֶצַח
cominciare (vt)	lehatχil	לְהַתחִיל
posticipare (vt)	lidχot	לִדחוֹת
simultaneamente	bo zmanit	בּוֹ זמַנִית
tutto il tempo	bikvi'ut	בִּקבִיעוּת
costante (agg)	ka'vu'a	קָבוּעַ
temporaneo (agg)	zmani	זמַנִי
a volte	lif'amim	לִפעָמִים
raramente	le'itim reχokot	לְעִיתִים רְחוֹקוֹת
spesso (avv)	le'itim krovot	לְעִיתִים קרוֹבוֹת

20. Contrari

ricco (agg)	aʃir	עָשִׁיר
povero (agg)	ani	עָנִי
malato (agg)	χole	חוֹלֶה
sano (agg)	bari	בָּרִיא
grande (agg)	gadol	גָדוֹל
piccolo (agg)	katan	קָטָן
rapidamente	maher	מַהֵר
lentamente	le'at	לְאַט
veloce (agg)	mahir	מָהִיר
lento (agg)	iti	אִיטִי
allegro (agg)	sa'meaχ	שָׂמֵחַ
triste (agg)	atsuv	עָצוּב
insieme	be'yaχad	בְּיַחַד
separatamente	levad	לְבַד
ad alta voce (leggere ~)	bekol ram	בְּקוֹל רָם
in silenzio	belev, be'ʃeket	בְּלֵב, בְּשֶׁקֶט
alto (agg)	ga'voha	גָבוֹהַ
basso (agg)	namuχ	נָמוּך
profondo (agg)	amok	עָמוֹק
basso (agg)	radud	רָדוּד
sì	ken	כֵּן
no	lo	לֹא
lontano (agg)	raχok	רָחוֹק
vicino (agg)	karov	קָרוֹב
lontano (avv)	raχok	רָחוֹק
vicino (avv)	samuχ	סָמוּך
lungo (agg)	aroχ	אָרוֹך
corto (agg)	katsar	קָצָר
buono (agg)	tov lev	טוֹב לֵב
cattivo (agg)	raʃa	רָשָׁע
sposato (agg)	nasui	נָשׂוּי
celibe (agg)	ravak	רַוָוק
vietare (vt)	le'esor al	לֶאֱסוֹר עַל
permettere (vt)	leharʃot	לְהַרשוֹת
fine (f)	sof	סוֹף (ז)
inizio (m)	hatχala	הַתחָלָה (נ)

sinistro (agg)	smali	שְׂמָאלִי
destro (agg)	yemani	יְמָנִי
primo (agg)	riʃon	רִאשׁוֹן
ultimo (agg)	aχaron	אַחֲרוֹן
delitto (m)	'peʃa	פֶּשַׁע (ז)
punizione (f)	'oneʃ	עוֹנֶשׁ (ז)
ordinare (vt)	letsavot	לְצַווֹת
obbedire (vi)	letsayet	לְצַיֵּית
dritto (agg)	yaʃar	יָשָׁר
curvo (agg)	me'ukal	מְעוּקָל
paradiso (m)	gan 'eden	גַן עֵדֶן (ז)
inferno (m)	gehinom	גֵיהִינוֹם (ז)
nascere (vi)	lehivaled	לְהִיווָלֵד
morire (vi)	lamut	לָמוּת
forte (agg)	χazak	חָזָק
debole (agg)	χalaʃ	חַלָּש
vecchio (agg)	zaken	זָקֵן
giovane (agg)	tsa'ir	צָעִיר
vecchio (agg)	yaʃan	יָשָׁן
nuovo (agg)	χadaʃ	חָדָש
duro (agg)	kaʃe	קָשֶׁה
morbido (agg)	raχ	רַך
caldo (agg)	χamim	חַמִים
freddo (agg)	kar	קַר
grasso (agg)	ʃamen	שָׁמֵן
magro (agg)	raze	רָזֶה
stretto (agg)	tsar	צַר
largo (agg)	raχav	רָחָב
buono (agg)	tov	טוֹב
cattivo (agg)	ra	רַע
valoroso (agg)	amits	אַמִיץ
codardo (agg)	paχdani	פַחדָנִי

21. Linee e forme

quadrato (m)	ri'bu'a	רִיבּוּעַ (ז)
quadrato (agg)	meruba	מְרוּבָּע
cerchio (m)	ma'agal, igul	מַעֲגָל, עִיגוּל (ז)
rotondo (agg)	agol	עָגוֹל

triangolo (m)	meʃulaʃ	מְשוּלָש (ז)
triangolare (agg)	meʃulaʃ	מְשוּלָש
ovale (m)	e'lipsa	אֶלִיפּסָה (נ)
ovale (agg)	e'lipti	אֶלִיפּטִי
rettangolo (m)	malben	מַלבֵּן (ז)
rettangolare (agg)	malbeni	מַלבֵּנִי
piramide (f)	pira'mida	פִּירָמִידָה (נ)
rombo (m)	me'uyan	מְעוּיָן (ז)
trapezio (m)	trapez	טרַפֶּז (ז)
cubo (m)	kubiya	קוּבִּייָה (נ)
prisma (m)	minsara	מִנסָרָה (נ)
circonferenza (f)	ma'agal	מַעֲגָל (ז)
sfera (f)	sfira	ספִירָה (נ)
palla (f)	kadur	כַּדוּר (ז)
diametro (m)	'koter	קוֹטֶר (ז)
raggio (m)	'radyus	רַדיוּס (ז)
perimetro (m)	hekef	הֶיקֵף (ז)
centro (m)	merkaz	מֶרכָּז (ז)
orizzontale (agg)	ofki	אוֹפקִי
verticale (agg)	anaχi	אֲנָכִי
parallela (f)	kav makbil	קַו מַקבִּיל (ז)
parallelo (agg)	makbil	מַקבִּיל
linea (f)	kav	קַו (ז)
tratto (m)	kav	קַו (ז)
linea (f) retta	kav yaʃar	קַו יָשָר (ז)
linea (f) curva	akuma	עֲקוּמָה (נ)
sottile (uno strato ~)	dak	דַק
contorno (m)	mit'ar	מִתאָר (ז)
intersezione (f)	χituχ	חִיתוּך (ז)
angolo (m) retto	zavit yaʃara	זָווִית יְשָרָה (נ)
segmento	mikta	מִקטָע (ז)
settore (m)	gizra	גִזרָה (נ)
lato (m)	'tsela	צֶלַע (ז)
angolo (m)	zavit	זָווִית (נ)

22. Unità di misura

peso (m)	miʃkal	מִשקָל (ז)
lunghezza (f)	'oreχ	אוֹרֶך (ז)
larghezza (f)	'roχav	רוֹחַב (ז)
altezza (f)	'gova	גוֹבַה (ז)
profondità (f)	'omek	עוֹמֶק (ז)
volume (m)	'nefaχ	נֶפַח (ז)
area (f)	'ʃetaχ	שֶטַח (ז)
grammo (m)	gram	גרַם (ז)
milligrammo (m)	miligram	מִילִיגרַם (ז)

chilogrammo (m)	kilogram	קִילוֹגרָם (ז)
tonnellata (f)	ton	טוֹן (ז)
libbra (f)	'pa'und	פָּאוּנד (ז)
oncia (f)	'unkiya	אוּנקִיָה (נ)
metro (m)	'meter	מֶטֶר (ז)
millimetro (m)	mili'meter	מִילִימֶטֶר (ז)
centimetro (m)	senti'meter	סֶנטִימֶטֶר (ז)
chilometro (m)	kilo'meter	קִילוֹמֶטֶר (ז)
miglio (m)	mail	מַייל (ז)
pollice (m)	intʃ	אִינץ' (ז)
piede (f)	'regel	רֶגֶל (נ)
iarda (f)	yard	יַרד (ז)
metro (m) quadro	'meter ra'vu'a	מֶטֶר רָבוּעַ (ז)
ettaro (m)	hektar	הֶקטָר (ז)
litro (m)	litr	לִיטר (ז)
grado (m)	ma'ala	מַעֲלָה (נ)
volt (m)	volt	ווֹלט (ז)
ampere (m)	amper	אַמפֶּר (ז)
cavallo vapore (m)	'koaχ sus	כּוֹחַ סוּס (ז)
quantità (f)	kamut	כַּמוּת (נ)
un po' di ...	ktsat ...	קְצָת ...
metà (f)	'χetsi	חֵצִי (ז)
dozzina (f)	tresar	תְרֵיסָר (ז)
pezzo (m)	yeχida	יְחִידָה (נ)
dimensione (f)	'godel	גוֹדֶל (ז)
scala (f) (modello in ~)	kne mida	קְנֵה מִידָה (ז)
minimo (agg)	mini'mali	מִינִימָאלִי
minore (agg)	hakatan beyoter	הַקָטָן בְּיוֹתֵר
medio (agg)	memutsa	מְמוּצָע
massimo (agg)	maksi'mali	מַקסִימָלִי
maggiore (agg)	hagadol beyoter	הַגָדוֹל בְּיוֹתֵר

23. Contenitori

barattolo (m) di vetro	tsin'tsenet	צִנצֶנֶת (נ)
latta, lattina (f)	paχit	פַּחִית (נ)
secchio (m)	dli	דלִי (ז)
barile (m), botte (f)	χavit	חָבִית (נ)
catino (m)	gigit	גִיגִית (נ)
serbatoio (m) (per liquidi)	meiχal	מֵיכָל (ז)
fiaschetta (f)	meimiya	מֵימִיָה (נ)
tanica (f)	'dʒerikan	ג'ֶרִיקָן (ז)
cisterna (f)	meχalit	מֵיכָלִית (נ)
tazza (f)	'sefel	סֵפֶל (ז)
tazzina (f) (~ di caffé)	'sefel	סֵפֶל (ז)

piattino (m)	taχtit	תַחתִית (נ)
bicchiere (m) (senza stelo)	kos	כּוֹס (נ)
calice (m)	ga'vi'a	גָבִיע (ז)
casseruola (f)	sir	סִיר (ז)
bottiglia (f)	bakbuk	בַּקבּוּק (ז)
collo (m) (~ della bottiglia)	tsavar habakbuk	צַוואר הַבַּקבּוּק (ז)
caraffa (f)	kad	כַּד (ז)
brocca (f)	kankan	קַנקַן (ז)
recipiente (m)	kli	כּלִי (ז)
vaso (m) di coccio	sir 'χeres	סִיר חֶרֶס (ז)
vaso (m) di fiori	agartal	אֲגַרטָל (ז)
boccetta (f) (~ di profumo)	tsloχit	צלוֹחִית (נ)
fiala (f)	bakbukon	בַּקבּוּקוֹן (ז)
tubetto (m)	ʃfo'feret	שפוֹפֶרֶת (נ)
sacco (m) (~ di patate)	sak	שַׂק (ז)
sacchetto (m) (~ di plastica)	sakit	שַׂקִית (נ)
pacchetto (m) (~ di sigarette, ecc.)	χafisa	חֲפִיסָה (נ)
scatola (f) (~ per scarpe)	kufsa	קוּפסָה (נ)
cassa (f) (~ di vino, ecc.)	argaz	אַרגָז (ז)
cesta (f)	sal	סַל (ז)

24. Materiali

materiale (m)	'χomer	חוֹמֶר (ז)
legno (m)	ets	עֵץ (ז)
di legno	me'ets	מֵעֵץ
vetro (m)	zχuχit	זכוּכִית (נ)
di vetro	mizχuχit	מִזכוּכִית
pietra (f)	'even	אֶבֶן (נ)
di pietra	me''even	מֵאֶבֶן
plastica (f)	'plastik	פּלַסטִיק (ז)
di plastica	mi'plastik	מִפּלַסטִיק
gomma (f)	'gumi	גוּמִי (ז)
di gomma	mi'gumi	מִגוּמִי
stoffa (f)	bad	בַּד (ז)
di stoffa	mibad	מִבַּד
carta (f)	neyar	נְייָר (ז)
di carta	mineyar	מִנְייָר
cartone (m)	karton	קַרטוֹן (ז)
di cartone	mikarton	מִקַרטוֹן
polietilene (m)	'nailon	נַיילוֹן (ז)

cellofan (m)	ʦelofan	צֶלוֹפָן (ז)
linoleum (m)	li'nole'um	לִינוֹלֵיאוּם (ז)
legno (m) compensato	dikt	דִיקְט (ז)
porcellana (f)	χar'sina	חַרסִינָה (נ)
di porcellana	meχar'sina	מֵחַרסִינָה
argilla (f)	χarsit	חַרסִית (נ)
d'argilla	me'χeres	מֵחֶרֶס
ceramica (f)	ke'ramika	קֶרָמִיקָה (נ)
ceramico	ke'rami	קֶרָמִי

25. Metalli

metallo (m)	ma'teχet	מַתֶכֶת (נ)
metallico	mataχti	מַתַכתִי
lega (f)	sag'soget	סַגסוֹגֶת (נ)
oro (m)	zahav	זָהָב (ז)
d'oro	mizahav, zahov	מִזָהָב, זָהוֹב
argento (m)	'kesef	כֶּסֶף (ז)
d'argento	kaspi	כַּספִּי
ferro (m)	barzel	בַּרזֶל (ז)
di ferro	mibarzel	מִבַּרזֶל
acciaio (m)	plada	פלָדָה (נ)
d'acciaio	miplada	מִפלָדָה
rame (m)	ne'χoʃet	נְחוֹשֶת (נ)
di rame	mine'χoʃet	מִנְחוֹשֶת
alluminio (m)	alu'minyum	אֲלוּמִינִיוּם (ז)
di alluminio, alluminico	me'alu'minyum	מֵאֲלוּמִינִיוּם
bronzo (m)	arad	אָרָד (ז)
di bronzo	me'arad	מֵאָרָד
ottone (m)	pliz	פלִיז (ז)
nichel (m)	'nikel	נִיקֶל (ז)
platino (m)	'platina	פּלָטִינָה (נ)
mercurio (m)	kaspit	כַּספִּית (נ)
stagno (m)	bdil	בּדִיל (ז)
piombo (m)	o'feret	עוֹפֶרֶת (נ)
zinco (m)	avaʦ	אָבָץ (ז)

ESSERE UMANO

Essere umano. Il corpo umano

26. L'uomo. Concetti di base

uomo (m) (essere umano)	ben adam	בֶּן אָדָם (ז)
uomo (m) (adulto maschio)	'gever	גֶּבֶר (ז)
donna (f)	iʃa	אִשָּׁה (נ)
bambino (m) (figlio)	'yeled	יֶלֶד (ז)
bambina (f)	yalda	יַלְדָּה (נ)
bambino (m)	'yeled	יֶלֶד (ז)
adolescente (m, f)	'naʿar	נַעַר (ז)
vecchio (m)	zaken	זָקֵן (ז)
vecchia (f)	zkena	זקֵנָה (נ)

27. Anatomia umana

organismo (m)	guf ha'adam	גוּף הָאָדָם (ז)
cuore (m)	lev	לֵב (ז)
sangue (m)	dam	דָּם (ז)
arteria (f)	'orek	עוֹרֵק (ז)
vena (f)	vrid	וְרִיד (ז)
cervello (m)	'moaχ	מוֹחַ (ז)
nervo (m)	atsav	עָצָב (ז)
nervi (m pl)	atsabim	עֲצַבִּים (ז"ר)
vertebra (f)	χulya	חוּלְיָה (נ)
colonna (f) vertebrale	amud haʃidra	עַמּוּד הַשִּׁדְרָה (ז)
stomaco (m)	keiva	קֵיבָה (נ)
intestini (m pl)	meʿayim	מֵעַיִים (ז"ר)
intestino (m)	meʿi	מְעִי (ז)
fegato (m)	kaved	כָּבֵד (ז)
rene (m)	kilya	כִּלְיָה (נ)
osso (m)	'etsem	עֶצֶם (נ)
scheletro (m)	'ʃeled	שֶׁלֶד (ז)
costola (f)	'tsela	צֶלַע (ז)
cranio (m)	gul'golet	גוּלגּוֹלֶת (נ)
muscolo (m)	ʃrir	שְׁרִיר (ז)
bicipite (m)	ʃrir du raʃi	שְׁרִיר דוּ־רָאשִׁי (ז)
tricipite (m)	ʃrir tlat raʃi	שְׁרִיר תְּלַת־רָאשִׁי (ז)
tendine (m)	gid	גִּיד (ז)
articolazione (f)	'perek	פֶּרֶק (ז)

polmoni (m pl)	re'ot	רֵיאוֹת (נ"ר)
genitali (m pl)	evrei min	אֶבְרֵי מִין (ז"ר)
pelle (f)	or	עוֹר (ז)

28. Testa

testa (f)	roʃ	רֹאשׁ (ז)
viso (m)	panim	פָּנִים (ז"ר)
naso (m)	af	אַף (ז)
bocca (f)	pe	פֶּה (ז)
occhio (m)	'ayin	עַיִן (נ)
occhi (m pl)	ei'nayim	עֵינַיִים (נ"ר)
pupilla (f)	iʃon	אִישׁוֹן (ז)
sopracciglio (m)	gaba	גַּבָּה (נ)
ciglio (m)	ris	רִיס (ז)
palpebra (f)	af'af	עַפעַף (ז)
lingua (f)	laʃon	לָשׁוֹן (נ)
dente (m)	ʃen	שֵׁן (נ)
labbra (f pl)	sfa'tayim	שׂפָתַיִים (נ"ר)
zigomi (m pl)	atsamot leχa'yayim	עַצמוֹת לְחָיַיִם (נ"ר)
gengiva (f)	χani'χayim	חֲנִיכַיִים (ז"ר)
palato (m)	χeχ	חֵך (ז)
narici (f pl)	neχi'rayim	נְחִירַיִים (ז"ר)
mento (m)	santer	סַנטֵר (ז)
mascella (f)	'leset	לֶסֶת (נ)
guancia (f)	'leχi	לֶחִי (נ)
fronte (f)	'metsaχ	מֶצַח (ז)
tempia (f)	raka	רַקָּה (נ)
orecchio (m)	'ozen	אוֹזֶן (נ)
nuca (f)	'oref	עוֹרֶף (ז)
collo (m)	tsavar	צַוָּאר (ז)
gola (f)	garon	גָּרוֹן (ז)
capelli (m pl)	se'ar	שֵׂיעָר (ז)
pettinatura (f)	tis'roket	תִסרוֹקֶת (נ)
taglio (m)	tis'poret	תִספּוֹרֶת (נ)
parrucca (f)	pe'a	פֵּאָה (נ)
baffi (m pl)	safam	שָׂפָם (ז)
barba (f)	zakan	זָקָן (ז)
portare (~ la barba, ecc.)	legadel	לְגַדֵּל
treccia (f)	tsama	צַמָּה (נ)
basette (f pl)	pe'ot leχa'yayim	פֵּאוֹת לְחָיַיִם (נ"ר)
rosso (agg)	'dʒindʒi	ג'ינג'י
brizzolato (agg)	kasuf	כָּסוּף
calvo (agg)	ke'reaχ	קֵירֵחַ
calvizie (f)	ka'raχat	קָרַחַת (נ)
coda (f) di cavallo	'kuku	קוּקוּ (ז)
frangetta (f)	'poni	פּוֹנִי (ז)

29. Corpo umano

mano (f)	kaf yad	כַּף יָד (נ)
braccio (m)	yad	יָד (נ)
dito (m)	'etsba	אֶצבַּע (נ)
dito (m) del piede	'bohen	בּוֹהֶן (נ)
pollice (m)	agudal	אֲגוּדָל (ז)
mignolo (m)	'zeret	זֶרֶת (נ)
unghia (f)	tsi'poren	צִיפּוֹרֶן (ז)
pugno (m)	egrof	אֶגרוֹף (ז)
palmo (m)	kaf yad	כַּף יָד (נ)
polso (m)	'ʃoreʃ kaf hayad	שוֹרֶש כַּף הַיָד (ז)
avambraccio (m)	ama	אַמָה (ז)
gomito (m)	marpek	מַרפֵּק (ז)
spalla (f)	katef	כָּתֵף (נ)
gamba (f)	'regel	רֶגֶל (נ)
pianta (f) del piede	kaf 'regel	כַּף רֶגֶל (נ)
ginocchio (m)	'bereχ	בֶּרֶך (נ)
polpaccio (m)	ʃok	שוֹק (ז)
anca (f)	yareχ	יָרֵך (ז)
tallone (m)	akev	עָקֵב (ז)
corpo (m)	guf	גוּף (ז)
pancia (f)	'beten	בֶּטֶן (נ)
petto (m)	χaze	חָזֶה (ז)
seno (m)	ʃad	שָד (ז)
fianco (m)	tsad	צַד (ז)
schiena (f)	gav	גַב (ז)
zona (f) lombare	mot'nayim	מוֹתנַיִים (ז"ר)
vita (f)	'talya	טַלִיָה (נ)
ombelico (m)	tabur	טַבּוּר (ז)
natiche (f pl)	aχo'rayim	אֲחוֹרַיִים (ז"ר)
sedere (m)	yaʃvan	יַשבָן (ז)
neo (m)	nekudat χen	נְקוּדַת חֵן (נ)
voglia (f) (~ di fragola)	'ketem leida	כֶּתֶם לֵידָה (ז)
tatuaggio (m)	ka'a'ku'a	קַעֲקוּעַ (ז)
cicatrice (f)	tsa'leket	צַלֶקֶת (נ)

Abbigliamento e Accessori

30. Indumenti. Soprabiti

vestiti (m pl)	bgadim	בְּגָדִים (ז"ר)
soprabito (m)	levuʃ elyon	לְבוּשׁ עֶלְיוֹן (ז)
abiti (m pl) invernali	bigdei 'χoref	בִּגְדֵי חוֹרֶף (ז"ר)
cappotto (m)	me'il	מְעִיל (ז)
pelliccia (f)	me'il parva	מְעִיל פַּרוָוה (ז)
pellicciotto (m)	me'il parva katsar	מְעִיל פַּרוָוה קָצָר (ז)
piumino (m)	me'il puχ	מְעִיל פּוּך (ז)
giubbotto (m), giaccha (f)	me'il katsar	מְעִיל קָצָר (ז)
impermeabile (m)	me'il 'geʃem	מְעִיל גֶשֶׁם (ז)
impermeabile (agg)	amid be'mayim	עָמִיד בְּמַיִם

31. Abbigliamento uomo e donna

camicia (f)	χultsa	חוּלצָה (נ)
pantaloni (m pl)	miχna'sayim	מִכְנָסַיִים (ז"ר)
jeans (m pl)	miχnesei 'dʒins	מִכְנְסֵי ג'ינְס (ז"ר)
giacca (f) (~ di tweed)	ʒaket	זָ'קֶט (ז)
abito (m) da uomo	χalifa	חֲלִיפָה (נ)
abito (m)	simla	שִׂמלָה (נ)
gonna (f)	χatsa'it	חֲצָאִית (נ)
camicetta (f)	χultsa	חוּלצָה (נ)
giacca (f) a maglia	ʒaket 'tsemer	זָ'קֶט צֶמֶר (ז)
giacca (f) tailleur	ʒaket	זָ'קֶט (ז)
maglietta (f)	ti ʃert	טִי שֶׁרט (ז)
pantaloni (m pl) corti	miχna'sayim ktsarim	מִכְנָסַיִים קְצָרִים (ז"ר)
tuta (f) sportiva	'trening	טרֶנִינג (ז)
accappatoio (m)	χaluk raχatsa	חֲלוּק רַחְצָה (ז)
pigiama (m)	pi'dʒama	פִּיגָ'מָה (נ)
maglione (m)	'sveder	סוֶודֶר (ז)
pullover (m)	afuda	אֲפוּדָה (נ)
gilè (m)	vest	וֶסט (ז)
frac (m)	frak	פרָאק (ז)
smoking (m)	tuk'sido	טוּקסִידוֹ (ז)
uniforme (f)	madim	מַדִים (ז"ר)
tuta (f) da lavoro	bigdei avoda	בִּגדֵי עֲבוֹדָה (ז"ר)
salopette (f)	sarbal	סַרבָּל (ז)
camice (m) (~ del dottore)	χaluk	חָלוּק (ז)

32. Abbigliamento. Biancheria intima

biancheria (f) intima	levanim	לְבָנִים (ז"ר)
boxer (m pl)	taχtonim	תַחתוֹנִים (ז"ר)
mutandina (f)	taχtonim	תַחתוֹנִים (ז"ר)
maglietta (f) intima	gufiya	גוּפִייָה (נ)
calzini (m pl)	gar'bayim	גַרבַּיִים (ז"ר)
camicia (f) da notte	'ktonet 'laila	כּתוֹנֶת לַילָה (נ)
reggiseno (m)	χaziya	חֲזִייָה (נ)
calzini (m pl) alti	birkon	בִּרכּוֹן (ז)
collant (m)	garbonim	גַרבּוֹנִים (ז"ר)
calze (f pl)	garbei 'nailon	גַרבֵּי נַילוֹן (ז"ר)
costume (m) da bagno	'beged yam	בֶּגֶד יָם (ז)

33. Copricapo

cappello (m)	'kova	כּוֹבַע (ז)
cappello (m) di feltro	'kova 'leved	כּוֹבַע לֶבֶד (ז)
cappello (m) da baseball	'kova 'beisbol	כּוֹבַע בֵּייסבּוֹל (ז)
coppola (f)	'kova mitsχiya	כּוֹבַע מִצחִייָה (ז)
basco (m)	baret	בָּרֶט (ז)
cappuccio (m)	bardas	בַּרדָס (ז)
panama (m)	'kova 'tembel	כּוֹבַע טֶמבֶּל (ז)
berretto (m) a maglia	'kova 'gerev	כּוֹבַע גֶרֶב (ז)
fazzoletto (m) da capo	mit'paχat	מִטפַּחַת (נ)
cappellino (m) donna	'kova	כּוֹבַע (ז)
casco (m) (~ di sicurezza)	kasda	קַסדָה (נ)
bustina (f)	kumta	כּוּמתָה (נ)
casco (m) (~ moto)	kasda	קַסדָה (נ)
bombetta (f)	mig'ba'at me'u'gelet	מִגבַּעַת מְעוּגֶלֶת (נ)
cilindro (m)	tsi'linder	צִילִינדֶר (ז)

34. Calzature

calzature (f pl)	han'ala	הַנעָלָה (נ)
stivaletti (m pl)	na'a'layim	נַעֲלַיִים (נ"ר)
scarpe (f pl)	na'a'layim	נַעֲלַיִים (נ"ר)
stivali (m pl)	maga'fayim	מַגָפַיִים (ז"ר)
pantofole (f pl)	na'alei 'bayit	נַעֲלֵי בַּיִת (נ"ר)
scarpe (f pl) da tennis	na'alei sport	נַעֲלֵי ספּוֹרט (נ"ר)
scarpe (f pl) da ginnastica	na'alei sport	נַעֲלֵי ספּוֹרט (נ"ר)
sandali (m pl)	sandalim	סַנדָלִים (ז"ר)
calzolaio (m)	sandlar	סַנדלָר (ז)
tacco (m)	akev	עָקֵב (ז)

paio (m)	zug	זוּג (ז)
laccio (m)	sroχ	שׂרוֹך (ז)
allacciare (vt)	lisroχ	לִשׂרוֹך
calzascarpe (m)	kaf na'a'layim	כַּף נַעֲלַיִים (נ)
lucido (m) per le scarpe	miʃχat na'a'layim	מִשחַת נַעֲלַיִים (נ)

35. Tessuti. Stoffe

cotone (m)	kutna	כּוּתנָה (נ)
di cotone	mikutna	מִכּוּתנָה
lino (m)	piʃtan	פִּשתָן (ז)
di lino	mipiʃtan	מִפִּשתָן
seta (f)	'meʃi	מֶשִי (ז)
di seta	miʃyi	מִשיִי
lana (f)	'tsemer	צֶמֶר (ז)
di lana	tsamri	צַמרִי
velluto (m)	ktifa	קטִיפָה (נ)
camoscio (m)	zamʃ	זַמש (ז)
velluto (m) a coste	'korderoi	קוֹרדֶרוֹי (ז)
nylon (m)	'nailon	נַיילוֹן (ז)
di nylon	mi'nailon	מִנַיילוֹן
poliestere (m)	poli''ester	פּוֹלִיאֶסטֶר (ז)
di poliestere	mipoli''ester	מִפּוֹלִיאֶסטֶר
pelle (f)	or	עוֹר (ז)
di pelle	me'or	מֵעוֹר
pelliccia (f)	parva	פַּרווָה (נ)
di pelliccia	miparva	מִפַּרווָה

36. Accessori personali

guanti (m pl)	kfafot	כּפָפוֹת (נ"ר)
manopole (f pl)	kfafot	כּפָפוֹת (נ"ר)
sciarpa (f)	tsa'if	צָעִיף (ז)
occhiali (m pl)	miʃka'fayim	מִשקָפַיִים (ז"ר)
montatura (f)	mis'geret	מִסגֶרֶת (נ)
ombrello (m)	mitriya	מִטרִייָה (נ)
bastone (m)	makel haliχa	מַקֵל הֲלִיכָה (ז)
spazzola (f) per capelli	miv'reʃet se'ar	מִברֶשֶת שֵׂיעָר (נ)
ventaglio (m)	menifa	מְנִיפָה (נ)
cravatta (f)	aniva	עֲנִיבָה (נ)
cravatta (f) a farfalla	anivat parpar	עֲנִיבַת פַּרפַּר (נ)
bretelle (f pl)	ktefiyot	כּתֵפִיוֹת (נ"ר)
fazzoletto (m)	mimχata	מִמחָטָה (נ)
pettine (m)	masrek	מַסרֵק (ז)
fermaglio (m)	sikat roʃ	סִיכַּת רֹאש (נ)

forcina (f)	sikat se'ar	סִיכַּת שֵׂיעָר (נ)
fibbia (f)	avzam	אַבזָם (ז)
cintura (f)	xagora	חֲגוֹרָה (נ)
spallina (f)	retsu'at katef	רְצוּעַת כָּתֵף (נ)
borsa (f)	tik	תִּיק (ז)
borsetta (f)	tik	תִּיק (ז)
zaino (m)	tarmil	תַּרמִיל (ז)

37. Abbigliamento. Varie

moda (f)	ofna	אוֹפנָה (נ)
di moda	ofnati	אוֹפנָתִי
stilista (m)	me'atsev ofna	מְעַצֵב אוֹפנָה (ז)
collo (m)	tsavaron	צַווָארוֹן (ז)
tasca (f)	kis	כִּיס (ז)
tascabile (agg)	ʃel kis	שֶל כִּיס
manica (f)	ʃarvul	שַרווּל (ז)
asola (f) per appendere	mitle	מִתלֶה (ז)
patta (f) (~ dei pantaloni)	xanut	חֲנוּת (נ)
cerniera (f) lampo	roxsan	רוֹכסָן (ז)
chiusura (f)	'keres	קֶרֶס (ז)
bottone (m)	kaftor	כַּפתוֹר (ז)
occhiello (m)	lula'a	לוּלָאָה (נ)
staccarsi (un bottone)	lehitaleʃ	לְהִיתָלֵש
cucire (vi, vt)	litpor	לִתפּוֹר
ricamare (vi, vt)	lirkom	לִרקוֹם
ricamo (m)	rikma	רִקמָה (נ)
ago (m)	'maxat tfira	מַחַט תפִירָה (נ)
filo (m)	xut	חוּט (ז)
cucitura (f)	'tefer	תֶפֶר (ז)
sporcarsi (vr)	lehitlaxlex	לְהִתלַכלֵך
macchia (f)	'ketem	כֶּתֶם (ז)
sgualcirsi (vr)	lehitkamet	לְהִתקַמֵט
strappare (vt)	lik'ro'a	לִקרוֹעַ
tarma (f)	aʃ	עָש (ז)

38. Cura della persona. Cosmetici

dentifricio (m)	miʃxat ʃi'nayim	מִשחַת שִינַיִים (נ)
spazzolino (m) da denti	miv'reʃet ʃi'nayim	מִברֶשֶת שִינַיִים (נ)
lavarsi i denti	letsax'tseax ʃi'nayim	לְצַחצֵחַ שִינַיִים
rasoio (m)	'ta'ar	תַעַר (ז)
crema (f) da barba	'ketsef gi'luax	קֶצֶף גִילוּחַ (ז)
rasarsi (vr)	lehitga'leax	לְהִתגַלֵחַ
sapone (m)	sabon	סַבּוֹן (ז)

shampoo (m)	ʃampu	שַׁמפּוּ (ז)
forbici (f pl)	mispa'rayim	מִספָּרַיִים (ז"ר)
limetta (f)	ptsira	פּצִירָה (נ)
tagliaunghie (m)	gozez tsipor'nayim	גוֹזֵז צִיפּוֹרנַיִים (ז)
pinzette (f pl)	pin'tseta	פִּינצֶטָה (נ)
cosmetica (f)	tamrukim	תַמרוּקִים (ז"ר)
maschera (f) di bellezza	maseχa	מַסֵכָה (נ)
manicure (m)	manikur	מָנִיקוּר (ז)
fare la manicure	la'asot manikur	לַעֲשׂוֹת מָנִיקוּר
pedicure (m)	pedikur	פֶּדִיקוּר (ז)
borsa (f) del trucco	tik ipur	תִיק אִיפּוּר (ז)
cipria (f)	'pudra	פּוּדרָה (נ)
portacipria (m)	pudriya	פּוּדרִייָה (נ)
fard (m)	'somek	סוֹמֶק (ז)
profumo (m)	'bosem	בּוֹשֶׂם (ז)
acqua (f) da toeletta	mei 'bosem	מֵי בּוֹשֶׂם (ז"ר)
lozione (f)	mei panim	מֵי פָּנִים (ז"ר)
acqua (f) di Colonia	mei 'bosem	מֵי בּוֹשֶׂם (ז"ר)
ombretto (m)	tslalit	צלָלִית (נ)
eyeliner (m)	ai 'lainer	אַי לַיינֶר (ז)
mascara (m)	'maskara	מַסקָרָה (נ)
rossetto (m)	sfaton	שׂפָתוֹן (ז)
smalto (m)	'laka letsipor'nayim	לַכָּה לְצִיפּוֹרנַיִים (נ)
lacca (f) per capelli	tarsis lese'ar	תַרסִיס לְשֵׂיעָר (ז)
deodorante (m)	de'odo'rant	דֶאוֹדוֹרַנט (ז)
crema (f)	krem	קרֶם (ז)
crema (f) per il viso	krem panim	קרֶם פָּנִים (ז)
crema (f) per le mani	krem ya'dayim	קרֶם יָדַיִים (ז)
crema (f) antirughe	krem 'neged kmatim	קרֶם נֶגֶד קמָטִים (ז)
crema (f) da giorno	krem yom	קרֶם יוֹם (ז)
crema (f) da notte	krem 'laila	קרֶם לַילָה (ז)
da giorno	yomi	יוֹמִי
da notte	leili	לֵילִי
tampone (m)	tampon	טַמפּוֹן (ז)
carta (f) igienica	neyar tu'alet	נְייַר טוּאָלֶט (ז)
fon (m)	meyabeʃ se'ar	מְייַבֵּש שֵׂיעָר (ז)

39. Gioielli

gioielli (m pl)	taχʃitim	תַכשִיטִים (ז"ר)
prezioso (agg)	yekar 'ereχ	יְקַר עֶרֶך
marchio (m)	tav tsorfim, bχina	תָו צוֹרפִים (ז), בּחִינָה (נ)
anello (m)	ta'ba'at	טַבַּעַת (נ)
anello (m) nuziale	ta'ba'at nisu'in	טַבַּעַת נִישׂוּאִין (נ)
braccialetto (m)	tsamid	צָמִיד (ז)
orecchini (m pl)	agilim	עָגִילִים (ז"ר)

collana (f)	maχ'rozet	מַחרוֹזֶת (נ)
corona (f)	'keter	כֶּתֶר (ז)
perline (f pl)	maχ'rozet	מַחרוֹזֶת (נ)
diamante (m)	yahalom	יַהֲלוֹם (ז)
smeraldo (m)	ba'reket	בָּרֶקֶת (נ)
rubino (m)	'odem	אוֹדֶם (ז)
zaffiro (m)	sapir	סַפִּיר (ז)
perle (f pl)	pnina	פְּנִינָה (נ)
ambra (f)	inbar	עִנבָּר (ז)

40. Orologi da polso. Orologio

orologio (m) (~ da polso)	ʃe'on yad	שְעוֹן יָד (ז)
quadrante (m)	'luaχ ʃa'on	לוּחַ שָעוֹן (ז)
lancetta (f)	maχog	מָחוֹג (ז)
braccialetto (m)	tsamid	צָמִיד (ז)
cinturino (m)	retsu'a leʃa'on	רְצוּעָה לְשָעוֹן (נ)
pila (f)	solela	סוֹלְלָה (נ)
essere scarico	lehitroken	לְהִתרוֹקֵן
cambiare la pila	lehaχlif	לְהַחלִיף
andare avanti	lemaher	לְמַהֵר
andare indietro	lefager	לְפַגֵר
orologio (m) da muro	ʃe'on kir	שְעוֹן קִיר (ז)
clessidra (f)	ʃe'on χol	שְעוֹן חוֹל (ז)
orologio (m) solare	ʃe'on 'ʃemeʃ	שְעוֹן שֶמֶש (ז)
sveglia (f)	ʃa'on me'orer	שָעוֹן מְעוֹרֵר (ז)
orologiaio (m)	ʃa'an	שָעָן (ז)
riparare (vt)	letaken	לְתַקֵן

Cibo. Alimentazione

41. Cibo

carne (f)	basar	בָּשָׂר (ז)
pollo (m)	of	עוֹף (ז)
pollo (m) novello	pargit	פַּרגִית (נ)
anatra (f)	barvaz	בַּרווָז (ז)
oca (f)	avaz	אֲווָז (ז)
cacciagione (f)	'tsayid	צַיִד (ז)
tacchino (m)	'hodu	הוֹדוּ (ז)
maiale (m)	basar χazir	בְּשַׂר חֲזִיר (ז)
vitello (m)	basar 'egel	בְּשַׂר עֵגֶל (ז)
agnello (m)	basar 'keves	בְּשַׂר כֶּבֶש (ז)
manzo (m)	bakar	בָּקָר (ז)
coniglio (m)	arnav	אַרנָב (ז)
salame (m)	naknik	נַקנִיק (ז)
w?rstel (m)	naknikiya	נַקנִיקִייָה (נ)
pancetta (f)	'kotel χazir	קוֹתֶל חֲזִיר (ז)
prosciutto (m)	basar χazir meʿuʃan	בְּשַׂר חֲזִיר מְעוּשָן (ז)
prosciutto (m) affumicato	'kotel χazir meʿuʃan	קוֹתֶל חֲזִיר מְעוּשָן (ז)
pâté (m)	pate	פָּטֶה (ז)
fegato (m)	kaved	כָּבֵד (ז)
carne (f) trita	basar taχun	בָּשָׂר טָחוּן (ז)
lingua (f)	laʃon	לָשוֹן (נ)
uovo (m)	beitsa	בֵּיצָה (נ)
uova (f pl)	beitsim	בֵּיצִים (נ"ר)
albume (m)	χelbon	חֶלבּוֹן (ז)
tuorlo (m)	χelmon	חֶלמוֹן (ז)
pesce (m)	dag	דָג (ז)
frutti (m pl) di mare	perot yam	פֵּירוֹת יָם (ז"ר)
crostacei (m pl)	sartana'im	סַרטָנָאִים (ז"ר)
caviale (m)	kavyar	קָווִיָאר (ז)
granchio (m)	sartan yam	סַרטַן יָם (ז)
gamberetto (m)	ʃrimps	שרִימפּס (ז"ר)
ostrica (f)	tsidpat ma'aχal	צִדפַּת מַאֲכָל (נ)
aragosta (f)	'lobster kotsani	לוֹבּסטֶר קוֹצָנִי (ז)
polpo (m)	tamnun	תַמנוּן (ז)
calamaro (m)	kala'mari	קָלָמָארִי (ז)
storione (m)	basar haχidkan	בְּשַׂר הַחִדקָן (ז)
salmone (m)	'salmon	סַלמוֹן (ז)
ippoglosso (m)	putit	פּוּטִית (נ)
merluzzo (m)	ʃibut	שִיבּוּט (ז)

scombro (m)	kolyas	קוֹלְיָיס (ז)
tonno (m)	'tuna	טוּנָה (נ)
anguilla (f)	tslofaχ	צְלוֹפָח (ז)
trota (f)	forel	פוֹרֶל (ז)
sardina (f)	sardin	סַרדִין (ז)
luccio (m)	ze'ev 'mayim	זְאֵב מַיִם (ז)
aringa (f)	ma'liaχ	מָלִיחַ (ז)
pane (m)	'leχem	לֶחֶם (ז)
formaggio (m)	gvina	גבִינָה (נ)
zucchero (m)	sukar	סוּכָּר (ז)
sale (m)	'melaχ	מֶלַח (ז)
riso (m)	'orez	אוֹרֶז (ז)
pasta (f)	'pasta	פַּסטָה (נ)
tagliatelle (f pl)	irtiyot	אִטרִיוֹת (נ"ר)
burro (m)	χem'a	חֶמאָה (נ)
olio (m) vegetale	'ʃemen tsimχi	שֶמֶן צִמחִי (ז)
olio (m) di girasole	'ʃemen χamaniyot	שֶמֶן חַמָנִיוֹת (ז)
margarina (f)	marga'rina	מַרגָרִינָה (נ)
olive (f pl)	zeitim	זֵיתִים (ז"ר)
olio (m) d'oliva	'ʃemen 'zayit	שֶמֶן זַיִת (ז)
latte (m)	χalav	חָלָב (ז)
latte (m) condensato	χalav merukaz	חָלָב מְרוּכָּז (ז)
yogurt (m)	'yogurt	יוֹגוּרט (ז)
panna (f) acida	ʃa'menet	שַמֶנֶת (נ)
panna (f)	ʃa'menet	שַמֶנֶת (נ)
maionese (m)	mayonez	מָיוֹנֵז (ז)
crema (f)	ka'tsefet χem'a	קַצֶפֶת חֶמאָה (נ)
cereali (m pl)	grisim	גרִיסִים (ז"ר)
farina (f)	'kemaχ	קֶמַח (ז)
cibi (m pl) in scatola	ʃimurim	שִימוּרִים (ז"ר)
fiocchi (m pl) di mais	ptitei 'tiras	פּתִיתֵי תִירָס (ז"ר)
miele (m)	dvaʃ	דבַש (ז)
marmellata (f)	riba	רִיבָּה (נ)
gomma (f) da masticare	'mastik	מַסטִיק (ז)

42. Bevande

acqua (f)	'mayim	מַיִם (ז"ר)
acqua (f) potabile	mei ʃtiya	מֵי שתִייָה (ז"ר)
acqua (f) minerale	'mayim mine'raliyim	מַיִם מִינֶרָלִיִים (ז"ר)
liscia (non gassata)	lo mugaz	לא מוּגָז
gassata (agg)	mugaz	מוּגָז
frizzante (agg)	mugaz	מוּגָז
ghiaccio (m)	'keraχ	קֶרַח (ז)

con ghiaccio	im 'keraχ	עִם קֶרַח
analcolico (agg)	natul alkohol	נְטוּל אַלכּוֹהוֹל
bevanda (f) analcolica	maʃke kal	מַשקֶה קַל (ז)
bibita (f)	maʃke mera'anen	מַשקֶה מְרַעֲנֵן (ז)
limonata (f)	limo'nada	לִימוֹנָדָה (נ)
bevande (f pl) alcoliche	maʃka'ot χarifim	מַשקָאוֹת חָרִיפִים (ז"ר)
vino (m)	'yayin	יַיִן (ז)
vino (m) bianco	'yayin lavan	יַיִן לָבָן (ז)
vino (m) rosso	'yayin adom	יַיִן אָדוֹם (ז)
liquore (m)	liker	לִיקֶר (ז)
champagne (m)	ʃam'panya	שַמפַּנִיָה (נ)
vermouth (m)	'vermut	וֶרמוּט (ז)
whisky	'viski	וִיסקִי (ז)
vodka (f)	'vodka	וודקָה (נ)
gin (m)	dʒin	ג'ין (ז)
cognac (m)	'konyak	קוֹנִיָאק (ז)
rum (m)	rom	רוֹם (ז)
caffè (m)	kafe	קָפֶה (ז)
caffè (m) nero	kafe ʃaχor	קָפֶה שָחוֹר (ז)
caffè latte (m)	kafe hafuχ	קָפֶה הָפוּך (ז)
cappuccino (m)	kapu'ʧino	קָפּוּצ'ִינוֹ (ז)
caffè (m) solubile	kafe names	קָפֶה נָמֵס (ז)
latte (m)	χalav	חָלָב (ז)
cocktail (m)	kokteil	קוֹקטֵיל (ז)
frullato (m)	'milkʃeik	מִילקשֵייק (ז)
succo (m)	mits	מִיץ (ז)
succo (m) di pomodoro	mits agvaniyot	מִיץ עַגבָנִיוֹת (ז)
succo (m) d'arancia	mits tapuzim	מִיץ תַפּוּזִים (ז)
spremuta (f)	mits saχut	מִיץ סָחוּט (ז)
birra (f)	'bira	בִּירָה (נ)
birra (f) chiara	'bira bahira	בִּירָה בְּהִירָה (נ)
birra (f) scura	'bira keha	בִּירָה כֵּהָה (נ)
tè (m)	te	תֵה (ז)
tè (m) nero	te ʃaχor	תֵה שָחוֹר (ז)
tè (m) verde	te yarok	תֵה יָרוֹק (ז)

43. Verdure

ortaggi (m pl)	yerakot	יְרָקוֹת (ז"ר)
verdura (f)	'yerek	יֶרֶק (ז)
pomodoro (m)	agvaniya	עַגבָנִייָה (נ)
cetriolo (m)	melafefon	מְלָפְפוֹן (ז)
carota (f)	'gezer	גֶזֶר (ז)
patata (f)	ta'puaχ adama	תַפּוּחַ אֲדָמָה (ז)
cipolla (f)	batsal	בָּצָל (ז)

aglio (m)	ʃum	שוּם (ז)
cavolo (m)	kruv	כּרוּב (ז)
cavolfiore (m)	kruvit	כּרוּבִית (נ)
cavoletti (m pl) di Bruxelles	kruv nitsanim	כּרוּב נִצָנִים (ז)
broccolo (m)	'brokoli	בּרוֹקוֹלִי (ז)
barbabietola (f)	'selek	סֶלֶק (ז)
melanzana (f)	χatsil	חָצִיל (ז)
zucchina (f)	kiʃu	קִישׁוּא (ז)
zucca (f)	'dlaʿat	דלַעַת (נ)
rapa (f)	'lefet	לֶפֶת (נ)
prezzemolo (m)	petro'zilya	פֶּטרוֹזִילִיָה (נ)
aneto (m)	ʃamir	שָׁמִיר (ז)
lattuga (f)	'χasa	חַסָה (נ)
sedano (m)	'seleri	סֶלֶרִי (ז)
asparago (m)	aspa'ragos	אַספָּרָגוֹס (ז)
spinaci (m pl)	'tered	תֶרֶד (ז)
pisello (m)	afuna	אֲפוּנָה (נ)
fave (f pl)	pol	פּוֹל (ז)
mais (m)	'tiras	תִירָס (ז)
fagiolo (m)	ʃuʿit	שְׁעוּעִית (נ)
peperone (m)	'pilpel	פִּלפֵּל (ז)
ravanello (m)	tsnonit	צנוֹנִית (נ)
carciofo (m)	artiʃok	אַרטִישׁוֹק (ז)

44. Frutta. Noci

frutto (m)	pri	פּרִי (ז)
mela (f)	ta'puaχ	תַפּוּחַ (ז)
pera (f)	agas	אַגָס (ז)
limone (m)	limon	לִימוֹן (ז)
arancia (f)	tapuz	תַפּוּז (ז)
fragola (f)	tut sade	תוּת שָׂדֶה (ז)
mandarino (m)	klemen'tina	קלֶמֶנטִינָה (נ)
prugna (f)	ʃezif	שְׁזִיף (ז)
pesca (f)	afarsek	אֲפַרסֵק (ז)
albicocca (f)	'miʃmeʃ	מִשׁמֵשׁ (ז)
lampone (m)	'petel	פֶּטֶל (ז)
ananas (m)	'ananas	אָנָנָס (ז)
banana (f)	ba'nana	בַּנָנָה (נ)
anguria (f)	ava'tiaχ	אֲבַטִיחַ (ז)
uva (f)	anavim	עֲנָבִים (ז"ר)
amarena (f)	duvdevan	דוּבדְבָן (ז)
ciliegia (f)	gudgedan	גוּדגְדָן (ז)
melone (m)	melon	מֶלוֹן (ז)
pompelmo (m)	eʃkolit	אֶשׁכּוֹלִית (נ)
avocado (m)	avo'kado	אָבוֹקָדוֹ (ז)
papaia (f)	pa'paya	פַּפָּאיָה (נ)

mango (m)	'mango	מַנגוֹ (ז)
melagrana (f)	rimon	רִימוֹן (ז)
ribes (m) rosso	dumdemanit aduma	דומדְמָנִית אֲדוּמָה (נ)
ribes (m) nero	dumdemanit ʃχora	דומדְמָנִית שחוֹרָה (נ)
uva (f) spina	χazarzar	חֲזַרזָר (ז)
mirtillo (m)	uχmanit	אוּכמָנִית (נ)
mora (f)	'petel ʃaχor	פֶּטֶל שָחוֹר (ז)
uvetta (f)	ʦimukim	צִימוּקִים (ז"ר)
fico (m)	te'ena	תְאֵנָה (נ)
dattero (m)	tamar	תָמָר (ז)
arachide (f)	botnim	בּוֹטנִים (ז"ר)
mandorla (f)	ʃaked	שָקֵד (ז)
noce (f)	egoz 'meleχ	אֱגוֹז מֶלֶך (ז)
nocciola (f)	egoz ilsar	אֱגוֹז אִלְסָר (ז)
noce (f) di cocco	'kokus	קוֹקוּס (ז)
pistacchi (m pl)	'fistuk	פִּיסטוּק (ז)

45. Pane. Dolci

pasticceria (f)	muʦrei kondi'torya	מוּצרֵי קוֹנדִיטוֹרִיָה (ז"ר)
pane (m)	'leχem	לֶחֶם (ז)
biscotti (m pl)	ugiya	עוּגִיָה (נ)
cioccolato (m)	'ʃokolad	שוֹקוֹלָד (ז)
al cioccolato (agg)	mi'ʃokolad	מְשוֹקוֹלָד
caramella (f)	sukariya	סוּכָּרִייָה (נ)
tortina (f)	uga	עוּגָה (נ)
torta (f)	uga	עוּגָה (נ)
crostata (f)	pai	פַּאי (ז)
ripieno (m)	milui	מִילוּי (ז)
marmellata (f)	riba	רִיבָּה (נ)
marmellata (f) di agrumi	marme'lada	מַרמֶלָדָה (נ)
wafer (m)	'vaflim	וָפלִים (ז"ר)
gelato (m)	'glida	גלִידָה (נ)
budino (m)	'puding	פּוּדִינג (ז)

46. Pietanze cucinate

piatto (m) (~ principale)	mana	מָנָה (נ)
cucina (f)	mitbaχ	מִטבָּח (ז)
ricetta (f)	matkon	מַתכּוֹן (ז)
porzione (f)	mana	מָנָה (נ)
insalata (f)	salat	סָלָט (ז)
minestra (f)	marak	מָרָק (ז)
brodo (m)	marak ʦaχ, ʦir	מָרָק צַח, צִיר (ז)
panino (m)	kariχ	כָּרִיך (ז)

uova (f pl) al tegamino	beitsat ain	בֵּיצַת עַיִן (נ)
hamburger (m)	'hamburger	הַמבּוּרגֶר (ז)
bistecca (f)	umtsa, steik	אוּמצָה (נ), סטֵייק (ז)
contorno (m)	to'sefet	תוֹסֶפֶת (נ)
spaghetti (m pl)	spa'geti	ספָּגֶטִי (ז)
purè (m) di patate	meχit tapuχei adama	מְחִית תַפּוּחֵי אֲדָמָה (נ)
pizza (f)	'pitsa	פִּיצָה (נ)
porridge (m)	daysa	דַייסָה (נ)
frittata (f)	χavita	חֲבִיתָה (נ)
bollito (agg)	mevuʃal	מְבוּשָל
affumicato (agg)	meʿuʃan	מְעוּשָן
fritto (agg)	metugan	מְטוּגָן
secco (agg)	meyubaʃ	מְיוּבָּש
congelato (agg)	kafu	קָפוּא
sottoaceto (agg)	kavuʃ	כָּבוּש
dolce (gusto)	matok	מָתוֹק
salato (agg)	ma'luaχ	מָלוּחַ
freddo (agg)	kar	קַר
caldo (agg)	χam	חַם
amaro (agg)	marir	מָרִיר
buono, gustoso (agg)	taʿim	טָעִים
cuocere, preparare (vt)	levaʃel be'mayim rotχim	לְבַשֵל בְּמַיִם רוֹתחִים
cucinare (vi)	levaʃel	לְבַשֵל
friggere (vt)	letagen	לְטַגֵן
riscaldare (vt)	leχamem	לְחַמֵם
salare (vt)	leham'liaχ	לְהַמלִיחַ
pepare (vt)	lefalpel	לְפַלפֵל
grattugiare (vt)	lerasek	לְרַסֵק
buccia (f)	klipa	קלִיפָּה (נ)
sbucciare (vt)	lekalef	לְקַלֵף

47. Spezie

sale (m)	'melaχ	מֶלַח (ז)
salato (agg)	ma'luaχ	מָלוּחַ
salare (vt)	leham'liaχ	לְהַמלִיחַ
pepe (m) nero	'pilpel ʃaχor	פִּלפֵּל שָחוֹר (ז)
peperoncino (m)	'pilpel adom	פִּלפֵּל אָדוֹם (ז)
senape (f)	χardal	חַרדָל (ז)
cren (m)	χa'zeret	חַזֶרֶת (נ)
condimento (m)	'rotev	רוֹטֶב (ז)
spezie (f pl)	tavlin	תַבלִין (ז)
salsa (f)	'rotev	רוֹטֶב (ז)
aceto (m)	'χomets	חוֹמֶץ (ז)
anice (m)	kamnon	כַּמנוֹן (ז)
basilico (m)	reχan	רֵיחָן (ז)

chiodi (m pl) di garofano	ʦi'poren	צִיפּוֹרֶן (ז)
zenzero (m)	'ʤindʒer	ג'ינג'ר (ז)
coriandolo (m)	'kusbara	כּוּסבָּרָה (נ)
cannella (f)	kinamon	קִינָמוֹן (ז)
sesamo (m)	'ʃumʃum	שׁוּמשׁוּם (ז)
alloro (m)	ale dafna	עָלֶה דַפנָה (ז)
paprica (f)	'paprika	פַּפּרִיקָה (נ)
cumino (m)	'kimel	קִימֶל (ז)
zafferano (m)	zeʿafran	זְעַפרָן (ז)

48. Pasti

cibo (m)	'oχel	אוֹכֶל (ז)
mangiare (vi, vt)	le'eχol	לֶאֱכוֹל
colazione (f)	aruχat 'boker	אֲרוּחַת בּוֹקֶר (נ)
fare colazione	le'eχol aruχat 'boker	לֶאֱכוֹל אֲרוּחַת בּוֹקֶר
pranzo (m)	aruχat ʦaha'rayim	אֲרוּחַת צָהֳרַיִים (נ)
pranzare (vi)	le'eχol aruχat ʦaha'rayim	לֶאֱכוֹל אֲרוּחַת צָהֳרַיִים
cena (f)	aruχat 'erev	אֲרוּחַת עֶרֶב (נ)
cenare (vi)	le'eχol aruχat 'erev	לֶאֱכוֹל אֲרוּחַת עֶרֶב
appetito (m)	te'avon	תֵיאָבוֹן (ז)
Buon appetito!	betei'avon!	בְּתֵיאָבוֹן!
aprire (vt)	lif'toaχ	לִפתוֹחַ
rovesciare (~ il vino, ecc.)	liʃpoχ	לִשפּוֹך
rovesciarsi (vr)	lehiʃapeχ	לְהִישָפֵך
bollire (vi)	lir'toaχ	לִרתוֹחַ
far bollire	lehar'tiaχ	לְהַרתִיחַ
bollito (agg)	ra'tuaχ	רָתוּחַ
raffreddare (vt)	lekarer	לְקָרֵר
raffreddarsi (vr)	lehitkarer	לְהִתקָרֵר
gusto (m)	'taʿam	טַעַם (ז)
retrogusto (m)	'taʿam levai	טַעַם לְווַאי (ז)
essere a dieta	lirzot	לִרזוֹת
dieta (f)	di''eta	דִיאֶטָה (נ)
vitamina (f)	vitamin	וִיטָמִין (ז)
caloria (f)	ka'lorya	קָלוֹרִיָה (נ)
vegetariano (m)	ʦimχoni	צִמחוֹנִי (ז)
vegetariano (agg)	ʦimχoni	צִמחוֹנִי
grassi (m pl)	ʃumanim	שוּמָנִים (ז"ר)
proteine (f pl)	χelbonim	חֶלבּוֹנִים (ז"ר)
carboidrati (m pl)	paχmema	פַּחמִימָה (נ)
fetta (f), fettina (f)	prusa	פּרוּסָה (נ)
pezzo (m) (~ di torta)	χatiχa	חֲתִיכָה (נ)
briciola (f) (~ di pane)	perur	פֵּירוּר (ז)

49. Preparazione della tavola

cucchiaio (m)	kaf	כַּף (נ)
coltello (m)	sakin	סַכִּין (ז, נ)
forchetta (f)	mazleg	מַזלֵג (ז)
tazza (f)	'sefel	סֵפֶל (ז)
piatto (m)	ʦa'laχat	צַלַחַת (נ)
piattino (m)	taχtit	תַחתִית (נ)
tovagliolo (m)	mapit	מַפִּית (נ)
stuzzicadenti (m)	keisam ʃi'nayim	קֵיסָם שִׁינַיִים (ז)

50. Ristorante

ristorante (m)	mis'ada	מִסעָדָה (נ)
caffè (m)	beit kafe	בֵּית קָפֶה (ז)
pub (m), bar (m)	bar, pab	בָּר, פָּאבּ (ז)
sala (f) da tè	beit te	בֵּית תֵה (ז)
cameriere (m)	melʦar	מֶלצַר (ז)
cameriera (f)	melʦarit	מֶלצָרִית (נ)
barista (m)	'barmen	בַּרמֶן (ז)
menù (m)	tafrit	תַפרִיט (ז)
lista (f) dei vini	reʃimat yeynot	רְשִׁימַת יֵינוֹת (נ)
prenotare un tavolo	lehazmin ʃulχan	לְהַזמִין שוּלחָן
piatto (m)	mana	מָנָה (נ)
ordinare (~ il pranzo)	lehazmin	לְהַזמִין
fare un'ordinazione	lehazmin	לְהַזמִין
aperitivo (m)	maʃke meta'aven	מַשקֶה מְתַאֲבֵן (ז)
antipasto (m)	meta'aven	מְתַאֲבֵן (ז)
dolce (m)	ki'nuaχ	קִינוּחַ (ז)
conto (m)	χeʃbon	חֶשבּוֹן (ז)
pagare il conto	leʃalem	לְשַלֵם
dare il resto	latet 'odef	לָתֵת עוֹדֶף
mancia (f)	tip	טִיפּ (ז)

Famiglia, parenti e amici

51. Informazioni personali. Moduli

nome (m)	ʃem	שֵׁם (ז)
cognome (m)	ʃem miʃpaχa	שֵׁם מִשְׁפָּחָה (ז)
data (f) di nascita	ta'ariχ leda	תַּאֲרִיךְ לֵידָה (ז)
luogo (m) di nascita	mekom leda	מְקוֹם לֵידָה (ז)
nazionalità (f)	le'om	לְאוֹם (ז)
domicilio (m)	mekom megurim	מְקוֹם מְגוּרִים (ז)
paese (m)	medina	מְדִינָה (נ)
professione (f)	mik'tso'a	מִקְצוֹעַ (ז)
sesso (m)	min	מִין (ז)
statura (f)	'gova	גּוֹבַה (ז)
peso (m)	miʃkal	מִשְׁקָל (ז)

52. Membri della famiglia. Parenti

madre (f)	em	אֵם (נ)
padre (m)	av	אָב (ז)
figlio (m)	ben	בֵּן (ז)
figlia (f)	bat	בַּת (נ)
figlia (f) minore	habat haktana	הַבַּת הַקְּטַנָּה (נ)
figlio (m) minore	haben hakatan	הַבֵּן הַקָּטָן (ז)
figlia (f) maggiore	habat habχora	הַבַּת הַבְּכוֹרָה (נ)
figlio (m) maggiore	haben habχor	הַבֵּן הַבְּכוֹר (ז)
fratello (m)	aχ	אָח (ז)
fratello (m) maggiore	aχ gadol	אָח גָּדוֹל (ז)
fratello (m) minore	aχ katan	אָח קָטָן (ז)
sorella (f)	aχot	אָחוֹת (נ)
sorella (f) maggiore	aχot gdola	אָחוֹת גדוֹלָה (נ)
sorella (f) minore	aχot ktana	אָחוֹת קְטַנָּה (נ)
cugino (m)	ben dod	בֶּן דוֹד (ז)
cugina (f)	bat 'doda	בַּת דוֹדָה (נ)
mamma (f)	'ima	אִמָּא (נ)
papà (m)	'aba	אַבָּא (ז)
genitori (m pl)	horim	הוֹרִים (ז"ר)
bambino (m)	'yeled	יֶלֶד (ז)
bambini (m pl)	yeladim	יְלָדִים (ז"ר)
nonna (f)	'savta	סָבתָא (נ)
nonno (m)	'saba	סָבָא (ז)
nipote (m) (figlio di un figlio)	'neχed	נֶכֶד (ז)

nipote (f)	neχda	נֶכדָה (נ)
nipoti (pl)	neχadim	נְכָדִים (ז"ר)
zio (m)	dod	דוֹד (ז)
zia (f)	'doda	דוֹדָה (נ)
nipote (m) (figlio di un fratello)	aχyan	אַחייָן (ז)
nipote (f)	aχyanit	אַחייָנִית (נ)
suocera (f)	χamot	חָמוֹת (נ)
suocero (m)	χam	חָם (ז)
genero (m)	χatan	חָתָן (ז)
matrigna (f)	em χoreget	אֵם חוֹרֶגֶת (נ)
patrigno (m)	av χoreg	אָב חוֹרֵג (ז)
neonato (m)	tinok	תִינוֹק (ז)
infante (m)	tinok	תִינוֹק (ז)
bimbo (m), ragazzino (m)	pa'ot	פָּעוֹט (ז)
moglie (f)	iʃa	אִשָה (נ)
marito (m)	'ba'al	בַּעַל (ז)
coniuge (m)	ben zug	בֶּן זוּג (ז)
coniuge (f)	bat zug	בַּת זוּג (נ)
sposato (agg)	nasui	נָשׂוּי
sposata (agg)	nesu'a	נְשׂוּאָה
celibe (agg)	ravak	רַווָק
scapolo (m)	ravak	רַווָק (ז)
divorziato (agg)	garuʃ	גָרוּש
vedova (f)	almana	אַלמָנָה (נ)
vedovo (m)	alman	אַלמָן (ז)
parente (m)	karov miʃpaχa	קָרוֹב מִשפָּחָה (ז)
parente (m) stretto	karov miʃpaχa	קָרוֹב מִשפָּחָה (ז)
parente (m) lontano	karov raχok	קָרוֹב רָחוֹק (ז)
parenti (m pl)	krovei miʃpaχa	קְרוֹבֵי מִשפָּחָה (ז"ר)
orfano (m)	yatom	יָתוֹם (ז)
orfana (f)	yetoma	יְתוֹמָה (נ)
tutore (m)	apo'tropos	אַפּוֹטרוֹפּוֹס (ז)
adottare (~ un bambino)	le'amets	לְאַמֵץ
adottare (~ una bambina)	le'amets	לְאַמֵץ

53. Amici. Colleghi

amico (m)	χaver	חָבֵר (ז)
amica (f)	χavera	חֲבֵרָה (נ)
amicizia (f)	yedidut	יְדִידוּת (נ)
essere amici	lihyot yadidim	לִהיוֹת יְדִידִים
partner (m)	ʃutaf	שוּתָף (ז)
capo (m)	menahel, roʃ	מְנַהֵל (ז), רֹאש (ז)
capo (m), superiore (m)	memune	מְמוּנֶה (ז)
proprietario (m)	be'alim	בְּעָלִים (ז)
subordinato (m)	kafuf le	כָּפוּף ל (ז)

collega (m)	amit	עָמִית (ז)
conoscente (m)	makar	מַכָּר (ז)
compagno (m) di viaggio	ben levaya	בֶּן לְוָויָה (ז)
compagno (m) di classe	χaver lekita	חָבֵר לְכִּיתָה (ז)
vicino (m)	ʃaχen	שָׁכֵן (ז)
vicina (f)	ʃχena	שכֵנָה (נ)
vicini (m pl)	ʃχenim	שכֵנִים (ז"ר)

54. Uomo. Donna

donna (f)	iʃa	אִשָּׁה (נ)
ragazza (f)	baχura	בַּחוּרָה (נ)
sposa (f)	kala	כַּלָּה (נ)
bella (agg)	yafa	יָפָה
alta (agg)	gvoha	גבוֹהָה
snella (agg)	tmira	תמִירָה
bassa (agg)	namuχ	נָמוּך
bionda (f)	blon'dinit	בלוֹנדִינִית (נ)
bruna (f)	bru'netit	ברוּנֶטִית (נ)
da donna (agg)	ʃel naʃim	שֶׁל נָשִׁים
vergine (f)	betula	בְּתוּלָה (נ)
incinta (agg)	hara	הָרָה
uomo (m) (adulto maschio)	'gever	גֶבֶר (ז)
biondo (m)	blon'dini	בלוֹנדִינִי (ז)
bruno (m)	ʃχarχar	שחַרחַר
alto (agg)	ga'voha	גָבוֹהַ
basso (agg)	namuχ	נָמוּך
sgarbato (agg)	gas	גַס
tozzo (agg)	guts	גוּץ
robusto (agg)	χason	חָסוֹן
forte (agg)	χazak	חָזָק
forza (f)	'koaχ	כּוֹחַ (ז)
grasso (agg)	ʃamen	שָׁמֵן
bruno (agg)	ʃaχum	שָׁחוּם
snello (agg)	tamir	תָמִיר
elegante (agg)	ele'ganti	אֶלֶגַנטִי

55. Età

età (f)	gil	גִיל (ז)
giovinezza (f)	ne'urim	נְעוּרִים (ז"ר)
giovane (agg)	tsa'ir	צָעִיר
più giovane (agg)	tsa'ir yoter	צָעִיר יוֹתֵר
più vecchio (agg)	mevugar yoter	מְבוּגָר יוֹתֵר

giovane (m)	baχur	בָּחוּר (ז)
adolescente (m, f)	'na'ar	נַעַר (ז)
ragazzo (m)	baχur	בָּחוּר (ז)
vecchio (m)	zaken	זָקֵן (ז)
vecchia (f)	zkena	זקֵנָה (נ)
adulto (m)	mevugar	מְבוּגָר (ז)
di mezza età	bagil haʿamida	בְּגִיל הָעֲמִידָה
anziano (agg)	zaken	זָקֵן
vecchio (agg)	zaken	זָקֵן
pensionamento (m)	'pensya	פֶּנסְיָה (נ)
andare in pensione	latset legimla'ot	לָצֵאת לְגִימלָאוֹת
pensionato (m)	pensyoner	פֶּנסיוֹנֶר (ז)

56. Bambini

bambino (m), bambina (f)	'yeled	יֶלֶד (ז)
bambini (m pl)	yeladim	יְלָדִים (ז"ר)
gemelli (m pl)	te'omim	תְאוֹמִים (ז"ר)
culla (f)	arisa	עֲרִיסָה (נ)
sonaglio (m)	raʿaʃan	רַעֲשָׁן (ז)
pannolino (m)	χitul	חִיתוּל (ז)
tettarella (f)	motsets	מוֹצֵץ (ז)
carrozzina (f)	agala	עֲגָלָה (נ)
scuola (f) materna	gan yeladim	גַן יְלָדִים (ז)
baby-sitter (f)	beibi'siter	בֵּיבִּיסִיטֶר (ז, נ)
infanzia (f)	yaldut	יַלדוּת (נ)
bambola (f)	buba	בּוּבָּה (נ)
giocattolo (m)	tsaʿa'tsuʿa	צַעֲצוּעַ (ז)
gioco (m) di costruzione	misχak harkava	מִשׂחָק הַרכָּבָה (ז)
educato (agg)	meχunaχ	מְחוּנָך
maleducato (agg)	lo meχunaχ	לֹא מְחוּנָך
viziato (agg)	mefunak	מְפוּנָק
essere disubbidiente	lehiʃtovev	לְהִשתוֹבֵב
birichino (agg)	ʃovav	שׁוֹבָב
birichinata (f)	maʿase 'kundes	מַעֲשֵׂה קוּנדֵס (ז)
bambino (m) birichino	'yeled ʃovav	יֶלֶד שׁוֹבָב (ז)
ubbidiente (agg)	tsaytan	צַייְתָן
disubbidiente (agg)	lo memuʃma	לֹא מְמוּשמָע
docile (agg)	ka'nuʿa	כָּנוּעַ
intelligente (agg)	χaχam	חָכָם
bambino (m) prodigio	'yeled 'pele	יֶלֶד פֶּלֶא (ז)

57. Coppie sposate. Vita di famiglia

baciare (vt)	lenaʃek	לְנַשֵק
baciarsi (vr)	lehitnaʃek	לְהִתנַשֵק
famiglia (f)	miʃpaχa	מִשפָּחָה (נ)
familiare (agg)	miʃpaχti	מִשפַּחתִי
coppia (f)	zug	זוּג (ז)
matrimonio (m)	nisu'im	נִישׂוּאִים (ז"ר)
focolare (m) domestico	aχ, ken	אָח (נ), קֵן (ז)
dinastia (f)	ʃo'ʃelet	שוֹשֶלֶת (נ)
appuntamento (m)	deit	דֵייט (ז)
bacio (m)	neʃika	נְשִיקָה (נ)
amore (m)	ahava	אַהֲבָה (נ)
amare (qn)	le'ehov	לֶאֱהוֹב
amato (agg)	ahuv	אָהוּב
tenerezza (f)	roχ	רוֹך (ז)
dolce, tenero (agg)	adin, raχ	עָדִין, רַך
fedeltà (f)	ne'emanut	נֶאֱמָנוּת (נ)
fedele (agg)	masur	מָסוּר
premura (f)	de'aga	דְאָגָה (נ)
premuroso (agg)	do'eg	דוֹאֵג
sposi (m pl) novelli	zug tsa'ir	זוּג צָעִיר (ז)
luna (f) di miele	ya'reaχ dvaʃ	יָרֵחַ דבַש (ז)
sposarsi (per una donna)	lehitχaten	לְהִתחַתֵן
sposarsi (per un uomo)	lehitχaten	לְהִתחַתֵן
nozze (f pl)	χatuna	חֲתוּנָה (נ)
nozze (f pl) d'oro	χatunat hazahav	חֲתוּנַת הַזָהָב (נ)
anniversario (m)	yom nisu'in	יוֹם נִישׂוּאִין (ז)
amante (m)	me'ahev	מְאַהֵב (ז)
amante (f)	mea'hevet	מְאַהֶבֶת (נ)
adulterio (m)	bgida	בּגִידָה (נ)
tradire (commettere adulterio)	livgod be...	לִבגוֹד בְּ...
geloso (agg)	kanai	קַנַאִי
essere geloso	lekane	לְקַנֵא
divorzio (m)	geruʃin	גֵרוּשִין (ז"ר)
divorziare (vi)	lehitgareʃ mi...	לְהִתגָרֵש מִ...
litigare (vi)	lariv	לָרִיב
fare pace	lehitpayes	לְהִתפַּייֵס
insieme	be'yaχad	בְּיַחַד
sesso (m)	min	מִין (ז)
felicità (f)	'oʃer	אוֹשֶר (ז)
felice (agg)	me'uʃar	מְאוּשָר
disgrazia (f)	ason	אָסוֹן (ז)
infelice (agg)	umlal	אוּמלָל

Personalità. Sentimenti. Emozioni

58. Sentimenti. Emozioni

sentimento (m)	'regeʃ	רֶגֶשׁ (ז)
sentimenti (m pl)	regaʃot	רְגָשׁוֹת (ז"ר)
sentire (vt)	lehargiʃ	לְהַרגִישׁ
fame (f)	'ra'av	רָעָב (ז)
avere fame	lihyot ra'ev	לִהיוֹת רָעֵב
sete (f)	tsima'on	צִמָאוֹן (ז)
avere sete	lihyot tsame	לִהיוֹת צָמֵא
sonnolenza (f)	yaʃnuniyut	יַשְׁנוּנִיוּת (נ)
avere sonno	lirtsot liʃon	לִרצוֹת לִישׁוֹן
stanchezza (f)	ayefut	עֲיֵיפוּת (נ)
stanco (agg)	ayef	עָיֵיף
stancarsi (vr)	lehit'ayef	לְהִתעַיֵיף
umore (m) (buon ~)	matsav 'ruaχ	מַצָב רוּחַ (ז)
noia (f)	ʃi'amum	שִׁעֲמוּם (ז)
annoiarsi (vr)	lehiʃta'amem	לְהִשׁתַעֲמֵם
isolamento (f)	hitbodedut	הִתבּוֹדְדוּת (נ)
isolarsi (vr)	lehitboded	לְהִתבּוֹדֵד
preoccupare (vt)	lehad'ig	לְהַדאִיג
essere preoccupato	lid'og	לִדאוֹג
agitazione (f)	de'aga	דְאָגָה (נ)
preoccupazione (f)	χarada	חֲרָדָה (נ)
preoccupato (agg)	mutrad	מוּטרָד
essere nervoso	lihyot atsbani	לִהיוֹת עַצבָּנִי
andare in panico	lehibahel	לְהִיבָּהֵל
speranza (f)	tikva	תִקוָוה (נ)
sperare (vi, vt)	lekavot	לְקַווֹת
certezza (f)	vada'ut	וַדָאוּת (נ)
sicuro (agg)	vada'i	וַדָאִי
incertezza (f)	i vada'ut	אִי וַדָאוּת (נ)
incerto (agg)	lo ba'tuaχ	לֹא בָּטוּחַ
ubriaco (agg)	ʃikor	שִׁיכּוֹר
sobrio (agg)	pi'keaχ	פִּיכֵּחַ
debole (agg)	χalaʃ	חַלָשׁ
fortunato (agg)	me'uʃar	מְאוּשָׁר
spaventare (vt)	lehafχid	לְהַפחִיד
furia (f)	teruf	טֵירוּף
rabbia (f)	'za'am	זַעַם (ז)
depressione (f)	dika'on	דִיכָּאוֹן (ז)
disagio (m)	i noχut	אִי נוֹחוּת (נ)

conforto (m)	noχut	נוחות (נ)
rincrescere (vi)	lehitsta'er	לְהִצטַעֵר
rincrescimento (m)	χarata	חֲרָטָה (נ)
sfortuna (f)	'χoser mazal	חוֹסֶר מַזָל (ז)
tristezza (f)	'etsev	עֶצֶב (ז)
vergogna (f)	buʃa	בּוּשָה (נ)
allegria (f)	simχa	שִׂמחָה (נ)
entusiasmo (m)	hitlahavut	הִתלַהֲבוּת (נ)
entusiasta (m)	mitlahev	מִתלַהֵב
mostrare entusiasmo	lehitlahev	לְהִתלַהֵב

59. Personalità. Carattere

carattere (m)	'ofi	אוֹפִי (ז)
difetto (m)	pgam be''ofi	פְּגָם בְּאוֹפִי (ז)
mente (f)	'seχel	שֵׂכֶל (ז)
intelletto (m)	bina	בִּינָה (נ)
coscienza (f)	matspun	מַצפּוּן (ז)
abitudine (f)	hergel	הֶרגֵל (ז)
capacità (f)	ye'χolet	יְכוֹלֶת (נ)
sapere (~ nuotare)	la'da'at	לָדַעַת
paziente (agg)	savlan	סַבלָן
impaziente (agg)	χasar savlanut	חֲסַר סַבלָנוּת
curioso (agg)	sakran	סַקרָן
curiosità (f)	sakranut	סַקרָנוּת (נ)
modestia (f)	tsni'ut	צְנִיעוּת (נ)
modesto (agg)	tsa'nu'a	צָנוּעַ
immodesto (agg)	lo tsa'nu'a	לֹא צָנוּעַ
pigrizia (f)	atslut	עַצלוּת (נ)
pigro (agg)	atsel	עָצֵל
poltrone (m)	atslan	עַצלָן (ז)
furberia (f)	armumiyut	עַרמוּמִיוּת (נ)
furbo (agg)	armumi	עַרמוּמִי
diffidenza (f)	'χoser emun	חוֹסֶר אֵמוּן (ז)
diffidente (agg)	χadʃani	חַשדָנִי
generosità (f)	nedivut	נְדִיבוּת (נ)
generoso (agg)	nadiv	נָדִיב
di talento	muχʃar	מוּכשָר
talento (m)	kiʃaron	כִּישָרוֹן (ז)
coraggioso (agg)	amits	אַמִיץ
coraggio (m)	'omets	אוֹמֶץ (ז)
onesto (agg)	yaʃar	יָשָר
onestà (f)	'yoʃer	יוֹשֶר (ז)
prudente (agg)	zahir	זָהִיר
valoroso (agg)	amits	אַמִיץ

serio (agg)	retsini	רְצִינִי
severo (agg)	χamur	חָמוּר
deciso (agg)	neχrats	נֶחרָץ
indeciso (agg)	hasesan	הַסְסָן
timido (agg)	baiʃan	בַּייְשָן
timidezza (f)	baiʃanut	בַּייְשָנוּת (נ)
fiducia (f)	emun	אֵמוּן (ז)
fidarsi (vr)	leha'amin	לְהַאֲמִין
fiducioso (agg)	tam	תָם
sinceramente	beχenut	בְּכֵנוּת
sincero (agg)	ken	כֵּן
sincerità (f)	kenut	כֵּנוּת (נ)
aperto (agg)	pa'tuaχ	פָּתוּחַ
tranquillo (agg)	ʃalev	שָלֵו
sincero (agg)	glui lev	גלוּי לֵב
ingenuo (agg)	na"ivi	נָאִיבִי
distratto (agg)	mefuzar	מְפוּזָר
buffo (agg)	matsχik	מַצחִיק
avidità (f)	ta'avat 'betsa	תַאֲווַת בֶּצַע (נ)
avido (agg)	rodef 'betsa	רוֹדֵף בֶּצַע
avaro (agg)	kamtsan	קַמצָן
cattivo (agg)	raʃa	רָשָע
testardo (agg)	akʃan	עַקשָן
antipatico (agg)	lo na'im	לֹא נָעִים
egoista (m)	ego'ist	אֶגוֹאִיסט (ז)
egoistico (agg)	anoχi	אָנוֹכִי
codardo (m)	paχdan	פַּחדָן (ז)
codardo (agg)	paχdani	פַּחדָנִי

60. Dormire. Sogni

dormire (vi)	liʃon	לִישוֹן
sonno (m) (stato di sonno)	ʃena	שֵינָה (נ)
sogno (m)	χalom	חָלוֹם (ז)
sognare (fare sogni)	laχalom	לַחֲלוֹם
sonnolento (agg)	radum	רָדוּם
letto (m)	mita	מִיטָה (נ)
materasso (m)	mizran	מִזרָן (ז)
coperta (f)	smiχa	שׂמִיכָה (נ)
cuscino (m)	karit	כָּרִית (נ)
lenzuolo (m)	sadin	סָדִין (ז)
insonnia (f)	nedudei ʃena	נְדוּדֵי שֵינָה (ז"ר)
insonne (agg)	χasar ʃena	חֲסַר שֵינָה
sonnifero (m)	kadur ʃena	כַּדוּר שֵינָה (ז)
prendere il sonnifero	la'kaχat kadur ʃena	לָקַחַת כַּדוּר שֵינָה
avere sonno	lirtsot liʃon	לִרצוֹת לִישוֹן

sbadigliare (vi)	lefahek	לְפַהֵק
andare a letto	la'leχet liʃon	לָלֶכֶת לִישׁוֹן
fare il letto	leha'tsi'a mita	לְהַצִּיעַ מִיטָּה
addormentarsi (vr)	leheradem	לְהֵירָדֵם
incubo (m)	siyut	סִיוּט (ז)
russare (m)	neχira	נְחִירָה (נ)
russare (vi)	linχor	לִנחוֹר
sveglia (f)	ʃa'on me'orer	שָׁעוֹן מְעוֹרֵר (ז)
svegliare (vt)	leha'ir	לְהָעִיר
svegliarsi (vr)	lehit'orer	לְהִתעוֹרֵר
alzarsi (vr)	lakum	לָקוּם
lavarsi (vr)	lehitraχets	לְהִתרַחֵץ

61. Umorismo. Risata. Felicità

umorismo (m)	humor	הוּמוֹר (ז)
senso (m) dello humour	χuʃ humor	חוּשׁ הוּמוֹר (ז)
divertirsi (vr)	lehanot	לֵיהָנוֹת
allegro (agg)	sa'meaχ	שָׂמֵחַ
allegria (f)	alitsut	עֲלִיצוּת (נ)
sorriso (m)	χiyuχ	חִיוּך (ז)
sorridere (vi)	leχayeχ	לְחַייֵך
mettersi a ridere	lifrots bitsχok	לִפרוֹץ בִּצחוֹק
ridere (vi)	litsχok	לִצחוֹק
riso (m)	tsχok	צחוֹק (ז)
aneddoto (m)	anek'dota	אָנֶקדוֹטָה (נ)
divertente (agg)	matsχik	מַצחִיק
ridicolo (agg)	meʃa'a'ʃe'a	מְשַׁעֲשֵׁעַ
scherzare (vi)	lehitba'deaχ	לְהִתבַּדֵחַ
scherzo (m)	bdiχa	בּדִיחָה (נ)
gioia (f) (fare salti di ~)	simχa	שִׂמחָה (נ)
rallegrarsi (vr)	lis'moaχ	לִשׂמוֹחַ
allegro (agg)	sa'meaχ	שָׂמֵחַ

62. Discussione. Conversazione. Parte 1

comunicazione (f)	'keʃer	קֶשֶׁר (ז)
comunicare (vi)	letakʃer	לְתַקשֵׁר
conversazione (f)	siχa	שִׂיחָה (נ)
dialogo (m)	du 'siaχ	דוּ־שִׂיחַ (ז)
discussione (f)	diyun	דִיוּן (ז)
dibattito (m)	vi'kuaχ	וִיכּוּחַ (ז)
discutere (vi)	lehitva'keaχ	לְהִתוַוכֵּחַ
interlocutore (m)	ben 'siaχ	בֶּן שִׂיחַ (ז)
tema (m)	nose	נוֹשֵׂא (ז)

punto (m) di vista	nekudat mabat	נְקוּדַת מַבָּט (נ)
opinione (f)	de'a	דֵעָה (נ)
discorso (m)	ne'um	נְאוּם (ז)
discussione (f)	diyun	דִיוּן (ז)
discutere (~ una proposta)	ladun	לָדוּן
conversazione (f)	siχa	שִׂיחָה (נ)
conversare (vi)	leso'χeaχ	לְשׂוֹחֵחַ
incontro (m)	pgiʃa	פּגִישָׁה (נ)
incontrarsi (vr)	lehipageʃ	לְהִיפָּגֵשׁ
proverbio (m)	pitgam	פִּתגָם (ז)
detto (m)	pitgam	פִּתגָם (ז)
indovinello (m)	χida	חִידָה (נ)
fare un indovinello	laχud χida	לָחוּד חִידָה
parola (f) d'ordine	sisma	סִיסמָה (נ)
segreto (m)	sod	סוֹד (ז)
giuramento (m)	ʃvu'a	שבוּעָה (נ)
giurare (prestare giuramento)	lehiʃava	לְהִישָּׁבַע
promessa (f)	havtaχa	הַבטָחָה (נ)
promettere (vt)	lehav'tiaχ	לְהַבטִיחַ
consiglio (m)	etsa	עֵצָה (נ)
consigliare (vt)	leya'ets	לְייַעֵץ
seguire il consiglio	lif'ol lefi ha'etsa	לִפעוֹל לְפִי הָעֵצָה
ubbidire (ai genitori)	lehiʃama	לְהִישָּׁמַע
notizia (f)	χadaʃot	חֲדָשׁוֹת (נ"ר)
sensazione (f)	sen'satsya	סֶנסַציָה (נ)
informazioni (f pl)	meida	מֵידָע (ז)
conclusione (f)	maskana	מַסקָנָה (נ)
voce (f)	kol	קוֹל (ז)
complimento (m)	maχma'a	מַחמָאָה (נ)
gentile (agg)	adiv	אָדִיב
parola (f)	mila	מִילָה (נ)
frase (f)	miʃpat	מִשפָּט (ז)
risposta (f)	tʃuva	תשוּבָה (נ)
verità (f)	emet	אֱמֶת (נ)
menzogna (f)	'ʃeker	שֶקֶר (ז)
pensiero (m)	maχʃava	מַחשָבָה (נ)
idea (f)	ra'ayon	רַעֲיוֹן (ז)
fantasia (f)	fan'tazya	פַנטַזיָה (נ)

63. Discussione. Conversazione. Parte 2

rispettato (agg)	meχubad	מְכוּבָּד
rispettare (vt)	leχabed	לְכַבֵּד
rispetto (m)	kavod	כָּבוֹד (ז)
Egregio ...	hayakar ...	... הַיָקָר
presentare (~ qn)	la'asot hekerut	לַעֲשׂוֹת הֶיכֵּרוּת

fare la conoscenza di ...	lehakir	לְהַכִּיר
intenzione (f)	kavana	כַּוָונָה (נ)
avere intenzione	lehitkaven	לְהִתכַּוֵון
augurio (m)	iχul	אִיחוּל (ז)
augurare (vt)	le'aχel	לְאַחֵל
sorpresa (f)	hafta'a	הַפתָעָה (נ)
sorprendere (stupire)	lehaf'ti'a	לְהַפתִיעַ
stupirsi (vr)	lehitpale	לְהִתפַּלֵא
dare (vt)	latet	לָתֵת
prendere (vt)	la'kaχat	לָקַחַת
rendere (vt)	lehaχzir	לְהַחזִיר
restituire (vt)	lehaʃiv	לְהָשִיב
scusarsi (vr)	lehitnatsel	לְהִתנַצֵל
scusa (f)	hitnatslut	הִתנַצלוּת (נ)
perdonare (vt)	lis'loaχ	לִסלוֹחַ
parlare (vi, vt)	ledaber	לְדַבֵּר
ascoltare (vi)	lehakʃiv	לְהַקשִיב
ascoltare fino in fondo	liʃmo'a	לִשמוֹעַ
capire (vt)	lehavin	לְהָבִין
mostrare (vt)	lehar'ot	לְהַראוֹת
guardare (vt)	lehistakel	לְהִסתַכֵּל
chiamare (rivolgersi a)	likro le...	לִקרוֹא לְ...
dare fastidio	lehaf'ri'a	לְהַפרִיעַ
disturbare (vt)	lehaf'ri'a	לְהַפרִיעַ
consegnare (vt)	limsor	לִמסוֹר
richiesta (f)	bakaʃa	בַּקָשָה (נ)
chiedere (vt)	levakeʃ	לְבַקֵש
esigenza (f)	driʃa	דרִישָה (נ)
esigere (vt)	lidroʃ	לִדרוֹש
stuzzicare (vt)	lehitgarot	לְהִתגָרוֹת
canzonare (vt)	lil'og	לִלעוֹג
burla (f), beffa (f)	'la'ag	לַעַג (ז)
soprannome (m)	kinui	כִּינוּי (ז)
allusione (f)	'remez	רֶמֶז (ז)
alludere (vi)	lirmoz	לִרמוֹז
intendere (cosa intendi dire?)	lehitkaven le...	לְהִתכַּוֵון לְ...
descrizione (f)	te'ur	תֵיאוּר (ז)
descrivere (vt)	leta'er	לְתָאֵר
lode (f)	'ʃevaχ	שֶבַח (ז)
lodare (vt)	leʃa'beaχ	לְשַבֵּחַ
delusione (f)	aχzava	אַכזָבָה (נ)
deludere (vt)	le'aχzev	לְאַכזֵב
rimanere deluso	lehit'aχzev	לְהִתאַכזֵב
supposizione (f)	hanaχa	הַנָחָה (נ)
supporre (vt)	leʃa'er	לְשַעֵר

avvertimento (m)	azhara	אַזהָרָה (נ)
avvertire (vt)	lehazhir	לְהַזהִיר

64. Discussione. Conversazione. Parte 3

persuadere (vt)	leʃaχ'ne'a	לְשַכנֵעַ
tranquillizzare (vt)	lehar'gi'a	לְהַרגִיעַ
silenzio (m) (il ~ è d'oro)	ʃtika	שתִיקָה (נ)
tacere (vi)	liʃtok	לִשתוֹק
sussurrare (vt)	lilχoʃ	לִלחוֹש
sussurro (m)	leχiʃa	לְחִישָה (נ)
francamente	beχenut	בְּכֵנוּת
secondo me ...	leda'ati ...	לְדַעֲתִי ...
dettaglio (m)	prat	פּרָט (ז)
dettagliato (agg)	meforat	מְפוֹרָט
dettagliatamente	bimfurat	בִּמפוֹרָט
suggerimento (m)	'remez	רֶמֶז (ז)
suggerire (vt)	lirmoz	לִרמוֹז
sguardo (m)	mabat	מַבָּט (ז)
gettare uno sguardo	lehabit	לְהַבִּיט
fisso (agg)	kafu	קָפוּא
battere le palpebre	lematsmets	לְמַצמֵץ
ammiccare (vi)	likrots	לִקרוֹץ
accennare col capo	lehanhen	לְהָנהֵן
sospiro (m)	anaχa	אֲנָחָה (נ)
sospirare (vi)	lehe'anaχ	לְהֵיאָנַח
sussultare (vi)	lir'od	לִרעוֹד
gesto (m)	meχva	מֶחווָה (נ)
toccare (~ il braccio)	la'ga'at be...	לָגַעַת בְּ...
afferrare (~ per il braccio)	litfos	לִתפּוֹס
picchiettare (~ la spalla)	lit'poaχ	לִטפּוֹחַ
Attenzione!	zehirut!	זְהִירוּת!
Davvero?	be'emet?	בֶּאֱמֶת?
Sei sicuro?	ata ba'tuaχ?	אַתָה בָּטוּחַ?
Buona fortuna!	behatslaχa!	בְּהַצלָחָה!
Capito!	muvan!	מוּבָן!
Peccato!	χaval!	חֲבָל!

65. Accordo. Rifiuto

accordo (m)	haskama	הַסכָּמָה (נ)
essere d'accordo	lehaskim	לְהַסכִּים
approvazione (f)	iʃur	אִישוּר (ז)
approvare (vt)	le'aʃer	לְאַשֵר
rifiuto (m)	siruv	סֵירוּב (ז)

rifiutarsi (vr)	lesarev	לְסָרֵב
Perfetto!	metsuyan!	מְצוּיָן!
Va bene!	tov!	טוֹב!
D'accordo!	be'seder!	בְּסֶדֶר!
vietato, proibito (agg)	asur	אָסוּר
è proibito	asur	אָסוּר
è impossibile	'bilti efʃari	בִּלתִי אֶפשָרִי
sbagliato (agg)	ʃagui	שָגוּי
respingere (~ una richiesta)	lidχot	לִדחוֹת
sostenere (~ un'idea)	litmoχ be...	לִתמוֹך בְּ...
accettare (vt)	lekabel	לְקַבֵּל
confermare (vt)	le'aʃer	לְאַשֵר
conferma (f)	iʃur	אִישוּר (ז)
permesso (m)	reʃut	רְשוּת (נ)
permettere (vt)	leharʃot	לְהַרשוֹת
decisione (f)	haχlata	הַחלָטָה (נ)
non dire niente	liʃtok	לִשתוֹק
condizione (f)	tnai	תְנַאי (ז)
pretesto (m)	teruts	תֵירוּץ (ז)
lode (f)	'ʃevaχ	שֶבַח (ז)
lodare (vt)	leʃa'beaχ	לְשַבֵּחַ

66. Successo. Fortuna. Fiasco

successo (m)	hatsala	הַצלָחָה (נ)
con successo	behatslaχa	בְּהַצלָחָה
ben riuscito (agg)	mutslaχ	מוּצלָח
fortuna (f)	mazal	מַזָל (ז)
Buona fortuna!	behatslaχa!	בְּהַצלָחָה!
fortunato (giorno ~)	mutslaχ	מוּצלָח
fortunato (persona ~a)	bar mazal	בַּר מַזָל
fiasco (m)	kiʃalon	כִּישָלוֹן (ז)
disdetta (f)	'χoser mazal	חוֹסֶר מַזָל (ז)
sfortuna (f)	'χoser mazal	חוֹסֶר מַזָל (ז)
fallito (agg)	lo mutslaχ	לא מוּצלָח
disastro (m)	ason	אָסוֹן (ז)
orgoglio (m)	ga'ava	גַאֲוָוה (נ)
orgoglioso (agg)	ge'e	גֵאֶה
essere fiero di ...	lehitga'ot	לְהִתגָאוֹת
vincitore (m)	zoχe	זוֹכֶה (ז)
vincere (vi)	lena'tseaχ	לְנַצֵחַ
perdere (subire una sconfitta)	lehafsid	לְהַפסִיד
tentativo (m)	nisayon	נִיסָיוֹן (ז)
tentare (vi)	lenasot	לְנַסוֹת
chance (f)	hizdamnut	הִזדַמנוּת (נ)

67. Dispute. Sentimenti negativi

grido (m)	tse'aka	צְעָקָה (נ)
gridare (vi)	lits'ok	לִצעוֹק
mettersi a gridare	lehatχil lits'ok	לְהַתחִיל לִצעוֹק
litigio (m)	riv	רִיב (ז)
litigare (vi)	lariv	לָרִיב
lite (f)	riv	רִיב (ז)
dare scandalo (litigare)	lariv	לָרִיב
conflitto (m)	siχsuχ	סִכסוּך (ז)
fraintendimento (m)	i havana	אִי הֲבָנָה (נ)
insulto (m)	elbon	עֶלבּוֹן (ז)
insultare (vt)	leha'aliv	לְהַעֲלִיב
offeso (agg)	ne'elav	נֶעֱלָב
offesa (f)	tina	טִינָה (נ)
offendere (qn)	lif'go'a	לִפגוֹעַ
offendersi (vr)	lehipaga	לְהִיפָּגַע
indignazione (f)	hitmarmerut	הִתמַרמְרוּת (נ)
indignarsi (vr)	lehitra'em	לְהִתרַעֵם
lamentela (f)	tluna	תלוּנָה (נ)
lamentarsi (vr)	lehitlonen	לְהִתלוֹנֵן
scusa (f)	hitnatslut	הִתנַצלוּת (נ)
scusarsi (vr)	lehitnatsel	לְהִתנַצֵל
chiedere scusa	levakeʃ sliχa	לְבַקֵש סלִיחָה
critica (f)	bi'koret	בִּיקוֹרֶת (נ)
criticare (vt)	levaker	לְבַקֵר
accusa (f)	ha'aʃama	הַאֲשָמָה (נ)
accusare (vt)	leha'aʃim	לְהַאֲשִים
vendetta (f)	nekama	נְקָמָה (נ)
vendicare (vt)	linkom	לִנקוֹם
vendicarsi (vr)	lehaχzir	לְהַחזִיר
disprezzo (m)	zilzul	זִלזוּל (ז)
disprezzare (vt)	lezalzel be...	לְזַלזֵל בְּ...
odio (m)	sin'a	שִׂנאָה (נ)
odiare (vt)	lisno	לִשׂנוֹא
nervoso (agg)	atsbani	עַצבָּנִי
essere nervoso	lihyot atsbani	לִהיוֹת עַצבָּנִי
arrabbiato (agg)	ka'us	כָּעוּס
fare arrabbiare	lehargiz	לְהַרגִיז
umiliazione (f)	haʃpala	הַשפָּלָה (נ)
umiliare (vt)	lehaʃpil	לְהַשפִּיל
umiliarsi (vr)	lehaʃpil et atsmo	לְהַשפִּיל אֶת עַצמוֹ
shock (m)	'helem	הֶלֶם (ז)
scandalizzare (vt)	leza'a'ze'a	לְזַעֲזֵעַ
problema (m) (avere ~i)	tsara	צָרָה (נ)

spiacevole (agg)	lo na'im	לא נָעִים
spavento (m), paura (f)	'paχad	פַּחַד (ז)
terribile (una tempesta ~)	nora	נוֹרָא
spaventoso (un racconto ~)	mafχid	מַפחִיד
orrore (m)	zva'a	זוָועָה (נ)
orrendo (un crimine ~)	ayom	אָיוֹם
cominciare a tremare	lehera'ed	לְהֵירָעֵד
piangere (vi)	livkot	לִבכּוֹת
mettersi a piangere	lehatχil livkot	לְהַתחִיל לִבכּוֹת
lacrima (f)	dim'a	דִמעָה (נ)
colpa (f)	aʃma	אַשמָה (נ)
senso (m) di colpa	rigʃei aʃam	רִגשֵי אָשָם (ז"ר)
vergogna (f)	χerpa	חֶרפָּה (נ)
protesta (f)	meχa'a	מְחָאָה (נ)
stress (m)	'laχats	לַחַץ (ז)
disturbare (vt)	lehafri'a	לְהַפרִיעַ
essere arrabbiato	liχ'os	לִכעוֹס
arrabbiato (agg)	zo'em	זוֹעֵם
porre fine a ... (~ una relazione)	lesayem	לְסַייֵם
rimproverare (vt)	lekalel	לְקַלֵל
spaventarsi (vr)	lehibahel	לְהִיבָּהֵל
colpire (vt)	lehakot	לְהַכּוֹת
picchiarsi (vr)	lehitkotet	לְהִתקוֹטֵט
regolare (~ un conflitto)	lehasdir	לְהַסדִיר
scontento (agg)	lo merutse	לא מְרוּצֶה
furioso (agg)	metoraf	מְטוֹרָף
Non sta bene!	ze lo tov!	זֶה לא טוֹב!
Fa male!	ze ra!	זֶה רַע!

Medicinali

68. Malattie

malattia (f)	maχala	מַחֲלָה (נ)
essere malato	lihyot χole	לִהיוֹת חוֹלֶה
salute (f)	bri'ut	בּרִיאוּת (נ)
raffreddore (m)	na'zelet	נַזֶלֶת (נ)
tonsillite (f)	da'leket ʃkedim	דַלֶקֶת שקֵדִים (נ)
raffreddore (m)	hitstanenut	הִצטַנְנוּת (נ)
raffreddarsi (vr)	lehitstanen	לְהִצטַנֵן
bronchite (f)	bron'χitis	בּרוֹנכִיטִיס (ז)
polmonite (f)	da'leket re'ot	דַלֶקֶת רֵיאוֹת (נ)
influenza (f)	ʃa'pa'at	שַפַעַת (נ)
miope (agg)	ktsar re'iya	קצַר רְאִייָה
presbite (agg)	reχok re'iya	רְחוֹק־רְאִייָה
strabismo (m)	pzila	פזִילָה (נ)
strabico (agg)	pozel	פּוֹזֵל
cateratta (f)	katarakt	קָטָרַקט (ז)
glaucoma (m)	gla'u'koma	גלָאוּקוֹמָה (נ)
ictus (m) cerebrale	ʃavats moχi	שָבָץ מוֹחִי (ז)
attacco (m) di cuore	hetkef lev	הֶתקֵף לֵב (ז)
infarto (m) miocardico	'otem ʃrir halev	אוֹטֶם שרִיר הַלֵב (ז)
paralisi (f)	ʃituk	שִיתוּק (ז)
paralizzare (vt)	leʃatek	לְשַתֵק
allergia (f)	a'lergya	אָלֶרגִיָה (נ)
asma (f)	'astma, ka'tseret	אַסתמָה, קַצֶרֶת (נ)
diabete (m)	su'keret	סוּכֶּרֶת (נ)
mal (m) di denti	ke'ev ʃi'nayim	כְּאֵב שִינַיִים (ז)
carie (f)	a'ʃeʃet	עַשֶשֶת (נ)
diarrea (f)	ʃilʃul	שִלשוּל (ז)
stitichezza (f)	atsirut	עֲצִירוּת (נ)
disturbo (m) gastrico	kilkul keiva	קלקוּל קֵיבָה (ז)
intossicazione (f) alimentare	har'alat mazon	הַרעָלַת מָזוֹן (נ)
intossicarsi (vr)	laχatof har'alat mazon	לַחֲטוֹף הַרעָלַת מָזוֹן
artrite (f)	da'leket mifrakim	דַלֶקֶת מִפרָקִים (נ)
rachitide (f)	ra'keχet	רַכֶּכֶת (נ)
reumatismo (m)	ʃigaron	שִיגָרוֹן (ז)
aterosclerosi (f)	ar'teryo skle'rosis	אַרטֶריוֹ־סקלֶרוֹסִיס (ז)
gastrite (f)	da'leket keiva	דַלֶקֶת קֵיבָה (נ)
appendicite (f)	da'leket toseftan	דַלֶקֶת תוֹסֶפתָן (נ)

colecistite (f)	da'leket kis hamara	דַלֶקֶת כִּיס הַמָרָה (נ)
ulcera (f)	'ulkus, kiv	אוּלקוּס, כִּיב (ז)
morbillo (m)	χa'tsevet	חַצֶבֶת (נ)
rosolia (f)	a'demet	אַדֶמֶת (נ)
itterizia (f)	tsa'hevet	צַהֶבֶת (נ)
epatite (f)	da'leket kaved	דַלֶקֶת כָּבֵד (נ)
schizofrenia (f)	sχizo'frenya	סכִיזוֹפרֶנִיָה (נ)
rabbia (f)	ka'levet	כַּלֶבֶת (נ)
nevrosi (f)	noi'roza	נוֹירוֹזָה (נ)
commozione (f) cerebrale	zaʿa'zuʿa 'moaχ	זַעֲזוּעַ מוֹחַ (ז)
cancro (m)	sartan	סַרטָן (ז)
sclerosi (f)	ta'reʃet	טָרֶשֶׁת (נ)
sclerosi (f) multipla	ta'reʃet nefotsa	טָרֶשֶׁת נְפוֹצָה (נ)
alcolismo (m)	alkoholizm	אַלכּוֹהוֹלִיזם (ז)
alcolizzato (m)	alkoholist	אַלכּוֹהוֹלִיסט (ז)
sifilide (f)	a'gevet	עַגֶבֶת (נ)
AIDS (m)	eids	אֵיידס (ז)
tumore (m)	gidul	גִידוּל (ז)
maligno (agg)	mam'ir	מַמאִיר
benigno (agg)	ʃapir	שָׁפִיר
febbre (f)	ka'daχat	קַדַחַת (נ)
malaria (f)	ma'larya	מָלַרִיָה (נ)
cancrena (f)	gan'grena	גַנגרֶנָה (נ)
mal (m) di mare	maχalat yam	מַחֲלַת יָם (נ)
epilessia (f)	maχalat hanefila	מַחֲלַת הַנְפִילָה (נ)
epidemia (f)	magefa	מַגֵיפָה (נ)
tifo (m)	'tifus	טִיפוּס (ז)
tubercolosi (f)	ʃa'χefet	שַׁחֶפֶת (נ)
colera (m)	ko'lera	כּוֹלֶרָה (נ)
peste (f)	davar	דֶבֶר (ז)

69. Sintomi. Cure. Parte 1

sintomo (m)	simptom	סִימפּטוֹם (ז)
temperatura (f)	χom	חוֹם (ז)
febbre (f) alta	χom ga'voha	חוֹם גָבוֹהַ (ז)
polso (m)	'dofek	דוֹפֶק (ז)
capogiro (m)	sχar'χoret	סחַרחוֹרֶת (נ)
caldo (agg)	χam	חַם
brivido (m)	tsmar'moret	צמַרמוֹרֶת (נ)
pallido (un viso ~)	χiver	חִיווֵר
tosse (f)	ʃiʿul	שִׁיעוּל (ז)
tossire (vi)	lehiʃtaʿel	לְהִשׁתַעֵל
starnutire (vi)	lehitʿateʃ	לְהִתעַטֵשׁ
svenimento (m)	ilafon	עִילָפוֹן (ז)

svenire (vi)	lehit'alef	לְהִתעַלֵף
livido (m)	χabura	חַבּוּרָה (נ)
bernoccolo (m)	blita	בּלִיטָה (נ)
farsi un livido	lekabel maka	לְקַבֵּל מַכָּה
contusione (f)	maka	מַכָּה (נ)
farsi male	lekabel maka	לְקַבֵּל מַכָּה
zoppicare (vi)	lits'lo'a	לִצלוֹעַ
slogatura (f)	'neka	נֶקַע (ז)
slogarsi (vr)	lin'ko'a	לִנקוֹעַ
frattura (f)	'ʃever	שֶבֶר (ז)
fratturarsi (vr)	liʃbor	לִשבּוֹר
taglio (m)	χataχ	חָתָך (ז)
tagliarsi (vr)	lehiχateχ	לְהִיחָתֵך
emorragia (f)	dimum	דִימוּם (ז)
scottatura (f)	kviya	כּווִייָה (נ)
scottarsi (vr)	laχatof kviya	לַחֲטוֹף כּווִייָה
pungere (vt)	lidkor	לִדקוֹר
pungersi (vr)	lehidaker	לְהִידָקֵר
ferire (vt)	lif'tso'a	לִפצוֹעַ
ferita (f)	ptsi'a	פּצִיעָה (נ)
lesione (f)	'petsa	פֶּצַע (ז)
trauma (m)	'tra'uma	טרָאוּמָה (נ)
delirare (vi)	lahazot	לַהֲזוֹת
tartagliare (vi)	legamgem	לְגַמגֵם
colpo (m) di sole	makat 'ʃemeʃ	מַכַּת שֶמֶש (נ)

70. Sintomi. Cure. Parte 2

dolore (m), male (m)	ke'ev	כְּאֵב (ז)
scheggia (f)	kots	קוֹץ (ז)
sudore (m)	ze'a	זֵיעָה (נ)
sudare (vi)	leha'zi'a	לְהַזִיעַ
vomito (m)	haka'a	הֲקָאָה (נ)
convulsioni (f pl)	pirkusim	פִּירכּוּסִים (ז"ר)
incinta (agg)	hara	הָרָה
nascere (vi)	lehivaled	לְהִיווָלֵד
parto (m)	leda	לֵידָה (נ)
essere in travaglio di parto	la'ledet	לָלֶדֶת
aborto (m)	hapala	הַפָּלָה (נ)
respirazione (f)	neʃima	נְשִימָה (נ)
inspirazione (f)	ʃe'ifa	שְאִיפָה (נ)
espirazione (f)	neʃifa	נְשִיפָה (נ)
espirare (vi)	linʃof	לִנשוֹף
inspirare (vi)	liʃ'of	לִשאוֹף
invalido (m)	naχe	נָכֶה (ז)
storpio (m)	naχe	נָכֶה (ז)

drogato (m)	narkoman	נַרקוֹמָן (ז)
sordo (agg)	χereʃ	חֵירֵש
muto (agg)	ilem	אִילֵם
sordomuto (agg)	χereʃ-ilem	חֵירֵש־אִילֵם
matto (agg)	meʃuga	מְשוּגָע
matto (m)	meʃuga	מְשוּגָע (ז)
matta (f)	meʃu'ga'at	מְשוּגַעַת (נ)
impazzire (vi)	lehiʃta'ge'a	לְהִשתַגֵעַ
gene (m)	gen	גֶן (ז)
immunità (f)	χasinut	חֲסִינוּת (נ)
ereditario (agg)	toraʃti	תוֹרַשתִי
innato (agg)	mulad	מוּלָד
virus (m)	'virus	וִירוּס (ז)
microbo (m)	χaidak	חַיידַק (ז)
batterio (m)	bak'terya	בַּקטֶריָה (נ)
infezione (f)	zihum	זִיהוּם (ז)

71. Sintomi. Cure. Parte 3

ospedale (m)	beit χolim	בֵּית חוֹלִים (ז)
paziente (m)	metupal	מְטוּפָל (ז)
diagnosi (f)	avχana	אַבחָנָה (נ)
cura (f)	ripui	רִיפּוּי (ז)
trattamento (m)	tipul refu'i	טִיפּוּל רְפוּאִי (ז)
curarsi (vr)	lekabel tipul	לְקַבֵּל טִיפּוּל
curare (vt)	letapel be...	לְטַפֵּל בְּ...
accudire (un malato)	letapel be...	לְטַפֵּל בְּ...
assistenza (f)	tipul	טִיפּוּל (ז)
operazione (f)	ni'tuaχ	נִיתוּחַ (ז)
bendare (vt)	laχboʃ	לַחבּוֹש
fasciatura (f)	χaviʃa	חֲבִישָה (נ)
vaccinazione (f)	χisun	חִיסוּן (ז)
vaccinare (vt)	leχasen	לְחַסֵן
iniezione (f)	zrika	זְרִיקָה (נ)
fare una puntura	lehazrik	לְהַזרִיק
attacco (m) (~ epilettico)	hetkef	הֶתקֵף (ז)
amputazione (f)	kti'a	קְטִיעָה (נ)
amputare (vt)	lik'to'a	לִקטוֹעַ
coma (m)	tar'demet	תַרדֶמֶת (נ)
essere in coma	lihyot betar'demet	לִהיוֹת בְּתַרדֶמֶת
rianimazione (f)	tipul nimrats	טִיפּוּל נִמרָץ (ז)
guarire (vi)	lehaχlim	לְהַחלִים
stato (f) (del paziente)	matsav	מַצָב (ז)
conoscenza (f)	hakara	הַכָּרָה (נ)
memoria (f)	zikaron	זִיכָּרוֹן (ז)
estrarre (~ un dente)	la'akor	לַעֲקוֹר

otturazione (f)	stima	סתִימָה (נ)
otturare (vt)	la'asot stima	לַעֲשׂוֹת סתִימָה
ipnosi (f)	hip'noza	הִיפּנוֹזָה (נ)
ipnotizzare (vt)	lehapnet	לְהַפנֵט

72. Medici

medico (m)	rofe	רוֹפֵא (ז)
infermiera (f)	aχot	אָחוֹת (נ)
medico (m) personale	rofe iʃi	רוֹפֵא אִישִי (ז)
dentista (m)	rofe ʃi'nayim	רוֹפֵא שִינַיִים (ז)
oculista (m)	rofe ei'nayim	רוֹפֵא עֵינַיִים (ז)
internista (m)	rofe pnimi	רוֹפֵא פנִימִי (ז)
chirurgo (m)	kirurg	כִּירוּרג (ז)
psichiatra (m)	psiχi''ater	פסִיכִיאָטֶר (ז)
pediatra (m)	rofe yeladim	רוֹפֵא יְלָדִים (ז)
psicologo (m)	psiχolog	פסִיכוֹלוֹג (ז)
ginecologo (m)	rofe naʃim	רוֹפֵא נָשִים (ז)
cardiologo (m)	kardyolog	קַרדִיוֹלוֹג (ז)

73. Medicinali. Farmaci. Accessori

medicina (f)	trufa	תרוּפָה (נ)
rimedio (m)	trufa	תרוּפָה (נ)
prescrivere (vt)	lirʃom	לִרשוֹם
prescrizione (f)	mirʃam	מִרשָם (ז)
compressa (f)	kadur	כַּדוּר (ז)
unguento (m)	miʃχa	מִשחָה (נ)
fiala (f)	'ampula	אַמפּוּלָה (נ)
pozione (f)	ta'a'rovet	תַעֲרוֹבֶת (נ)
sciroppo (m)	sirop	סִירוֹפּ (ז)
pillola (f)	gluya	גלוּיָה (נ)
polverina (f)	avka	אַבקָה (נ)
benda (f)	taχ'boʃet 'gaza	תַחבּוֹשֶת גָאזָה (ז)
ovatta (f)	'tsemer 'gefen	צֶמֶר גֶפֶן (ז)
iodio (m)	yod	יוֹד (ז)
cerotto (m)	'plaster	פלַסטֶר (ז)
contagocce (m)	taf'tefet	טַפטֶפֶת (נ)
termometro (m)	madχom	מַדחוֹם (ז)
siringa (f)	mazrek	מַזרֵק (ז)
sedia (f) a rotelle	kise galgalim	כִּיסֵא גַלגַלִים (ז)
stampelle (f pl)	ka'bayim	קַבַּיִים (ז"ר)
analgesico (m)	meʃakeχ ke'evim	מְשַכֵּך כְּאֵבִים (ז)
lassativo (m)	trufa meʃal'ʃelet	תרוּפָה מְשַלשֶלֶת (נ)

alcol (m)	'kohal	כּוֹהַל (ז)
erba (f) officinale	isvei marpe	עִשׂבֵי מַרפֵּא (ז"ר)
d'erbe (infuso ~)	ʃel asavim	שֶל עֲשָׂבִים

74. Fumo. Prodotti di tabaccheria

tabacco (m)	'tabak	טַבָּק (ז)
sigaretta (f)	si'garya	סִיגַרְיָה (נ)
sigaro (m)	sigar	סִיגָר (ז)
pipa (f)	mik'teret	מִקטֶרֶת (נ)
pacchetto (m) (di sigarette)	χafisa	חֲפִיסָה (נ)
fiammiferi (m pl)	gafrurim	גַפרוּרִים (ז"ר)
scatola (f) di fiammiferi	kufsat gafrurim	קוּפסַת גַפרוּרִים (נ)
accendino (m)	matsit	מַצִית (ז)
portacenere (m)	ma'afera	מַאֲפֵרָה (נ)
portasigarette (m)	nartik lesi'garyot	נַרתִיק לְסִיגַריוֹת (ז)
bocchino (m)	piya	פִּייָה (נ)
filtro (m)	'filter	פִילטֶר (ז)
fumare (vi, vt)	le'aʃen	לְעַשֵן
accendere una sigaretta	lehadlik si'garya	לְהַדלִיק סִיגַרְיָה
fumo (m)	iʃun	עִישוּן (ז)
fumatore (m)	me'aʃen	מְעַשֵן (ז)
cicca (f), mozzicone (m)	bdal si'garya	בּדַל סִיגַרְיָה (ז)
fumo (m)	aʃan	עָשָן (ז)
cenere (f)	'efer	אֵפֶר (ז)

HABITAT UMANO

Città

75. Città. Vita di città

città (f)	ir	עִיר (נ)
capitale (f)	ir bira	עִיר בִּירָה (נ)
villaggio (m)	kfar	כְּפָר (ז)
mappa (f) della città	mapat ha'ir	מַפַּת הָעִיר (נ)
centro (m) della città	merkaz ha'ir	מֶרכַּז הָעִיר (ז)
sobborgo (m)	parvar	פַּרוָור (ז)
suburbano (agg)	parvari	פַּרוָורִי
periferia (f)	parvar	פַּרוָור (ז)
dintorni (m pl)	svivot	סבִיבוֹת (נ"ר)
isolato (m)	ʃxuna	שכוּנָה (נ)
quartiere residenziale	ʃxunat megurim	שכוּנַת מְגוּרִים (נ)
traffico (m)	tnu'a	תנוּעָה (נ)
semaforo (m)	ramzor	רַמזוֹר (ז)
trasporti (m pl) urbani	taxbura tsiburit	תַחבּוּרָה צִיבּוּרִית (נ)
incrocio (m)	'tsomet	צוֹמֶת (ז)
passaggio (m) pedonale	ma'avar xatsaya	מַעֲבַר חֲצָיָה (ז)
sottopassaggio (m)	ma'avar tat karka'i	מַעֲבָר תַת־קַרקָעִי (ז)
attraversare (vt)	laxatsot	לַחֲצוֹת
pedone (m)	holex 'regel	הוֹלֵך רֶגֶל (ז)
marciapiede (m)	midraxa	מִדרָכָה (נ)
ponte (m)	'geʃer	גֶשֶׁר (ז)
banchina (f)	ta'yelet	טַייֶלֶת (נ)
fontana (f)	mizraka	מִזרָקָה (נ)
vialetto (m)	sdera	שׂדֵרָה (נ)
parco (m)	park	פַּארק (ז)
boulevard (m)	sdera	שׂדֵרָה (נ)
piazza (f)	kikar	כִּיכָּר (נ)
viale (m), corso (m)	rexov raʃi	רְחוֹב רָאשִי (ז)
via (f), strada (f)	rexov	רְחוֹב (ז)
vicolo (m)	simta	סִמטָה (נ)
vicolo (m) cieco	mavoi satum	מָבוֹי סָתוּם (ז)
casa (f)	'bayit	בַּיִת (ז)
edificio (m)	binyan	בִּניָין (ז)
grattacielo (m)	gored ʃxakim	גוֹרֵד שחָקִים (ז)
facciata (f)	xazit	חֲזִית (נ)
tetto (m)	gag	גַג (ז)

finestra (f)	χalon	חַלוֹן (ז)
arco (m)	'keʃet	קֶשֶׁת (נ)
colonna (f)	amud	עַמוּד (ז)
angolo (m)	pina	פִּינָה (נ)
vetrina (f)	χalon ra'ava	חַלוֹן רַאֲוָוה (ז)
insegna (f) (di negozi, ecc.)	'ʃelet	שֶׁלֶט (ז)
cartellone (m)	kraza	כְּרָזָה (נ)
cartellone (m) pubblicitario	'poster	פּוֹסְטֶר (ז)
tabellone (m) pubblicitario	'luaχ pirsum	לוּחַ פִּרסוּם (ז)
pattume (m), spazzatura (f)	'zevel	זֶבֶל (ז)
pattumiera (f)	paχ aʃpa	פַּח אַשׁפָּה (ז)
sporcare (vi)	lelaχleχ	לְלַכלֵך
discarica (f) di rifiuti	mizbala	מִזבָּלָה (נ)
cabina (f) telefonica	ta 'telefon	תָא טֶלֶפוֹן (ז)
lampione (m)	amud panas	עַמוּד פָּנָס (ז)
panchina (f)	safsal	סַפסָל (ז)
poliziotto (m)	ʃoter	שׁוֹטֵר (ז)
polizia (f)	miʃtara	מִשׁטָרָה (נ)
mendicante (m)	kabtsan	קַבְּצָן (ז)
barbone (m)	χasar 'bayit	חֲסַר בַּיִת (ז)

76. Servizi cittadini

negozio (m)	χanut	חֲנוּת (נ)
farmacia (f)	beit mir'kaχat	בֵּית מִרקַחַת (ז)
ottica (f)	χanut miʃka'fayim	חֲנוּת מִשקָפַיִים (נ)
centro (m) commerciale	kanyon	קַניוֹן (ז)
supermercato (m)	super'market	סוּפֶּרמַרקֶט (ז)
panetteria (f)	ma'afiya	מַאֲפִייָה (נ)
fornaio (m)	ofe	אוֹפֶה (ז)
pasticceria (f)	χanut mamtakim	חֲנוּת מַמתָקִים (נ)
drogheria (f)	ma'kolet	מַכּוֹלֶת (נ)
macelleria (f)	itliz	אִטלִיז (ז)
fruttivendolo (m)	χanut perot viyerakot	חֲנוּת פֵּירוֹת וִירָקוֹת (נ)
mercato (m)	ʃuk	שׁוּק (ז)
caffè (m)	beit kafe	בֵּית קָפֶה (ז)
ristorante (m)	mis'ada	מִסעָדָה (נ)
birreria (f), pub (m)	pab	פָּאבּ (ז)
pizzeria (f)	pi'tseriya	פִּיצֶרִייָה (נ)
salone (m) di parrucchiere	mispara	מִספָּרָה (נ)
ufficio (m) postale	'do'ar	דוֹאַר (ז)
lavanderia (f) a secco	nikui yaveʃ	נִיקוּי יָבֵשׁ (ז)
studio (m) fotografico	'studyo letsilum	סטוּדִיוֹ לְצִילוּם (ז)
negozio (m) di scarpe	χanut na'a'layim	חֲנוּת נַעֲלַיִים (נ)
libreria (f)	χanut sfarim	חֲנוּת סְפָרִים (נ)

negozio (m) sportivo	χanut sport	חֲנוּת ספּוֹרט (נ)
riparazione (f) di abiti	χanut tikun bgadim	חֲנוּת תִיקוּן בּגָדִים (נ)
noleggio (m) di abiti	χanut haskarat bgadim	חֲנוּת הַשׂכָּרַת בּגָדִים (נ)
noleggio (m) di film	χanut haʃalat sratim	חֲנוּת הַשׁאָלַת סרָטִים (נ)
circo (m)	kirkas	קִרקָס (ז)
zoo (m)	gan hayot	גַן חַיוֹת (ז)
cinema (m)	kol'no'a	קוֹלנוֹעַ (ז)
museo (m)	muze'on	מוּזֵיאוֹן (ז)
biblioteca (f)	sifriya	סִפרִייָה (נ)
teatro (m)	te'atron	תֵיאַטרוֹן (ז)
teatro (m) dell'opera	beit 'opera	בֵּית אוֹפֶּרָה (ז)
locale notturno (m)	mo'adon 'laila	מוֹעֲדוֹן לַילָה (ז)
casinò (m)	ka'zino	קָזִינוֹ (ז)
moschea (f)	misgad	מִסגָד (ז)
sinagoga (f)	beit 'kneset	בֵּית כּנֶסֶת (ז)
cattedrale (f)	kated'rala	קָתֶדרָלָה (נ)
tempio (m)	mikdaʃ	מִקדָשׁ (ז)
chiesa (f)	knesiya	כּנֵסִייָה (נ)
istituto (m)	miχlala	מִכלָלָה (נ)
università (f)	uni'versita	אוּנִיבֶרסִיטָה (נ)
scuola (f)	beit 'sefer	בֵּית סֵפֶר (ז)
prefettura (f)	maχoz	מָחוֹז (ז)
municipio (m)	iriya	עִירִייָה (נ)
albergo, hotel (m)	beit malon	בֵּית מָלוֹן (ז)
banca (f)	bank	בַּנק (ז)
ambasciata (f)	ʃagrirut	שַׁגרִירוּת (נ)
agenzia (f) di viaggi	soχnut nesi'ot	סוֹכנוּת נְסִיעוֹת (נ)
ufficio (m) informazioni	modi'in	מוֹדִיעִין (ז)
ufficio (m) dei cambi	misrad hamarat mat'be'a	מִשׂרַד הֲמָרַת מַטבֵּעַ (ז)
metropolitana (f)	ra'kevet taχtit	רַכֶּבֶת תַחתִית (נ)
ospedale (m)	beit χolim	בֵּית חוֹלִים (ז)
distributore (m) di benzina	taχanat 'delek	תַחֲנַת דֶלֶק (נ)
parcheggio (m)	migraʃ χanaya	מִגרַשׁ חֲנָיָה (ז)

77. Mezzi pubblici in città

autobus (m)	'otobus	אוֹטוֹבּוּס (ז)
tram (m)	ra'kevet kala	רַכֶּבֶת קַלָה (נ)
filobus (m)	tro'leibus	טרוֹלֵיבּוּס (ז)
itinerario (m)	maslul	מַסלוּל (ז)
numero (m)	mispar	מִספָּר (ז)
andare in …	lin'so'a be…	לִנסוֹעַ בְּ...
salire (~ sull'autobus)	la'alot	לַעֲלוֹת
scendere da …	la'redet mi…	לָרֶדֶת מִ...
fermata (f) (~ dell'autobus)	taχana	תַחֲנָה (נ)

prossima fermata (f)	hataχana haba'a	הַתַּחֲנָה הַבָּאָה (נ)
capolinea (m)	hataχana ha'aχrona	הַתַּחֲנָה הָאַחרוֹנָה (נ)
orario (m)	'luaχ zmanim	לוּחַ זמַנִים (ז)
aspettare (vt)	lehamtin	לְהַמתִין
biglietto (m)	kartis	כַּרְטִיס (ז)
prezzo (m) del biglietto	meχir hanesiya	מְחִיר הַנְסִיעָה (ז)
cassiere (m)	kupai	קוּפַּאי (ז)
controllo (m) dei biglietti	bi'koret kartisim	בִּיקוֹרֶת כַּרְטִיסִים (נ)
bigliettaio (m)	mevaker	מְבַקֵר (ז)
essere in ritardo	le'aχer	לְאַחֵר
perdere (~ il treno)	lefasfes	לְפַספֵס
avere fretta	lemaher	לְמַהֵר
taxi (m)	monit	מוֹנִית (נ)
taxista (m)	nahag monit	נַהַג מוֹנִית (ז)
in taxi	bemonit	בְּמוֹנִית
parcheggio (m) di taxi	taχanat moniyot	תַּחֲנַת מוֹנִיוֹת (נ)
chiamare un taxi	lehazmin monit	לְהַזמִין מוֹנִית
prendere un taxi	la'kaχat monit	לָקַחַת מוֹנִית
traffico (m)	tnu'a	תנוּעָה (נ)
ingorgo (m)	pkak	פקָק (ז)
ore (f pl) di punta	ʃa'ot 'omes	שְעוֹת עוֹמֶס (נ"ר)
parcheggiarsi (vr)	laχanot	לַחֲנוֹת
parcheggiare (vt)	lehaχnot	לְהַחנוֹת
parcheggio (m)	χanaya	חֲנָיָה (נ)
metropolitana (f)	ra'kevet taχtit	רַכֶּבֶת תַחתִית (נ)
stazione (f)	taχana	תַּחֲנָה (נ)
prendere la metropolitana	lin'so'a betaχtit	לִנסוֹעַ בְּתַחתִית
treno (m)	ra'kevet	רַכֶּבֶת (נ)
stazione (f) ferroviaria	taχanat ra'kevet	תַּחֲנַת רַכֶּבֶת (נ)

78. Visita turistica

monumento (m)	an'darta	אַנדַרטָה (נ)
fortezza (f)	mivtsar	מִבצָר (ז)
palazzo (m)	armon	אַרמוֹן (ז)
castello (m)	tira	טִירָה (נ)
torre (f)	migdal	מִגדָל (ז)
mausoleo (m)	ma'uzo'le'um	מָאוּזוֹלֵיאוּם (ז)
architettura (f)	adriχalut	אַדרִיכָלוּת (נ)
medievale (agg)	benaimi	בֵּינַיימִי
antico (agg)	atik	עַתִיק
nazionale (agg)	le'umi	לְאוּמִי
famoso (agg)	mefursam	מְפוּרסָם
turista (m)	tayar	תַייָר (ז)
guida (f)	madriχ tiyulim	מַדרִיך טִיוּלִים (ז)
escursione (f)	tiyul	טִיוּל (ז)

fare vedere	lehar'ot	לְהַראוֹת
raccontare (vt)	lesaper	לְסַפֵּר
trovare (vt)	limtso	לְמצוֹא
perdersi (vr)	la'lexet le'ibud	לָלֶכֶת לְאִיבּוּד
mappa (f) (~ della metropolitana)	mapa	מַפָּה (נ)
piantina (f) (~ della città)	tarʃim	תַּרשִׁים (ז)
souvenir (m)	maz'keret	מַזכֶּרֶת (נ)
negozio (m) di articoli da regalo	xanut matanot	חֲנוּת מַתָּנוֹת (נ)
fare foto	letsalem	לְצַלֵם
fotografarsi	lehitstalem	לְהִצטַלֵם

79. Acquisti

comprare (vt)	liknot	לִקנוֹת
acquisto (m)	kniya	קְנִייָה (נ)
fare acquisti	la'lexet lekniyot	לָלֶכֶת לְקנִיוֹת
shopping (m)	arixat kniyot	עֲרִיכַת קנִיוֹת (נ)
essere aperto (negozio)	pa'tuax	פָּתוּחַ
essere chiuso	sagur	סָגוּר
calzature (f pl)	na'a'layim	נַעֲלַיִים (נ"ר)
abbigliamento (m)	bgadim	בְּגָדִים (ז"ר)
cosmetica (f)	tamrukim	תַמרוּקִים (ז"ר)
alimentari (m pl)	mutsrei mazon	מוּצרֵי מָזוֹן (ז"ר)
regalo (m)	matana	מַתָנָה (נ)
commesso (m)	moxer	מוֹכֵר (ז)
commessa (f)	mo'xeret	מוֹכֶרֶת (נ)
cassa (f)	kupa	קוּפָּה (נ)
specchio (m)	mar'a	מַראָה (נ)
banco (m)	duxan	דוּכָן (ז)
camerino (m)	'xeder halbaʃa	חֶדֶר הַלבָּשָׁה (ז)
provare (~ un vestito)	limdod	לִמדוֹד
stare bene (vestito)	lehat'im	לְהַתאִים
piacere (vi)	limtso xen be'ei'nayim	לִמצוֹא חֵן בְּעֵינַיִים
prezzo (m)	mexir	מְחִיר (ז)
etichetta (f) del prezzo	tag mexir	תָג מְחִיר (ז)
costare (vt)	la'alot	לַעֲלוֹת
Quanto?	'kama?	כַּמָה?
sconto (m)	hanaxa	הֲנָחָה (נ)
no muy caro (agg)	lo yakar	לֹא יָקָר
a buon mercato	zol	זוֹל
caro (agg)	yakar	יָקָר
È caro	ze yakar	זֶה יָקָר
noleggio (m)	haskara	הַשׂכָּרָה (נ)

noleggiare (~ un abito)	liskor	לִשׂכּוֹר
credito (m)	aʃrai	אַשרַאי (ז)
a credito	be'aʃrai	בְּאַשרַאי

80. Denaro

soldi (m pl)	'kesef	כֶּסֶף (ז)
cambio (m)	hamara	הֲמָרָה (נ)
corso (m) di cambio	'ʃa'ar xalifin	שַעַר חֲלִיפִין (ז)
bancomat (m)	kaspomat	כַּספּוֹמָט (ז)
moneta (f)	mat'be'a	מַטבֵּעַ (ז)
dollaro (m)	'dolar	דוֹלָר (ז)
euro (m)	'eiro	אֵירוֹ (ז)
lira (f)	'lira	לִירָה (נ)
marco (m)	mark germani	מַרק גֶרמָנִי (ז)
franco (m)	frank	פרַנק (ז)
sterlina (f)	'lira 'sterling	לִירָה שׁטֶרלִינג (נ)
yen (m)	yen	יֶן (ז)
debito (m)	xov	חוֹב (ז)
debitore (m)	'ba'al xov	בַּעַל חוֹב (ז)
prestare (~ i soldi)	lehalvot	לְהַלווֹת
prendere in prestito	lilvot	לִלווֹת
banca (f)	bank	בַּנק (ז)
conto (m)	xeʃbon	חֶשבּוֹן (ז)
versare (vt)	lehafkid	לְהַפקִיד
versare sul conto	lehafkid lexeʃbon	לְהַפקִיד לְחֶשבּוֹן
prelevare dal conto	limʃox mexeʃbon	לִמשוֹך מֵחֶשבּוֹן
carta (f) di credito	kartis aʃrai	כַּרטִיס אַשרַאי (ז)
contanti (m pl)	mezuman	מְזוּמָן
assegno (m)	tʃek	צֶ'ק (ז)
emettere un assegno	lixtov tʃek	לִכתוֹב צֶ'ק
libretto (m) di assegni	pinkas 'tʃekim	פִּנקָס צֶ'קִים (ז)
portafoglio (m)	arnak	אַרנָק (ז)
borsellino (m)	arnak lematbe"ot	אַרנָק לְמַטבְּעוֹת (ז)
cassaforte (f)	ka'sefet	כַּסֶפֶת (נ)
erede (m)	yoreʃ	יוֹרֵש (ז)
eredità (f)	yeruʃa	יְרוּשָה (נ)
fortuna (f)	'oʃer	עוֹשֶר (ז)
affitto (m), locazione (f)	xoze sxirut	חוֹזֶה שׂכִירוּת (ז)
canone (m) d'affitto	sxar dira	שכַר דִירָה (ז)
affittare (dare in affitto)	liskor	לִשׂכּוֹר
prezzo (m)	mexir	מְחִיר (ז)
costo (m)	alut	עָלוּת (נ)
somma (f)	sxum	סכוּם (ז)
spendere (vt)	lehotsi	לְהוֹצִיא

spese (f pl)	hotsa'ot	הוֹצָאוֹת (נ"ר)
economizzare (vi, vt)	laχasoχ	לַחֲסוֹך
economico (agg)	χesχoni	חֶסכוֹנִי
pagare (vi, vt)	leʃalem	לְשַלֵם
pagamento (m)	taʃlum	תַשלוּם (ז)
resto (m) (dare il ~)	'odef	עוֹדֶף (ז)
imposta (f)	mas	מַס (ז)
multa (f), ammenda (f)	knas	קְנָס (ז)
multare (vt)	liknos	לִקנוֹס

81. Posta. Servizio postale

ufficio (m) postale	'do'ar	דוֹאַר (ז)
posta (f) (lettere, ecc.)	'do'ar	דוֹאַר (ז)
postino (m)	davar	דַוָור (ז)
orario (m) di apertura	ʃa'ot avoda	שְעוֹת עֲבוֹדָה (נ"ר)
lettera (f)	miχtav	מִכתָב (ז)
raccomandata (f)	miχtav raʃum	מִכתָב רָשוּם (ז)
cartolina (f)	gluya	גלוּיָה (נ)
telegramma (m)	mivrak	מִברָק (ז)
pacco (m) postale	χavila	חֲבִילָה (נ)
vaglia (m) postale	ha'avarat ksafim	הַעֲבָרַת כּסָפִים (נ)
ricevere (vt)	lekabel	לְקַבֵּל
spedire (vt)	liʃ'loaχ	לִשלוֹחַ
invio (m)	ʃliχa	שלִיחָה (ז)
indirizzo (m)	'ktovet	כּתוֹבֶת (נ)
codice (m) postale	mikud	מִיקוּד (ז)
mittente (m)	ʃo'leaχ	שוֹלֵחַ (ז)
destinatario (m)	nim'an	נִמעָן (ז)
nome (m)	ʃem prati	שֵם פּרָטִי (ז)
cognome (m)	ʃem miʃpaχa	שֵם מִשפָּחָה (ז)
tariffa (f)	ta'arif	תַעֲרִיף (ז)
ordinario (agg)	ragil	רָגִיל
standard (agg)	χesχoni	חֶסכוֹנִי
peso (m)	miʃkal	מִשקָל (ז)
pesare (vt)	liʃkol	לִשקוֹל
busta (f)	ma'atafa	מַעֲטָפָה (נ)
francobollo (m)	bul 'do'ar	בּוּל דוֹאַר (ז)
affrancare (vt)	lehadbik bul	לְהַדבִּיק בּוּל

Abitazione. Casa

82. Casa. Abitazione

casa (f)	'bayit	בַּיִת (ז)
a casa	ba'bayit	בַּבַּיִת
cortile (m)	χatser	חָצֵר (נ)
recinto (m)	gader	גָדֵר (נ)
mattone (m)	levena	לְבֵנָה (נ)
di mattoni	milevenim	מִלְבֵנִים
pietra (f)	'even	אֶבֶן (נ)
di pietra	me''even	מֵאֶבֶן
beton (m)	beton	בֶּטוֹן (ז)
di beton	mibeton	מִבֶּטוֹן
nuovo (agg)	χadaʃ	חָדָשׁ
vecchio (agg)	yaʃan	יָשָׁן
fatiscente (edificio ~)	balui	בָּלוּי
moderno (agg)	mo'derni	מוֹדֶרנִי
a molti piani	rav komot	רַב־קוֹמוֹת
alto (agg)	ga'voha	גָבוֹהַ
piano (m)	'koma	קוֹמָה (נ)
di un piano	χad komati	חַד־קוֹמָתִי
pianoterra (m)	komat 'karka	קוֹמַת קַרקַע (נ)
ultimo piano (m)	hakoma haʿelyona	הַקוֹמָה הָעֶליוֹנָה (נ)
tetto (m)	gag	גַג (ז)
ciminiera (f)	aruba	אֲרוּבָּה (נ)
tegola (f)	'raʿaf	רַעַף (ז)
di tegole	mereʿafim	מֵרְעָפִים
soffitta (f)	aliyat gag	עֲלִיַית גַג (נ)
finestra (f)	χalon	חַלוֹן (ז)
vetro (m)	zχuχit	זכוּכִית (נ)
davanzale (m)	'eden χalon	אֶדֶן חַלוֹן (ז)
imposte (f pl)	trisim	תרִיסִים (ז"ר)
muro (m)	kir	קִיר (ז)
balcone (m)	mir'peset	מִרפֶּסֶת (נ)
tubo (m) pluviale	marzev	מַרזֵב (ז)
su, di sopra	le'mala	לְמַעלָה
andare di sopra	laʿalot bemadregot	לַעֲלוֹת בְּמַדרֵגוֹת
scendere (vi)	la'redet bemadregot	לָרֶדֶת בְּמַדרֵגוֹת
trasferirsi (vr)	laʿavor	לַעֲבוֹר

83. Casa. Ingresso. Ascensore

entrata (f)	knisa	כְּנִיסָה (נ)
scala (f)	madregot	מַדרֵגוֹת (נ"ר)
gradini (m pl)	madregot	מַדרֵגוֹת (נ"ר)
ringhiera (f)	ma'ake	מַעֲקֶה (ז)
hall (f) (atrio d'ingresso)	'lobi	לוֹבִּי (ז)
cassetta (f) della posta	teivat 'do'ar	תֵּיבַת דוֹאַר (נ)
secchio (m) della spazzatura	paχ 'zevel	פַּח זֶבֶל (ז)
scivolo (m) per la spazzatura	merik aʃpa	מֵרִיק אַשׁפָּה (ז)
ascensore (m)	ma'alit	מַעֲלִית (נ)
montacarichi (m)	ma'alit masa	מַעֲלִית מַשָׂא (נ)
cabina (f) di ascensore	ta ma'alit	תָּא מַעֲלִית (ז)
prendere l'ascensore	lin'so'a bema'alit	לִנסוֹעַ בְּמַעֲלִית
appartamento (m)	dira	דִּירָה (נ)
inquilini (m pl)	dayarim	דַּיָירִים (ז"ר)
vicino (m)	ʃaχen	שָׁכֵן (ז)
vicina (f)	ʃχena	שׁכֵנָה (נ)
vicini (m pl)	ʃχenim	שׁכֵנִים (ז"ר)

84. Casa. Porte. Serrature

porta (f)	'delet	דֶּלֶת (נ)
cancello (m)	'ʃa'ar	שַׁעַר (ז)
maniglia (f)	yadit	יָדִית (נ)
togliere il catenaccio	lif'toaχ	לִפתוֹחַ
aprire (vt)	lif'toaχ	לִפתוֹחַ
chiudere (vt)	lisgor	לִסגוֹר
chiave (f)	maf'teaχ	מַפתֵחַ (ז)
mazzo (m)	tsror mafteχot	צרוֹר מַפתְחוֹת (ז)
cigolare (vi)	laχarok	לַחֲרוֹק
cigolio (m)	χarika	חֲרִיקָה (נ)
cardine (m)	tsir	צִיר (ז)
zerbino (m)	ʃtiχon	שטִיחוֹן (ז)
serratura (f)	man'ul	מַנעוּל (ז)
buco (m) della serratura	χor haman'ul	חוֹר הַמַנעוּל (ז)
chiavistello (m)	'briaχ	בּרִיחַ (ז)
catenaccio (m)	'briaχ	בּרִיחַ (ז)
lucchetto (m)	man'ul	מַנעוּל (ז)
suonare (~ il campanello)	letsaltsel	לְצַלצֵל
suono (m)	tsiltsul	צִלצוּל (ז)
campanello (m)	pa'amon	פַּעֲמוֹן (ז)
pulsante (m)	kaftor	כַּפתוֹר (ז)
bussata (f)	hakaʃa	הַקָשָׁה (נ)
bussare (vi)	lehakiʃ	לְהַקִישׁ

codice (m)	kod	קוֹד (ז)
serratura (f) a codice	man'ul kod	מַנעוּל קוֹד (ז)
citofono (m)	'interkom	אִינטֶרקוֹם (ז)
numero (m) (~ civico)	mispar	מִספָּר (ז)
targhetta (f) di porta	luχit	לוּחִית (נ)
spioncino (m)	einit	עֵינִית (נ)

85. Casa di campagna

villaggio (m)	kfar	כְּפָר (ז)
orto (m)	gan yarak	גַן יָרָק (ז)
recinto (m)	gader	גָדֵר (נ)
steccato (m)	gader yetedot	גָדֵר יְתֵדוֹת (נ)
cancelletto (m)	piʃpaʃ	פִּשפָּש (ז)
granaio (m)	asam	אָסָם (ז)
cantina (f), scantinato (m)	martef	מַרתֵף (ז)
capanno (m)	maχsan	מַחסָן (ז)
pozzo (m)	be'er	בְּאֵר (נ)
stufa (f)	aχ	אָח (נ)
attizzare (vt)	lehasik et ha'aχ	לְהַסִיק אֶת הָאָח
legna (f) da ardere	atsei hasaka	עֲצֵי הַסָקָה (ז"ר)
ciocco (m)	bul ets	בּוּל עֵץ (ז)
veranda (f)	mir'peset mekora	מִרפֶּסֶת מְקוֹרָה (נ)
terrazza (f)	mir'peset	מִרפֶּסֶת (נ)
scala (f) d'ingresso	madregot ba'petaχ 'bayit	מַדרֵגוֹת בְּפֶתַח בַּיִת (נ"ר)
altalena (f)	nadneda	נַדנֵדָה (נ)

86. Castello. Reggia

castello (m)	tira	טִירָה (נ)
palazzo (m)	armon	אַרמוֹן (ז)
fortezza (f)	mivtsar	מִבצָר (ז)
muro (m)	χoma	חוֹמָה (נ)
torre (f)	migdal	מִגדָל (ז)
torre (f) principale	migdal merkazi	מִגדָל מֶרכָּזִי (ז)
saracinesca (f)	'ʃa'ar anaχi	שַעַר אֲנָכִי (ז)
tunnel (m)	ma'avar tat karka'i	מַעֲבָר תַת־קַרקָעִי (ז)
fossato (m)	χafir	חָפִיר (ז)
catena (f)	ʃal'ʃelet	שַלשֶלֶת (נ)
feritoia (f)	eʃnav 'yeri	אֶשנָב יְרִי (ז)
magnifico (agg)	mefo'ar	מְפוֹאָר
maestoso (agg)	malχuti	מַלכוּתִי
inespugnabile (agg)	'bilti χadir	בִּלתִי חָדִיר
medievale (agg)	benaimi	בֵּינַיימִי

87. Appartamento

appartamento (m)	dira	דִירָה (נ)
camera (f), stanza (f)	'xeder	חֶדֶר (ז)
camera (f) da letto	xadar ʃena	חֲדַר שֵינָה (ז)
sala (f) da pranzo	pinat 'oxel	פִּינַת אוֹכֶל (נ)
salotto (m)	salon	סָלוֹן (ז)
studio (m)	xadar avoda	חֲדַר עֲבוֹדָה (ז)
ingresso (m)	prozdor	פרוזדור (ז)
bagno (m)	xadar am'batya	חֲדַר אַמבַּטִיָה (ז)
gabinetto (m)	ʃerutim	שֵירוּתִים (ז"ר)
soffitto (m)	tikra	תִקרָה (נ)
pavimento (m)	ritspa	רִצפָּה (נ)
angolo (m)	pina	פִּינָה (נ)

88. Appartamento. Pulizie

pulire (vt)	lenakot	לְנַקוֹת
mettere via	lefanot	לְפַנוֹת
polvere (f)	avak	אָבָק (ז)
impolverato (agg)	me'ubak	מְאוּבָּק
spolverare (vt)	lenakot avak	לְנַקוֹת אָבָק
aspirapolvere (m)	ʃo'ev avak	שוֹאֵב אָבָק (ז)
passare l'aspirapolvere	liʃ'ov avak	לִשאוֹב אָבָק
spazzare (vi, vt)	letate	לְטַאטֵא
spazzatura (f)	'psolet ti'tu	פסוֹלֶת טִאטוּא (נ)
ordine (m)	'seder	סֶדֶר (ז)
disordine (m)	i 'seder	אִי סֶדֶר (ז)
frettazzo (m)	magev im smartut	מַגֵב עִם סמַרטוּט (ז)
strofinaccio (m)	smartut avak	סמַרטוּט אָבָק (ז)
scopa (f)	mat'ate katan	מַטאָטֵא קָטָן (ז)
paletta (f)	ya'e	יָעֶה (ז)

89. Arredamento. Interno

mobili (m pl)	rehitim	רָהִיטִים (ז"ר)
tavolo (m)	ʃulxan	שוּלחָן (ז)
sedia (f)	kise	כִּסֵא (ז)
letto (m)	mita	מִיטָה (נ)
divano (m)	sapa	סַפָּה (נ)
poltrona (f)	kursa	כּוּרסָה (נ)
libreria (f)	aron sfarim	אָרוֹן סְפָרִים (ז)
ripiano (m)	madaf	מַדָף (ז)
armadio (m)	aron bgadim	אָרוֹן בּגָדִים (ז)
attaccapanni (m) da parete	mitle	מִתלֶה (ז)

appendiabiti (m) da terra	mitle	מִתלֶה (ז)
comò (m)	ʃida	שִידָה (נ)
tavolino (m) da salotto	ʃulχan itonim	שולחַן עִיתוֹנִים (ז)
specchio (m)	mar'a	מַראָה (נ)
tappeto (m)	ʃa'tiaχ	שָטִיחַ (ז)
tappetino (m)	ʃa'tiaχ	שָטִיחַ (ז)
camino (m)	aχ	אָח (נ)
candela (f)	ner	נֵר (ז)
candeliere (m)	pamot	פָמוֹט (ז)
tende (f pl)	vilonot	וִילוֹנוֹת (ז"ר)
carta (f) da parati	tapet	טַפֶּט (ז)
tende (f pl) alla veneziana	trisim	תרִיסִים (ז"ר)
lampada (f) da tavolo	menorat ʃulχan	מְנוֹרַת שולחָן (נ)
lampada (f) da parete	menorat kir	מְנוֹרַת קִיר (נ)
lampada (f) a stelo	menora o'medet	מְנוֹרָה עוֹמֶדֶת (נ)
lampadario (m)	niv'reʃet	נִברֶשֶת (נ)
gamba (f)	'regel	רֶגֶל (נ)
bracciolo (m)	miʃ'enet yad	מִשעֶנֶת יָד (נ)
spalliera (f)	miʃ'enet	מִשעֶנֶת (נ)
cassetto (m)	megera	מְגֵירָה (נ)

90. Biancheria da letto

biancheria (f) da letto	matsa'im	מַצָעִים (ז"ר)
cuscino (m)	karit	כָּרִית (נ)
federa (f)	tsipit	צִיפִית (נ)
coperta (f)	smiχa	שׂמִיכָה (נ)
lenzuolo (m)	sadin	סָדִין (ז)
copriletto (m)	kisui mita	כִּיסוּי מִיטָה (ז)

91. Cucina

cucina (f)	mitbaχ	מִטבָּח (ז)
gas (m)	gaz	גָז (ז)
fornello (m) a gas	tanur gaz	תַנוּר גָז (ז)
fornello (m) elettrico	tanur χaʃmali	תַנוּר חַשמַלִי (ז)
forno (m)	tanur afiya	תַנוּר אֲפִייָה (ז)
forno (m) a microonde	mikrogal	מִיקרוֹגַל (ז)
frigorifero (m)	mekarer	מְקָרֵר (ז)
congelatore (m)	makpi	מַקפִּיא (ז)
lavastoviglie (f)	me'diaχ kelim	מֵדִיחַ כֵּלִים (ז)
tritacarne (m)	matχenat basar	מַטחֵנַת בָּשָׂר (נ)
spremifrutta (m)	masχeta	מַסחֵטָה (נ)
tostapane (m)	'toster	טוֹסטֶר (ז)
mixer (m)	'mikser	מִיקסֶר (ז)

macchina (f) da caffè	meχonat kafe	מְכוֹנַת קָפֶה (נ)
caffettiera (f)	findʒan	פִינגָ'אן (ז)
macinacaffè (m)	matχenat kafe	מַטחֵנַת קָפֶה (נ)
bollitore (m)	kumkum	קוּמקוּם (ז)
teiera (f)	kumkum	קוּמקוּם (ז)
coperchio (m)	miχse	מִכסֶה (ז)
colino (m) da tè	mis'nenet te	מִסנֶנֶת תֵה (נ)
cucchiaio (m)	kaf	כַּף (נ)
cucchiaino (m) da tè	kapit	כַּפִּית (נ)
cucchiaio (m)	kaf	כַּף (נ)
forchetta (f)	mazleg	מַזלֵג (ז)
coltello (m)	sakin	סַכִּין (ז, נ)
stoviglie (f pl)	kelim	כֵּלִים (ז"ר)
piatto (m)	tsa'laχat	צַלַחַת (נ)
piattino (m)	taχtit	תַחתִית (נ)
cicchetto (m)	kosit	כּוֹסִית (נ)
bicchiere (m) (~ d'acqua)	kos	כּוֹס (נ)
tazzina (f)	'sefel	סֵפֶל (ז)
zuccheriera (f)	mis'keret	מִסכֶּרֶת (נ)
saliera (f)	milχiya	מִלחִייָה (נ)
pepiera (f)	pilpeliya	פִּלפְּלִייָה (נ)
burriera (f)	maχame'a	מַחְמְאָה (ז)
pentola (f)	sir	סִיר (ז)
padella (f)	maχvat	מַחבַת (נ)
mestolo (m)	tarvad	תַרווָד (ז)
colapasta (m)	mis'nenet	מִסנֶנֶת (נ)
vassoio (m)	magaʃ	מַגָש (ז)
bottiglia (f)	bakbuk	בַּקבּוּק (ז)
barattolo (m) di vetro	tsin'tsenet	צִנצֶנֶת (נ)
latta, lattina (f)	paχit	פַּחִית (נ)
apribottiglie (m)	potχan bakbukim	פּוֹתחַן בַּקבּוּקִים (ז)
apriscatole (m)	potχan kufsa'ot	פּוֹתחַן קוּפסָאוֹת (ז)
cavatappi (m)	maχlets	מַחלֵץ (ז)
filtro (m)	'filter	פִילטֶר (ז)
filtrare (vt)	lesanen	לְסַנֵן
spazzatura (f)	'zevel	זֶבֶל (ז)
pattumiera (f)	paχ 'zevel	פַּח זֶבֶל (ז)

92. Bagno

bagno (m)	χadar am'batya	חֲדַר אַמבַּטיָה (ז)
acqua (f)	'mayim	מַיִם (ז"ר)
rubinetto (m)	'berez	בֶּרֶז (ז)
acqua (f) calda	'mayim χamim	מַיִם חַמִים (ז"ר)
acqua (f) fredda	'mayim karim	מַיִם קָרִים (ז"ר)

dentifricio (m)	miʃχat ʃi'nayim	מִשחַת שִינַיִים (נ)
lavarsi i denti	letsaχ'tseaχ ʃi'nayim	לְצַחְצֵחַ שִינַיִים
spazzolino (m) da denti	miv'reʃet ʃi'nayim	מִברֶשֶת שִינַיִים (נ)
rasarsi (vr)	lehitga'leaχ	לְהִתגַלֵחַ
schiuma (f) da barba	'ketsef gi'luaχ	קֶצֶף גִילוּחַ (ז)
rasoio (m)	'taʿar	תַעַר (ז)
lavare (vt)	liʃtof	לִשטוֹף
fare un bagno	lehitraχets	לְהִתרַחֵץ
doccia (f)	mik'laχat	מִקלַחַת (נ)
fare una doccia	lehitka'leaχ	לְהִתקַלֵחַ
vasca (f) da bagno	am'batya	אַמבַּטיָה (נ)
water (m)	asla	אַסלָה (נ)
lavandino (m)	kiyor	כִּיוֹר (ז)
sapone (m)	sabon	סַבּוֹן (ז)
porta (m) sapone	saboniya	סַבּוֹנִייָה (נ)
spugna (f)	sfog 'lifa	ספוֹג לִיפָה (ז)
shampoo (m)	ʃampu	שַמפּוּ (ז)
asciugamano (m)	ma'gevet	מַגֶבֶת (נ)
accappatoio (m)	χaluk raχatsa	חָלוּק רַחְצָה (ז)
bucato (m)	kvisa	כְּבִיסָה (נ)
lavatrice (f)	meχonat kvisa	מְכוֹנַת כְּבִיסָה (נ)
fare il bucato	leχabes	לְכַבֵּס
detersivo (m) per il bucato	avkat kvisa	אַבקַת כְּבִיסָה (נ)

93. Elettrodomestici

televisore (m)	tele'vizya	טֶלֶוִויזיָה (נ)
registratore (m) a nastro	teip	טֵייפּ (ז)
videoregistratore (m)	maχʃir 'videʾo	מַכשִיר וִידֶאוֹ (ז)
radio (f)	'radyo	רַדיוֹ (ז)
lettore (m)	nagan	נַגָן (ז)
videoproiettore (m)	makren	מַקרֵן (ז)
home cinema (m)	kol'noʿa beiti	קוֹלנוֹעַ בֵּיתִי (ז)
lettore (m) DVD	nagan dividi	נַגָן DVD (ז)
amplificatore (m)	magber	מַגבֵּר (ז)
console (f) video giochi	maχʃir plei'steiʃen	מַכשִיר פּלֵייסטֵיישֶן (ז)
videocamera (f)	matslemat 'videʾo	מַצלֵמַת וִידֶאוֹ (נ)
macchina (f) fotografica	matslema	מַצלֵמָה (נ)
fotocamera (f) digitale	matslema digi'talit	מַצלֵמָה דִיגִיטָלִית (נ)
aspirapolvere (m)	ʃoʾev avak	שוֹאֵב אָבָק (ז)
ferro (m) da stiro	maghets	מַגהֵץ (ז)
asse (f) da stiro	'kereʃ gihuts	קֶרֶש גִיהוּץ (ז)
telefono (m)	'telefon	טֶלֶפוֹן (ז)
telefonino (m)	'telefon nayad	טֶלֶפוֹן נַייָד (ז)

macchina (f) da scrivere	meχonat ktiva	מְכוֹנַת כּתִיבָה (נ)
macchina (f) da cucire	meχonat tfira	מְכוֹנַת תפִירָה (נ)
microfono (m)	mikrofon	מִיקרוֹפוֹן (ז)
cuffia (f)	ozniyot	אוֹזנִיוֹת (נ"ר)
telecomando (m)	'ʃelet	שָׁלָט (ז)
CD (m)	taklitor	תַקלִיטוֹר (ז)
cassetta (f)	ka'letet	קַלֶטֶת (נ)
disco (m) (vinile)	taklit	תַקלִיט (ז)

94. Riparazioni. Restauro

lavori (m pl) di restauro	ʃiputs	שִיפּוּץ (ז)
rinnovare (ridecorare)	leʃapets	לְשַפֵּץ
riparare (vt)	letaken	לְתַקֵן
mettere in ordine	lesader	לְסַדֵר
rifare (vt)	la'asot meχadaʃ	לַעֲשׂוֹת מְחָדָש
pittura (f)	'tseva	צֶבַע (ז)
pitturare (~ un muro)	lits'bo'a	לִצבּוֹעַ
imbianchino (m)	tsaba'i	צַבָּעִי (ז)
pennello (m)	mikχol	מִכחוֹל (ז)
imbiancatura (f)	sid	סִיד (ז)
imbiancare (vt)	lesayed	לְסַיֵיד
carta (f) da parati	tapet	טַפֶּט (ז)
tappezzare (vt)	lehadbik ta'petim	לְהַדבִּיק טַפֶּטִים
vernice (f)	'laka	לַכָּה (נ)
verniciare (vt)	lim'roaχ 'laka	לִמרוֹחַ לַכָּה

95. Impianto idraulico

acqua (f)	'mayim	מַיִם (ז"ר)
acqua (f) calda	'mayim χamim	מַיִם חַמִים (ז"ר)
acqua (f) fredda	'mayim karim	מַיִם קָרִים (ז"ר)
rubinetto (m)	'berez	בֶּרֶז (ז)
goccia (f)	tipa	טִיפָּה (נ)
gocciolare (vi)	letaftef	לְטַפטֵף
perdere (il tubo, ecc.)	lidlof	לִדלוֹף
perdita (f) (~ dai tubi)	dlifa	דלִיפָה (נ)
pozza (f)	ʃlulit	שלוּלִית (נ)
tubo (m)	tsinor	צִינוֹר (ז)
valvola (f)	'berez	בֶּרֶז (ז)
intasarsi (vr)	lehisatem	לְהִיסָתֵם
strumenti (m pl)	klei avoda	כּלֵי עֲבוֹדָה (ז"ר)
chiave (f) inglese	maf'teaχ mitkavnen	מַפתֵחַ מִתכַּוונֵן (ז)
svitare (vt)	lif'toaχ	לִפתוֹחַ

avvitare (stringere)	lehavrig	לְהַבְרִיג
stasare (vt)	lif'toaχ et hastima	לִפתוֹחַ אֶת הַסתִימָה
idraulico (m)	ʃravrav	שְרַבְרָב (ז)
seminterrato (m)	martef	מַרתֵף (ז)
fognatura (f)	biyuv	בִּיוּב (ז)

96. Incendio. Conflagrazione

fuoco (m)	srefa	שׂרֵיפָה (נ)
fiamma (f)	lehava	לֶהָבָה (נ)
scintilla (f)	nitsots	נִיצוֹץ (ז)
fumo (m)	aʃan	עָשָן (ז)
fiaccola (f)	lapid	לַפִּיד (ז)
falò (m)	medura	מְדוּרָה (נ)
benzina (f)	'delek	דֶלֶק (ז)
cherosene (m)	kerosin	קֶרוֹסִין (ז)
combustibile (agg)	dalik	דָלִיק
esplosivo (agg)	nafits	נָפִיץ
VIETATO FUMARE!	asur le'aʃen!	אָסוּר לְעַשֵן!
sicurezza (f)	betiχut	בְּטִיחוּת (נ)
pericolo (m)	sakana	סַכָּנָה (נ)
pericoloso (agg)	mesukan	מְסוּכָּן
prendere fuoco	lehidalek	לְהִידָלֵק
esplosione (f)	pitsuts	פִּיצוּץ (ז)
incendiare (vt)	lehatsit	לְהַצִית
incendiario (m)	matsit	מַצִית (ז)
incendio (m) doloso	hatsata	הַצָתָה (נ)
divampare (vi)	liv'or	לִבעוֹר
bruciare (vi)	la'alot be'eʃ	לַעֲלוֹת בְּאֵש
bruciarsi (vr)	lehisaref	לְהִישָׂרֵף
chiamare i pompieri	lehazmin meχabei eʃ	לְהַזמִין מְכַבֵּי אֵש
pompiere (m)	kabai	כַּבַּאי (ז)
autopompa (f)	'reχev kibui	רֶכֶב כִּיבּוּי (ז)
corpo (m) dei pompieri	meχabei eʃ	מְכַבֵּי אֵש (ז"ר)
autoscala (f) da pompieri	sulam kaba'im	סוּלַם כַּבָּאִים (ז)
manichetta (f)	zarnuk	זַרנוּק (ז)
estintore (m)	mataf	מַטָף (ז)
casco (m)	kasda	קַסדָה (נ)
sirena (f)	tsofar	צוֹפָר (ז)
gridare (vi)	lits'ok	לִצעוֹק
chiamare in aiuto	likro le'ezra	לִקרוֹא לְעֶזרָה
soccorritore (m)	matsil	מַצִיל (ז)
salvare (vt)	lehatsil	לְהַצִיל
arrivare (vi)	leha'gi'a	לְהַגִיעַ
spegnere (vt)	leχabot	לְכַבּוֹת
acqua (f)	'mayim	מַיִם (ז"ר)

sabbia (f)	χol	חוֹל (ז)
rovine (f pl)	χoravot	חוּרָבוֹת (נ"ר)
crollare (edificio)	likros	לִקרוֹס
cadere (vi)	likros	לִקרוֹס
collassare (vi)	lehitmotet	לְהִתמוֹטֵט
frammento (m)	pisat χoravot	פִּיסַת חוּרָבוֹת (נ)
cenere (f)	'efer	אֵפֶר (ז)
asfissiare (vi)	lehiχanek	לְהֵיחָנֵק
morire, perire (vi)	lehihareg	לְהֵיהָרֵג

ATTIVITÀ UMANA

Lavoro. Affari. Parte 1

97. Attività bancaria

banca (f)	bank	בַּנק (ז)
filiale (f)	snif	סנִיף (ז)
consulente (m)	yo'ets	יוֹעֵץ (ז)
direttore (m)	menahel	מְנַהֵל (ז)
conto (m) bancario	χeʃbon	חֶשבּוֹן (ז)
numero (m) del conto	mispar χeʃbon	מִספַּר חֶשבּוֹן (ז)
conto (m) corrente	χeʃbon over vaʃav	חֶשבּוֹן עוֹבֵר וָשָב (ז)
conto (m) di risparmio	χeʃbon χisaχon	חֶשבּוֹן חִסָכוֹן (ז)
aprire un conto	lif'toaχ χeʃbon	לִפתוֹחַ חֶשבּוֹן
chiudere il conto	lisgor χeʃbon	לִסגוֹר חֶשבּוֹן
versare sul conto	lehafkid leχeʃbon	לְהַפקִיד לְחֶשבּוֹן
prelevare dal conto	limʃoχ meχeʃbon	לִמשוֹך מֵחֶשבּוֹן
deposito (m)	pikadon	פִּיקָדוֹן (ז)
depositare (vt)	lehafkid	לְהַפקִיד
trasferimento (m) telegrafico	ha'avara banka'it	הַעֲבָרָה בַּנקָאִית (נ)
rimettere i soldi	leha'avir 'kesef	לְהַעֲבִיר כֶּסֶף
somma (f)	sχum	סכוּם (ז)
Quanto?	'kama?	כַּמָה?
firma (f)	χatima	חֲתִימָה (נ)
firmare (vt)	laχtom	לַחתוֹם
carta (f) di credito	kartis aʃrai	כַּרטִיס אַשרַאי (ז)
codice (m)	kod	קוֹד (ז)
numero (m) della carta di credito	mispar kartis aʃrai	מִספַּר כַּרטִיס אַשרַאי (ז)
bancomat (m)	kaspomat	כַּספּוֹמָט (ז)
assegno (m)	ʧek	צֶ'ק (ז)
emettere un assegno	liχtov ʧek	לִכתוֹב צֶ'ק
libretto (m) di assegni	pinkas 'ʧekim	פִּנקָס צֶ'קִים (ז)
prestito (m)	halva'a	הַלוָואָה (נ)
fare domanda per un prestito	levakeʃ halva'a	לְבַקֵש הַלוָואָה
ottenere un prestito	lekabel halva'a	לְקַבֵּל הַלוָואָה
concedere un prestito	lehalvot	לְהַלווֹת
garanzia (f)	arvut	עַרבוּת (נ)

98. Telefono. Conversazione telefonica

telefono (m)	'telefon	טֶלֶפוֹן (ז)
telefonino (m)	'telefon nayad	טֶלֶפוֹן נַיָּיד (ז)
segreteria (f) telefonica	meʃivon	מְשִׁיבוֹן (ז)
telefonare (vi, vt)	leʦalʦel	לְצַלצֵל
chiamata (f)	siχat 'telefon	שִׂיחַת טֶלֶפוֹן (נ)
comporre un numero	leχayeg mispar	לְחַייֵג מִספָּר
Pronto!	'halo!	הַלוֹ!
chiedere (domandare)	liʃol	לִשאוֹל
rispondere (vi, vt)	laʿanot	לַעֲנוֹת
udire (vt)	liʃmoʿa	לִשמוֹעַ
bene	tov	טוֹב
male	lo tov	לֹא טוֹב
disturbi (m pl)	hafraʿot	הַפרָעוֹת (נ"ר)
cornetta (f)	ʃfo'feret	שפוֹפֶרֶת (נ)
alzare la cornetta	leharim ʃfo'feret	לְהָרִים שפוֹפֶרֶת
riattaccare la cornetta	leha'niaχ ʃfo'feret	לְהָנִיחַ שפוֹפֶרֶת
occupato (agg)	tafus	תָפוּס
squillare (del telefono)	leʦalʦel	לְצַלצֵל
elenco (m) telefonico	'sefer tele'fonim	סֵפֶר טֶלֶפוֹנִים (ז)
locale (agg)	mekomi	מְקוֹמִי
telefonata (f) urbana	siχa mekomit	שִׂיחָה מְקוֹמִית (נ)
interurbano (agg)	bein ironi	בֵּין עִירוֹנִי
telefonata (f) interurbana	siχa bein ironit	שִׂיחָה בֵּין עִירוֹנִית (נ)
internazionale (agg)	benle'umi	בֵּינלְאוּמִי
telefonata (f) internazionale	siχa benle'umit	שִׂיחָה בֵּינלְאוּמִית (נ)

99. Telefono cellulare

telefonino (m)	'telefon nayad	טֶלֶפוֹן נַיָּיד (ז)
schermo (m)	masaχ	מָסָך (ז)
tasto (m)	kaftor	כַּפתוֹר (ז)
scheda SIM (f)	kartis sim	כַּרטִיס סִים (ז)
pila (f)	solela	סוֹלְלָה (נ)
essere scarico	lehitroken	לְהִתרוֹקֵן
caricabatteria (m)	mitʿan	מִטעָן (ז)
menù (m)	tafrit	תַפרִיט (ז)
impostazioni (f pl)	hagdarot	הַגדָרוֹת (נ"ר)
melodia (f)	mangina	מַנגִינָה (נ)
scegliere (vt)	livχor	לִבחוֹר
calcolatrice (f)	maχʃevon	מַחשְׁבוֹן (ז)
segreteria (f) telefonica	ta koli	תָא קוֹלִי (ז)
sveglia (f)	ʃaʿon meʿorer	שְׁעוֹן מְעוֹרֵר (ז)

contatti (m pl)	anʃei 'keʃer	אַנשֵׁי קֶשֶׁר (ז"ר)
messaggio (m) SMS	misron	מִסרוֹן (ז)
abbonato (m)	manui	מָנוּי (ז)

100. Articoli di cancelleria

penna (f) a sfera	et kaduri	עֵט כַּדוּרִי (ז)
penna (f) stilografica	et no'veʿa	עֵט נוֹבֵעַ (ז)
matita (f)	iparon	עִיפָּרוֹן (ז)
evidenziatore (m)	'marker	מַרקֵר (ז)
pennarello (m)	tuʃ	טוּשׁ (ז)
taccuino (m)	pinkas	פִּנקָס (ז)
agenda (f)	yoman	יוֹמָן (ז)
righello (m)	sargel	סַרגֵל (ז)
calcolatrice (f)	maxʃevon	מַחשְׁבוֹן (ז)
gomma (f) per cancellare	'maxak	מַחַק (ז)
puntina (f)	'naʿats	נַעַץ (ז)
graffetta (f)	mehadek	מְהַדֵק (ז)
colla (f)	'devek	דֶבֶק (ז)
pinzatrice (f)	ʃadxan	שַׁדכָן (ז)
perforatrice (f)	menakev	מְנַקֵב (ז)
temperamatite (m)	maxded	מְחַדֵד (ז)

Lavoro. Affari. Parte 2

101. Mezzi di comunicazione di massa

giornale (m)	iton	עִיתוֹן (ז)
rivista (f)	ʒurnal	ז'ורנָל (ז)
stampa (f) (giornali, ecc.)	itonut	עִיתוֹנוּת (נ)
radio (f)	'radyo	רַדיוֹ (ז)
stazione (f) radio	taχanat 'radyo	תַחֲנַת רַדיוֹ (נ)
televisione (f)	tele'vizya	טֶלֶווִיזיָה (נ)
presentatore (m)	manχe	מַנחֶה (ז)
annunciatore (m)	karyan	קַרייָן (ז)
commentatore (m)	parʃan	פַּרשָן (ז)
giornalista (m)	itonai	עִיתוֹנַאי (ז)
corrispondente (m)	katav	כַּתָב (ז)
fotocronista (m)	tsalam itonut	צַלָם עִיתוֹנוּת (ז)
cronista (m)	katav	כַּתָב (ז)
redattore (m)	oreχ	עוֹרֵך (ז)
redattore capo (m)	oreχ raʃi	עוֹרֵך רָאשִי (ז)
abbonarsi a ...	lehasdir manui	לְהַסדִיר מָנוּי
abbonamento (m)	minui	מִנוּי (ז)
abbonato (m)	manui	מָנוּי (ז)
leggere (vi, vt)	likro	לִקרוֹא
lettore (m)	kore	קוֹרֵא (ז)
tiratura (f)	tfutsa	תפוּצָה (נ)
mensile (agg)	χodʃi	חוֹדשִי
settimanale (agg)	ʃvu‘i	שבוּעִי
numero (m)	gilayon	גִילָיוֹן (ז)
fresco (agg)	tari	טָרִי
testata (f)	ko'teret	כּוֹתֶרֶת (נ)
trafiletto (m)	katava ktsara	כַּתָבָה קצָרָה (נ)
rubrica (f)	tur	טוּר (ז)
articolo (m)	ma’amar	מַאֲמָר (ז)
pagina (f)	amud	עַמוּד (ז)
servizio (m), reportage (m)	katava	כַּתָבָה (נ)
evento (m)	ei'ru‘a	אֵירוּעַ (ז)
sensazione (f)	sen'satsya	סֶנסַציָה (נ)
scandalo (m)	ʃa‘aruriya	שַעֲרוּרִייָה (נ)
scandaloso (agg)	meviʃ	מֵבִיש
enorme (un ~ scandalo)	gadol	גָדוֹל
trasmissione (f)	toχnit	תוֹכנִית (נ)
intervista (f)	ra’ayon	רֵאָיוֹן (ז)

trasmissione (f) in diretta	ʃidur χai	שִידוּר חַי (ז)
canale (m)	aruts	עָרוּץ (ז)

102. Agricoltura

agricoltura (f)	χakla'ut	חַקלָאוּת (נ)
contadino (m)	ikar	אִיכָּר (ז)
contadina (f)	χakla'ut	חַקלָאִית (נ)
fattore (m)	χavai	חַוָואי (ז)
trattore (m)	'traktor	טרַקטוֹר (ז)
mietitrebbia (f)	kombain	קוֹמבַּיין (ז)
aratro (m)	maχreʃa	מַחרֵשָה (נ)
arare (vt)	laχaroʃ	לַחֲרוֹש
terreno (m) coltivato	sade χaruʃ	שָׂדֶה חָרוּש (ז)
solco (m)	'telem	תֶלֶם (ז)
seminare (vt)	liz'ro'a	לִזרוֹעַ
seminatrice (f)	mazre'a	מַזרֵעָה (ז)
semina (f)	zri'a	זרִיעָה (ז)
falce (f)	χermeʃ	חֶרמֵש (ז)
falciare (vt)	liktsor	לִקצוֹר
pala (f)	et	אֵת (ז)
scavare (vt)	leta'teaχ	לְתַתֵחַ
zappa (f)	ma'ader	מַעֲדֵר (ז)
zappare (vt)	lenakeʃ	לְנַכֵּש
erbaccia (f)	'esev ʃote	עֵשֶׂב שוֹטֶה (ז)
innaffiatoio (m)	maʃpeχ	מַשפֵך (ז)
innaffiare (vt)	lehaʃkot	לְהַשקוֹת
innaffiamento (m)	haʃkaya	הַשקָיָה (נ)
forca (f)	kilʃon	קִלשוֹן (ז)
rastrello (m)	magrefa	מַגרֵפָה (נ)
concime (m)	'deʃen	דֶשֶן (ז)
concimare (vt)	ledaʃen	לְדַשֵן
letame (m)	'zevel	זֶבֶל (ז)
campo (m)	sade	שָׂדֶה (ז)
prato (m)	aχu	אָחוּ (ז)
orto (m)	gan yarak	גַן יָרָק (ז)
frutteto (m)	bustan	בּוּסתָן (ז)
pascolare (vt)	lir'ot	לִרעוֹת
pastore (m)	ro'e tson	רוֹעֶה צֹאן (ז)
pascolo (m)	mir'e	מִרעֶה (ז)
allevamento (m) di bestiame	gidul bakar	גִידוּל בָּקָר (ז)
allevamento (m) di pecore	gidul kvasim	גִידוּל כּבָשִׂים (ז)

piantagione (f)	mata	מַטָע (ז)
filare (m) (un ~ di alberi)	aruga	עֲרוּגָה (נ)
serra (f) da orto	χamama	חֲמָמָה (נ)
siccità (f)	ba'tsoret	בַּצוֹרֶת (נ)
secco, arido (un'estate ~a)	yaveʃ	יָבֵש
grano (m)	tvu'a	תבוּאָה (נ)
cereali (m pl)	gidulei dagan	גִידוּלֵי דָגָן (ז"ר)
raccogliere (vt)	liktof	לִקטוֹף
mugnaio (m)	toχen	טוֹחֵן (ז)
mulino (m)	taχanat 'kemaχ	טַחֲנַת קֶמַח (נ)
macinare (~ il grano)	litχon	לִטחוֹן
farina (f)	'kemaχ	קֶמַח (ז)
paglia (f)	kaʃ	קַש (ז)

103. Edificio. Attività di costruzione

cantiere (m) edile	atar bniya	אֲתַר בּנִיָיה (ז)
costruire (vt)	livnot	לִבנוֹת
operaio (m) edile	banai	בַּנַאי (ז)
progetto (m)	proyekt	פּרוֹיֶיקט (ז)
architetto (m)	adriχal	אַדרִיכָל (ז)
operaio (m)	po'el	פּוֹעֵל (ז)
fondamenta (f pl)	yesodot	יְסוֹדוֹת (ז"ר)
tetto (m)	gag	גַג (ז)
palo (m) di fondazione	amud yesod	עַמוּד יְסוֹד (ז)
muro (m)	kir	קִיר (ז)
barre (f pl) di rinforzo	mot χizuk	מוֹט חִיזוּק (ז)
impalcatura (f)	pigumim	פִּיגוּמִים (ז"ר)
beton (m)	beton	בֶּטוֹן (ז)
granito (m)	granit	גרָנִיט (ז)
pietra (f)	'even	אֶבֶן (נ)
mattone (m)	levena	לְבֵנָה (נ)
sabbia (f)	χol	חוֹל (ז)
cemento (m)	'melet	מֶלֶט (ז)
intonaco (m)	'tiaχ	טִיחַ (ז)
intonacare (vt)	leta'yeaχ	לְטַייֵחַ
pittura (f)	'tseva	צֶבַע (ז)
pitturare (vt)	lits'bo'a	לִצבּוֹעַ
botte (f)	χavit	חָבִית (נ)
gru (f)	aguran	עֲגוּרָן (ז)
sollevare (vt)	lehanif	לְהָנִיף
abbassare (vt)	lehorid	לְהוֹרִיד
bulldozer (m)	daχpor	דַחפּוֹר (ז)
scavatrice (f)	maχper	מַחפֵּר (ז)

cucchiaia (f)	ʃa'ov	שָׁאוֹב (ז)
scavare (vt)	laχpor	לַחפּוֹר
casco (m) (~ di sicurezza)	kasda	קַסדָה (נ)

Professioni e occupazioni

104. Ricerca di un lavoro. Licenziamento

lavoro (m)	avoda	עֲבוֹדָה (נ)
organico (m)	'segel	סֶגֶל (ז)
personale (m)	'segel	סֶגֶל (ז)
carriera (f)	kar'yera	קַרייֶרָה (נ)
prospettiva (f)	efʃaruyot	אֶפשָרוּיוֹת (נ"ר)
abilità (f pl)	meyumanut	מְיוּמָנוּת (נ)
selezione (f) (~ del personale)	sinun	סִינוּן (ז)
agenzia (f) di collocamento	soχnut 'koaχ adam	סוֹכנוּת כּוֹחַ אָדָם (נ)
curriculum vitae (f)	korot χayim	קוֹרוֹת חַיִים (נ"ר)
colloquio (m)	ra'ayon avoda	רַאֲיוֹן עֲבוֹדָה (ז)
posto (m) vacante	misra pnuya	מִשׂרָה פנוּיָה (נ)
salario (m)	mas'koret	מַשׂכּוֹרֶת (נ)
stipendio (m) fisso	mas'koret kvu'a	מַשׂכּוֹרֶת קבוּעָה (נ)
compenso (m)	taʃlum	תַשלוּם (ז)
carica (f), funzione (f)	tafkid	תַפקִיד (ז)
mansione (f)	χova	חוֹבָה (נ)
mansioni (f pl) di lavoro	tχum aχrayut	תחוּם אַחרָיוּת (ז)
occupato (agg)	asuk	עָסוּק
licenziare (vt)	lefater	לְפַטֵר
licenziamento (m)	pitur	פִּיטוּר (ז)
disoccupazione (f)	avtala	אַבטָלָה (נ)
disoccupato (m)	muvtal	מוּבטָל (ז)
pensionamento (m)	'pensya	פֶּנסִיָה (נ)
andare in pensione	latset legimla'ot	לָצֵאת לְגִימלָאוֹת

105. Gente d'affari

direttore (m)	menahel	מְנַהֵל (ז)
dirigente (m)	menahel	מְנַהֵל (ז)
capo (m)	bos	בּוֹס (ז)
superiore (m)	memune	מְמוּנֶה (ז)
capi (m pl)	memunim	מְמוּנִים (ז"ר)
presidente (m)	nasi	נָשִׂיא (ז)
presidente (m) (impresa)	yoʃev roʃ	יוֹשֵב רֹאש (ז)
vice (m)	sgan	סגָן (ז)
assistente (m)	ozer	עוֹזֵר (ז)

segretario (m)	mazkir	מַזכִּיר (ז)
assistente (m) personale	mazkir iʃi	מַזכִּיר אִישִׁי (ז)
uomo (m) d'affari	iʃ asakim	אִיש עֲסָקִים (ז)
imprenditore (m)	yazam	יַזָם (ז)
fondatore (m)	meyased	מְייַסֵד (ז)
fondare (vt)	leyased	לְייַסֵד
socio (m)	meχonen	מְכוֹנֵן (ז)
partner (m)	ʃutaf	שוּתָף (ז)
azionista (m)	'baʿal menayot	בַּעַל מְנָיוֹת (ז)
milionario (m)	milyoner	מִילְיוֹנֶר (ז)
miliardario (m)	milyarder	מִילְיַארדֶר (ז)
proprietario (m)	beʿalim	בְּעָלִים (ז)
latifondista (m)	'baʿal adamot	בַּעַל אֲדָמוֹת (ז)
cliente (m) (di professionista)	la'koaχ	לָקוֹחַ (ז)
cliente (m) abituale	la'koaχ ka'vuʿa	לָקוֹחַ קָבוּעַ (ז)
compratore (m)	kone	קוֹנֶה (ז)
visitatore (m)	mevaker	מְבַקֵר (ז)
professionista (m)	miktsoʿan	מִקצוֹעָן (ז)
esperto (m)	mumχe	מוּמחֶה (ז)
specialista (m)	mumχe	מוּמחֶה (ז)
banchiere (m)	bankai	בַּנקָאי (ז)
broker (m)	soχen	סוֹכֵן (ז)
cassiere (m)	kupai	קוּפָּאי (ז)
contabile (m)	menahel χeʃbonot	מְנַהֵל חֶשבּוֹנוֹת (ז)
guardia (f) giurata	ʃomer	שוֹמֵר (ז)
investitore (m)	maʃkiʿa	מַשקִיעַ (ז)
debitore (m)	'baʿal χov	בַּעַל חוֹב (ז)
creditore (m)	malve	מַלווֶה (ז)
mutuatario (m)	love	לוֹוֶה (ז)
importatore (m)	yevuʾan	יְבוּאָן (ז)
esportatore (m)	yetsuʾan	יְצוּאָן (ז)
produttore (m)	yatsran	יַצרָן (ז)
distributore (m)	mefits	מֵפִיץ (ז)
intermediario (m)	metaveχ	מְתַווֵך (ז)
consulente (m)	yoʿets	יוֹעֵץ (ז)
rappresentante (m)	natsig meχirot	נְצִיג מְכִירוֹת (ז)
agente (m)	soχen	סוֹכֵן (ז)
assicuratore (m)	soχen bi'tuaχ	סוֹכֵן בִּיטוּחַ (ז)

106. Professioni amministrative

cuoco (m)	tabaχ	טַבָּח (ז)
capocuoco (m)	ʃef	שֶף (ז)

fornaio (m)	ofe	אוֹפֶה (ז)
barista (m)	'barmen	בַּרמֶן (ז)
cameriere (m)	meltsar	מֶלצָר (ז)
cameriera (f)	meltsarit	מֶלצָרִית (נ)
avvocato (m)	orex din	עוֹרֵך דִין (ז)
esperto (m) legale	orex din	עוֹרֵך דִין (ז)
notaio (m)	notaryon	נוֹטַריוֹן (ז)
elettricista (m)	xaʃmalai	חַשמַלאַי (ז)
idraulico (m)	ʃravrav	שרַברָב (ז)
falegname (m)	nagar	נַגָר (ז)
massaggiatore (m)	ma'ase	מְעַסֶה (ז)
massaggiatrice (f)	masa'ʒistit	מַסָז'יסטִית (נ)
medico (m)	rofe	רוֹפֵא (ז)
taxista (m)	nahag monit	נַהַג מוֹנִית (ז)
autista (m)	nahag	נַהָג (ז)
fattorino (m)	ʃa'liax	שָׁלִיחַ (ז)
cameriera (f)	xadranit	חַדרָנִית (נ)
guardia (f) giurata	ʃomer	שוֹמֵר (ז)
hostess (f)	da'yelet	דַיֶילֶת (נ)
insegnante (m, f)	more	מוֹרֶה (ז)
bibliotecario (m)	safran	סַפרָן (ז)
traduttore (m)	metargem	מְתַרגֵם (ז)
interprete (m)	meturgeman	מְתוּרגְמָן (ז)
guida (f)	madrix tiyulim	מַדרִיך טִיוּלִים (ז)
parrucchiere (m)	sapar	סַפָּר (ז)
postino (m)	davar	דַווָר (ז)
commesso (m)	moxer	מוֹכֵר (ז)
giardiniere (m)	ganan	גַנָן (ז)
domestico (m)	meʃaret	מְשָרֵת (ז)
domestica (f)	meʃa'retet	מְשָרֶתֶת (נ)
donna (f) delle pulizie	menaka	מְנַקָה (נ)

107. Professioni militari e gradi

soldato (m) semplice	turai	טוּרַאי (ז)
sergente (m)	samal	סַמָל (ז)
tenente (m)	'segen	סֶגֶן (ז)
capitano (m)	'seren	סֶרֶן (ז)
maggiore (m)	rav 'seren	רַב־סֶרֶן (ז)
colonnello (m)	aluf miʃne	אַלוּף מִשנֶה (ז)
generale (m)	aluf	אַלוּף (ז)
maresciallo (m)	'marʃal	מַרשָל (ז)
ammiraglio (m)	admiral	אַדמִירָל (ז)
militare (m)	iʃ tsava	אִיש צָבָא (ז)
soldato (m)	xayal	חַייָל (ז)

ufficiale (m)	katsin	קָצִין (ז)
comandante (m)	mefaked	מְפַקֵד (ז)
guardia (f) di frontiera	ʃomer gvul	שׁוֹמֵר גבוּל (ז)
marconista (m)	alχutai	אַלחוּטַאי (ז)
esploratore (m)	iʃ modi'in kravi	אִישׁ מוֹדִיעִין קְרָבִי (ז)
geniere (m)	χablan	חַבְּלָן (ז)
tiratore (m)	tsalaf	צַלָף (ז)
navigatore (m)	navat	נַווָט (ז)

108. Funzionari. Sacerdoti

re (m)	'meleχ	מֶלֶך (ז)
regina (f)	malka	מַלכָּה (נ)
principe (m)	nasiχ	נָסִיך (ז)
principessa (f)	nesiχa	נְסִיכָה (נ)
zar (m)	tsar	צָאר (ז)
zarina (f)	tsa'rina	צָארִינָה (נ)
presidente (m)	nasi	נָשִׂיא (ז)
ministro (m)	sar	שַׂר (ז)
primo ministro (m)	roʃ memʃala	רֹאשׁ מֶמשָׁלָה (ז)
senatore (m)	se'nator	סֶנָאטוֹר (ז)
diplomatico (m)	diplomat	דִיפלוֹמָט (ז)
console (m)	'konsul	קוֹנסוּל (ז)
ambasciatore (m)	ʃagrir	שַׁגרִיר (ז)
consigliere (m)	yo'ets	יוֹעֵץ (ז)
funzionario (m)	pakid	פָּקִיד (ז)
prefetto (m)	prefekt	פרֶפֶקט (ז)
sindaco (m)	roʃ ha'ir	רֹאשׁ הָעִיר (ז)
giudice (m)	ʃofet	שׁוֹפֵט (ז)
procuratore (m)	to've'a	תוֹבֵעַ (ז)
missionario (m)	misyoner	מִיסיוֹנֶר (ז)
monaco (m)	nazir	נָזִיר (ז)
abate (m)	roʃ minzar ka'toli	רֹאשׁ מִנזָר קָתוֹלִי (ז)
rabbino (m)	rav	רַב (ז)
visir (m)	vazir	וָזִיר (ז)
scià (m)	ʃaχ	שָׁאח (ז)
sceicco (m)	ʃeiχ	שֵׁייח (ז)

109. Professioni agricole

apicoltore (m)	kavran	כַּוורָן (ז)
pastore (m)	ro'e tson	רוֹעֵה צֹאן (ז)
agronomo (m)	agronom	אַגרוֹנוֹם (ז)

allevatore (m) di bestiame	megadel bakar	מְגַדֵל בָּקָר (ז)
veterinario (m)	veterinar	וֶטֶרִינָר (ז)
fattore (m)	χavai	חַוָואי (ז)
vinificatore (m)	yeinan	יֵינָן (ז)
zoologo (m)	zo'olog	זוֹאוֹלוֹג (ז)
cowboy (m)	'ka'uboi	קָאוּבּוֹי (ז)

110. Professioni artistiche

attore (m)	saχkan	שַׂחקָן (ז)
attrice (f)	saχkanit	שַׂחקָנִית (נ)
cantante (m)	zamar	זַמָר (ז)
cantante (f)	za'meret	זַמֶרֶת (נ)
danzatore (m)	rakdan	רַקדָן (ז)
ballerina (f)	rakdanit	רַקדָנִית (נ)
artista (m)	saχkan	שַׂחקָן (ז)
artista (f)	saχkanit	שַׂחקָנִית (נ)
musicista (m)	muzikai	מוּזִיקָאי (ז)
pianista (m)	psantran	פְּסַנתְרָן (ז)
chitarrista (m)	nagan gi'tara	נַגָן גִיטָרָה (ז)
direttore (m) d'orchestra	mena'tseaχ	מְנַצֵחַ (ז)
compositore (m)	malχin	מַלחִין (ז)
impresario (m)	amargan	אֲמַרגָן (ז)
regista (m)	bamai	בַּמָאי (ז)
produttore (m)	mefik	מֵפִיק (ז)
sceneggiatore (m)	tasritai	תַסרִיטַאי (ז)
critico (m)	mevaker	מְבַקֵר (ז)
scrittore (m)	sofer	סוֹפֵר (ז)
poeta (m)	meʃorer	מְשוֹרֵר (ז)
scultore (m)	pasal	פַּסָל (ז)
pittore (m)	tsayar	צַייָר (ז)
giocoliere (m)	lahatutan	לַהֲטוּטָן (ז)
pagliaccio (m)	leitsan	לֵיצָן (ז)
acrobata (m)	akrobat	אַקרוֹבָּט (ז)
prestigiatore (m)	kosem	קוֹסֵם (ז)

111. Professioni varie

medico (m)	rofe	רוֹפֵא (ז)
infermiera (f)	aχot	אָחוֹת (נ)
psichiatra (m)	psiχi"ater	פְּסִיכִיאָטֶר (ז)
dentista (m)	rofe ʃi'nayim	רוֹפֵא שִינַיִים (ז)
chirurgo (m)	kirurg	כִּירוּרג (ז)

astronauta (m)	astro'na'ut	אַסטרוֹנָאוּט (ז)
astronomo (m)	astronom	אַסטרוֹנוֹם (ז)
pilota (m)	tayas	טַיָּס (ז)
autista (m)	nahag	נֶהָג (ז)
macchinista (m)	nahag ra'kevet	נֶהַג רַכֶּבֶת (ז)
meccanico (m)	meχonai	מְכוֹנָאִי (ז)
minatore (m)	kore	כּוֹרֶה (ז)
operaio (m)	po'el	פּוֹעֵל (ז)
operaio (m) metallurgico	misgad	מַסגֵּד (ז)
falegname (m)	nagar	נַגָּר (ז)
tornitore (m)	χarat	חָרָט (ז)
operaio (m) edile	banai	בַּנַּאי (ז)
saldatore (m)	rataχ	רַתָּךְ (ז)
professore (m)	pro'fesor	פּרוֹפֶסוֹר (ז)
architetto (m)	adriχal	אַדרִיכָל (ז)
storico (m)	historyon	הִיסטוֹריוֹן (ז)
scienziato (m)	mad'an	מַדעָן (ז)
fisico (m)	fizikai	פִיזִיקַאי (ז)
chimico (m)	χimai	כִימַאי (ז)
archeologo (m)	arχe'olog	אַרכֵיאוֹלוֹג (ז)
geologo (m)	ge'olog	גֵיאוֹלוֹג (ז)
ricercatore (m)	χoker	חוֹקֵר (ז)
baby-sitter (m, f)	ʃmartaf	שמַרטַף (ז)
insegnante (m, f)	more, meχaneχ	מוֹרֶה, מְחַנֵךְ (ז)
redattore (m)	oreχ	עוֹרֵךְ (ז)
redattore capo (m)	oreχ raʃi	עוֹרֵךְ רָאשִי (ז)
corrispondente (m)	katav	כַּתָב (ז)
dattilografa (f)	kaldanit	קַלדָנִית (נ)
designer (m)	me'atsev	מְעַצֵב (ז)
esperto (m) informatico	mumχe maχʃevim	מוּמחֶה מַחשְבִים (ז)
programmatore (m)	metaχnet	מְתַכנֵת (ז)
ingegnere (m)	mehandes	מְהַנדֵס (ז)
marittimo (m)	yamai	יַמַאי (ז)
marinaio (m)	malaχ	מַלָח (ז)
soccorritore (m)	matsil	מַצִיל (ז)
pompiere (m)	kabai	כַּבַּאי (ז)
poliziotto (m)	ʃoter	שוֹטֵר (ז)
guardiano (m)	ʃomer	שוֹמֵר (ז)
detective (m)	balaʃ	בַּלָש (ז)
doganiere (m)	pakid 'meχes	פְּקִיד מֶכֶס (ז)
guardia (f) del corpo	ʃomer roʃ	שוֹמֵר רֹאש (ז)
guardia (f) carceraria	soher	סוֹהֵר (ז)
ispettore (m)	mefa'keaχ	מְפַקֵחַ (ז)
sportivo (m)	sportai	ספּוֹרטַאי (ז)
allenatore (m)	me'amen	מְאַמֵן (ז)

macellaio (m)	katsav	קַצָב (ז)
calzolaio (m)	sandlar	סַנדלָר (ז)
uomo (m) d'affari	soχer	סוֹחֵר (ז)
caricatore (m)	sabal	סַבָּל (ז)
stilista (m)	me'atsev ofna	מְעַצֵב אוֹפנָה (ז)
modella (f)	dugmanit	דוּגמָנִית (נ)

112. Attività lavorative. Condizione sociale

scolaro (m)	talmid	תַלמִיד (ז)
studente (m)	student	סטוּדֶנט (ז)
filosofo (m)	filosof	פִילוֹסוֹף (ז)
economista (m)	kalkelan	כַּלכְּלָן (ז)
inventore (m)	mamtsi	מַמצִיא (ז)
disoccupato (m)	muvtal	מוּבטָל (ז)
pensionato (m)	pensyoner	פֶנסיוֹנֶר (ז)
spia (f)	meragel	מְרַגֵל (ז)
detenuto (m)	asir	אָסִיר (ז)
scioperante (m)	ʃovet	שוֹבֵת (ז)
burocrate (m)	birokrat	בִּירוֹקרָט (ז)
viaggiatore (m)	metayel	מְטַייֵל (ז)
omosessuale (m)	'lesbit, 'homo	לֶסבִּית (נ), הוֹמוֹ (ז)
hacker (m)	'haker	הָאקֶר (ז)
hippy (m, f)	'hipi	הִיפִּי (ז)
bandito (m)	ʃoded	שוֹדֵד (ז)
sicario (m)	ro'tseaχ saχir	רוֹצֵחַ שָׂכִיר (ז)
drogato (m)	narkoman	נַרקוֹמָן (ז)
trafficante (m) di droga	soχer samim	סוֹחֵר סַמִים (ז)
prostituta (f)	zona	זוֹנָה (נ)
magnaccia (m)	sarsur	סַרסוּר (ז)
stregone (m)	meχaʃef	מְכַשֵף (ז)
strega (f)	maχʃefa	מַכשֵפָה (נ)
pirata (m)	ʃoded yam	שוֹדֵד יָם (ז)
schiavo (m)	ʃifχa, 'eved	שִפחָה (נ), עֶבֶד (ז)
samurai (m)	samurai	סָמוּרַאי (ז)
selvaggio (m)	'pere adam	פֶּרֶא אָדָם (ז)

Sport

113. Tipi di sport. Sportivi

sportivo (m)	sportai	ספוֹרטָאי (ז)
sport (m)	anaf sport	עָנָף ספוֹרט (ז)
pallacanestro (m)	kadursal	כַּדוּרסַל (ז)
cestista (m)	kadursalan	כַּדוּרסַלָן (ז)
baseball (m)	'beisbol	בֵּייסבּוֹל (ז)
giocatore (m) di baseball	saχkan 'beisbol	שַׂחקָן בֵּיסבּוֹל (ז)
calcio (m)	kadu'regel	כַּדוּרֶגֶל (ז)
calciatore (m)	kaduraglan	כַּדוּרַגלָן (ז)
portiere (m)	ʃo'er	שׁוֹעֵר (ז)
hockey (m)	'hoki	הוֹקִי (ז)
hockeista (m)	saχkan 'hoki	שַׂחקָן הוֹקִי (ז)
pallavolo (m)	kadur'af	כַּדוּרעָף (ז)
pallavolista (m)	saχkan kadur'af	שַׂחקָן כַּדוּרעָף (ז)
pugilato (m)	igruf	אִיגרוּף (ז)
pugile (m)	mit'agref	מִתאַגרֵף (ז)
lotta (f)	he'avkut	הֵיאָבקוּת (נ)
lottatore (m)	mit'abek	מִתאַבֵּק (ז)
karate (m)	karate	קָרָטֶה (ז)
karateka (m)	karatist	קָרָטִיסט (ז)
judo (m)	'dʒudo	ג'וּדוֹ (ז)
judoista (m)	dʒudai	ג'וּדָאי (ז)
tennis (m)	'tenis	טֶנִיס (ז)
tennista (m)	tenisai	טֶנִיסָאי (ז)
nuoto (m)	sχiya	שׂחִייָה (נ)
nuotatore (m)	saχyan	שַׂחיָין (ז)
scherma (f)	'sayif	סַיִף (ז)
schermitore (m)	sayaf	סַייָף (ז)
scacchi (m pl)	'ʃaχmat	שַׁחמָט (ז)
scacchista (m)	ʃaχmetai	שַׁחמְטָאי (ז)
alpinismo (m)	tipus harim	טִיפּוּס הָרִים (ז)
alpinista (m)	metapes harim	מְטַפֵּס הָרִים (ז)
corsa (f)	ritsa	רִיצָה (נ)

corridore (m)	atsan	אָצָן (ז)
atletica (f) leggera	at'letika kala	אַתלֶטִיקָה קַלָה (נ)
atleta (m)	atlet	אַתלֶט (ז)
ippica (f)	reχiva al sus	רְכִיבָה עַל סוּס (נ)
fantino (m)	paraʃ	פָּרָשׁ (ז)
pattinaggio (m) artistico	haχlaka omanutit	הַחלָקָה אוֹמָנוּתִית (נ)
pattinatore (m)	maχlik amanuti	מַחלִיק אָמָנוּתִי (ז)
pattinatrice (f)	maχlika amanutit	מַחלִיקָה אָמָנוּתִית (נ)
pesistica (f)	haramat miʃkolot	הֲרָמַת מִשקוֹלוֹת (נ)
pesista (m)	miʃkolan	מִשקוֹלָן (ז)
automobilismo (m)	merots meχoniyot	מֵירוֹץ מְכוֹנִיוֹת (ז)
pilota (m)	nahag merotsim	נַהַג מֵרוֹצִים (ז)
ciclismo (m)	reχiva al ofa'nayim	רְכִיבָה עַל אוֹפַנַיִים (נ)
ciclista (m)	roχev ofa'nayim	רוֹכֵב אוֹפַנַיִים (ז)
salto (m) in lungo	kfitsa la'roχav	קְפִיצָה לָרוֹחַק (נ)
salto (m) con l'asta	kfitsa bemot	קְפִיצָה בְמוֹט (נ)
saltatore (m)	kofets	קוֹפֵץ (ז)

114. Tipi di sport. Varie

football (m) americano	'futbol	פוּטבּוֹל (ז)
badminton (m)	notsit	נוֹצִית (ז)
biathlon (m)	bi'atlon	בִּיאַתלוֹן (ז)
biliardo (m)	bilyard	בִּילִיַארד (ז)
bob (m)	miz'χelet	מִזחֶלֶת (נ)
culturismo (m)	pi'tuaχ guf	פִּיתוּחַ גוּף (ז)
pallanuoto (m)	polo 'mayim	פּוֹלוֹ מַיִם (ז)
pallamano (m)	kadur yad	כַּדוּר־יָד (ז)
golf (m)	golf	גוֹלף (ז)
canottaggio (m)	χatira	חֲתִירָה (נ)
immersione (f) subacquea	tslila	צְלִילָה (נ)
sci (m) di fondo	ski bemiʃor	סקִי בְּמִישוֹר (ז)
tennis (m) da tavolo	'tenis ʃulχan	טֶנִיס שוּלחָן (ז)
vela (f)	'ʃayit	שַיִט (ז)
rally (m)	'rali	רָאלִי (ז)
rugby (m)	'rogbi	רוֹגבִּי (ז)
snowboard (m)	gliʃat 'ʃeleg	גלִישַת שֶלֶג (נ)
tiro (m) con l'arco	kaʃatut	קַשָתוּת (נ)

115. Palestra

bilanciere (m)	miʃ'kolet	מִשקוֹלֶת (נ)
manubri (m pl)	miʃkolot	מִשקוֹלוֹת (נ"ר)

attrezzo (m) sportivo	maχʃir 'koʃer	מַכשִיר כּוֹשֶר (ז)
cyclette (f)	ofanei 'koʃer	אוֹפַנֵי כּוֹשֶר (ז"ר)
tapis roulant (m)	haliχon	הֲלִיכוֹן (ז)
sbarra (f)	'metaχ	מֶתַח (ז)
parallele (f pl)	makbilim	מַקבִּילִים (ז"ר)
cavallo (m)	sus	סוּס (ז)
materassino (m)	mizron	מִזרוֹן (ז)
corda (f) per saltare	dalgit	דַלגִית (נ)
aerobica (f)	ei'robika	אֵירוֹבִּיקָה (ז)
yoga (m)	'yoga	יוֹגָה (נ)

116. Sport. Varie

Giochi (m pl) Olimpici	hamisχakim ha'o'limpiyim	הַמִשׂחָקִים הָאוֹלִימפִּיִים (ז"ר)
vincitore (m)	mena'tseaχ	מְנַצֵחַ (ז)
ottenere la vittoria	lena'tseaχ	לְנַצֵחַ
vincere (vi)	lena'tseaχ	לְנַצֵחַ
leader (m), capo (m)	manhig	מַנהִיג (ז)
essere alla guida	lehovil	לְהוֹבִיל
primo posto (m)	makom riʃon	מָקוֹם רִאשוֹן (ז)
secondo posto (m)	makom ʃeni	מָקוֹם שֵנִי (ז)
terzo posto (m)	makom ʃliʃi	מָקוֹם שלִישִי (ז)
medaglia (f)	me'dalya	מֶדַליָה (נ)
trofeo (m)	pras	פּרָס (ז)
coppa (f) (trofeo)	ga'vi'a nitsaχon	גָבִיעַ נִיצָחוֹן (ז)
premio (m)	pras	פּרָס (ז)
primo premio (m)	pras riʃon	פּרָס רִאשוֹן (ז)
record (m)	si	שִׂיא (ז)
stabilire un record	lik'bo'a si	לִקבּוֹעַ שִׂיא
finale (m)	gmar	גמָר (ז)
finale (agg)	ʃel hagmar	שֶל הגמָר
campione (m)	aluf	אַלוּף (ז)
campionato (m)	alifut	אַלִיפוּת (נ)
stadio (m)	itstadyon	אִצטַדיוֹן (ז)
tribuna (f)	bama	בָּמָה (נ)
tifoso, fan (m)	ohed	אוֹהֵד (ז)
avversario (m)	yariv	יָרִיב (ז)
partenza (f)	kav zinuk	קַו זִינוּק (ז)
traguardo (m)	kav hagmar	קַו הַגמָר (ז)
sconfitta (f)	tvusa	תבוּסָה (נ)
perdere (vt)	lehafsid	לְהַפסִיד
arbitro (m)	ʃofet	שוֹפֵט (ז)
giuria (f)	χaver ʃoftim	חֶבֶר שוֹפטִים (ז)

punteggio (m)	totsa'a	תוֹצָאָה (נ)
pareggio (m)	'teku	תֵיקוּ (ז)
pareggiare (vi)	lesayem be'teku	לְסַיֵים בְּתֵיקוּ
punto (m)	nekuda	נְקוּדָה (נ)
risultato (m)	totsa'a	תוֹצָאָה (נ)
tempo (primo ~)	sivuv	סִיבוּב (ז)
intervallo (m)	hafsaka	הַפסָקָה (נ)
doping (m)	sam	סַם (ז)
penalizzare (vt)	leha'aniʃ	לְהַעֲנִיש
squalificare (vt)	lefsol	לִפסוֹל
attrezzatura (f)	maχʃir	מַכשִיר (ז)
giavellotto (m)	kidon	כִּידוֹן (ז)
peso (m) (sfera metallica)	kadur barzel	כַּדוּר בַּרזֶל (ז)
biglia (f) (palla)	kadur	כַּדוּר (ז)
obiettivo (m)	matara	מַטָרָה (נ)
bersaglio (m)	matara	מַטָרָה (נ)
sparare (vi)	lirot	לִירוֹת
preciso (agg)	meduyak	מְדוּיָק
allenatore (m)	me'amen	מְאַמֵן (ז)
allenare (vt)	le'amen	לְאַמֵן
allenarsi (vr)	lehit'amen	לְהִתאַמֵן
allenamento (m)	imun	אִימוּן (ז)
palestra (f)	'χeder 'koʃer	חֶדֶר כּוֹשֶר (ז)
esercizio (m)	imun	אִימוּן (ז)
riscaldamento (m)	χimum	חִימוּם (ז)

Istruzione

117. Scuola

scuola (f)	beit 'sefer	בֵּית סֵפֶר (ז)
direttore (m) di scuola	menahel beit 'sefer	מְנַהֵל בֵּית סֵפֶר (ז)
allievo (m)	talmid	תַלמִיד (ז)
allieva (f)	talmida	תַלמִידָה (נ)
scolaro (m)	talmid	תַלמִיד (ז)
scolara (f)	talmida	תַלמִידָה (נ)
insegnare (qn)	lelamed	לְלַמֵד
imparare (una lingua)	lilmod	לִלמוֹד
imparare a memoria	lilmod be'al pe	לִלמוֹד בְּעַל פֶּה
studiare (vi)	lilmod	לִלמוֹד
frequentare la scuola	lilmod	לִלמוֹד
andare a scuola	la'leχet le'beit 'sefer	לָלֶכֶת לְבֵית סֵפֶר
alfabeto (m)	alefbeit	אָלֶפבֵּית (ז)
materia (f)	mik'tso'a	מִקצוֹעַ (ז)
classe (f)	kita	כִּיתָה (נ)
lezione (f)	ʃi'ur	שִיעוּר (ז)
ricreazione (f)	hafsaka	הַפסָקָה (נ)
campanella (f)	pa'amon	פַּעֲמוֹן (ז)
banco (m)	ʃulχan limudim	שוּלחַן לִימוּדִים (ז)
lavagna (f)	'luaχ	לוּחַ (ז)
voto (m)	tsiyun	צִיוּן (ז)
voto (m) alto	tsiyun tov	צִיוּן טוֹב (ז)
voto (m) basso	tsiyun ga'ru'a	צִיוּן גָרוּעַ (ז)
dare un voto	latet tsiyun	לָתֵת צִיוּן
errore (m)	ta'ut	טָעוּת (נ)
fare errori	la'asot ta'uyot	לַעֲשׂוֹת טָעוּיוֹת
correggere (vt)	letaken	לְתַקֵן
bigliettino (m)	ʃlif	שלִיף (ז)
compiti (m pl)	ʃi'urei 'bayit	שִיעוּרֵי בַּיִת (ז"ר)
esercizio (m)	targil	תַרגִיל (ז)
essere presente	lihyot no'χeaχ	לִהיוֹת נוֹכֵחַ
essere assente	lehe'ader	לְהֵיעָדֵר
mancare le lezioni	lehaχsir	לְהַחסִיר
punire (vt)	leha'aniʃ	לְהַעֲנִיש
punizione (f)	'oneʃ	עוֹנֶש (ז)
comportamento (m)	hitnahagut	הִתנַהֲגוּת (נ)

pagella (f)	yoman beit 'sefer	יוֹמָן בֵּית סֵפֶר (ז)
matita (f)	iparon	עִיפָּרוֹן (ז)
gomma (f) per cancellare	'maχak	מַחַק (ז)
gesso (m)	gir	גִּיר (ז)
astuccio (m) portamatite	kalmar	קַלמָר (ז)
cartella (f)	yalkut	יַלקוּט (ז)
penna (f)	et	עֵט (ז)
quaderno (m)	maχ'beret	מַחבֶּרֶת (נ)
manuale (m)	'sefer limud	סֵפֶר לִימוּד (ז)
compasso (m)	meχuga	מְחוּגָה (נ)
disegnare (tracciare)	lesartet	לְשַׂרטֵט
disegno (m) tecnico	sirtut	שִׂרטוּט (ז)
poesia (f)	ʃir	שִׁיר (ז)
a memoria	be'al pe	בְּעַל פֶּה
imparare a memoria	lilmod be'al pe	לִלמוֹד בְּעַל פֶּה
vacanze (f pl) scolastiche	χufʃa	חוּפשָׁה (נ)
essere in vacanza	lihyot beχufʃa	לִהיוֹת בְּחוּפשָׁה
passare le vacanze	leha'avir 'χofeʃ	לְהַעֲבִיר חוֹפֶשׁ
prova (f) scritta	mivχan	מִבחָן (ז)
composizione (f)	χibur	חִיבּוּר (ז)
dettato (m)	haχtava	הַכתָּבָה (נ)
esame (m)	bχina	בּחִינָה (נ)
sostenere un esame	lehibaχen	לְהִיבָּחֵן
esperimento (m)	nisui	נִיסוּי (ז)

118. Istituto superiore. Università

accademia (f)	aka'demya	אָקָדֶמיָה (נ)
università (f)	uni'versita	אוּנִיבֶרסִיטָה (נ)
facoltà (f)	fa'kulta	פָקוּלטָה (נ)
studente (m)	student	סטוּדֶנט (ז)
studentessa (f)	stu'dentit	סטוּדֶנטִית (נ)
docente (m, f)	martse	מַרצֶה (ז)
aula (f)	ulam hartsa'ot	אוּלַם הַרצָאוֹת (ז)
diplomato (m)	boger	בּוֹגֵר (ז)
diploma (m)	di'ploma	דִיפלוֹמָה (נ)
tesi (f)	diser'tatsya	דִיסֶרטַציָה (נ)
ricerca (f)	meχkar	מֶחקָר (ז)
laboratorio (m)	ma'abada	מַעֲבָּדָה (נ)
lezione (f)	hartsa'a	הַרצָאָה (נ)
compagno (m) di corso	χaver lelimudim	חָבֵר לְלִימוּדִים (ז)
borsa (f) di studio	milga	מִלגָה (נ)
titolo (m) accademico	'to'ar aka'demi	תוֹאַר אָקָדֶמִי (ז)

119. Scienze. Discipline

matematica (f)	mate'matika	מָתֶמָטִיקָה (נ)
algebra (f)	'algebra	אַלגֶבּרָה (נ)
geometria (f)	geʾo'metriya	גֵיאוֹמֶטרִיָה (נ)
astronomia (f)	astro'nomya	אַסטרוֹנוֹמִיָה (נ)
biologia (f)	bio'logya	בִּיוֹלוֹגִיָה (נ)
geografia (f)	geʾo'grafya	גֵיאוֹגרַפִיָה (נ)
geologia (f)	geʾo'logya	גֵיאוֹלוֹגִיָה (נ)
storia (f)	his'torya	הִיסטוֹרִיָה (נ)
medicina (f)	refuʾa	רְפוּאָה (נ)
pedagogia (f)	χinuχ	חִינוּך (ז)
diritto (m)	miʃpatim	מִשפָּטִים (ז"ר)
fisica (f)	'fizika	פִיזִיקָה (נ)
chimica (f)	'χimya	כִימִיָה (נ)
filosofia (f)	filo'sofya	פִילוֹסוֹפִיָה (נ)
psicologia (f)	psiχo'logya	פסִיכוֹלוֹגִיָה (נ)

120. Sistema di scrittura. Ortografia

grammatica (f)	dikduk	דִקדוּק (ז)
lessico (m)	otsar milim	אוֹצַר מִילִים (ז)
fonetica (f)	torat ha'hege	תוֹרַת הַהֶגֶה (נ)
sostantivo (m)	ʃem 'etsem	שֵם עֶצֶם (ז)
aggettivo (m)	ʃem 'toʾar	שֵם תוֹאַר (ז)
verbo (m)	poʿel	פוֹעַל (ז)
avverbio (m)	'toʾar 'poʿal	תוֹאַר פוֹעַל (ז)
pronome (m)	ʃem guf	שֵם גוּף (ז)
interiezione (f)	milat kriʾa	מִילַת קרִיאָה (נ)
preposizione (f)	milat 'yaχas	מִילַת יַחַס (נ)
radice (f)	'ʃoreʃ	שוֹרֶש (ז)
desinenza (f)	si'yomet	סִיוֹמֶת (נ)
prefisso (m)	tχilit	תחִילִית (נ)
sillaba (f)	havara	הֲבָרָה (נ)
suffisso (m)	si'yomet	סִיוֹמֶת (נ)
accento (m)	'taʿam	טַעַם (ז)
apostrofo (m)	'gereʃ	גֶרֶש (ז)
punto (m)	nekuda	נְקוּדָה (נ)
virgola (f)	psik	פסִיק (ז)
punto (m) e virgola	nekuda ufsik	נְקוּדָה ופסִיק (נ)
due punti	nekudo'tayim	נְקוּדוֹתַיִים (נ"ר)
puntini di sospensione	ʃaloʃ nekudot	שָלוֹש נְקוּדוֹת (נ"ר)
punto (m) interrogativo	siman ʃeʾela	סִימַן שְאֵלָה (ז)
punto (m) esclamativo	siman kriʾa	סִימַן קרִיאָה (ז)

virgolette (f pl)	merχa'ot	מֵרכָאוֹת (ז"ר)
tra virgolette	bemerχa'ot	בְּמֵרכָאוֹת
parentesi (f pl)	sog'rayim	סוֹגְרַיִים (ז"ר)
tra parentesi	besog'rayim	בְּסוֹגְרַיִים
trattino (m)	makaf	מַקָף (ז)
lineetta (f)	kav mafrid	קו מַפרִיד (ז)
spazio (m) (tra due parole)	'revaχ	רֶווַח (ז)
lettera (f)	ot	אוֹת (נ)
lettera (f) maiuscola	ot gdola	אוֹת גדוֹלָה (נ)
vocale (f)	tnu'a	תנוּעָה (נ)
consonante (f)	itsur	עִיצוּר (ז)
proposizione (f)	miʃpat	מִשפָּט (ז)
soggetto (m)	nose	נוֹשֵׂא (ז)
predicato (m)	nasu	נָשׂוּא (ז)
riga (f)	ʃura	שוּרָה (נ)
a capo	beʃura χadaʃa	בְּשוּרָה חֲדָשָה
capoverso (m)	piska	פִּסקָה (נ)
parola (f)	mila	מִילָה (נ)
gruppo (m) di parole	tsiruf milim	צֵירוּף מִילִים (ז)
espressione (f)	bitui	בִּיטוּי (ז)
sinonimo (m)	mila nir'defet	מִילָה נִרדֶפֶת (נ)
antonimo (m)	'hefeχ	הֶפֶך (ז)
regola (f)	klal	כּלָל (ז)
eccezione (f)	yotse min haklal	יוֹצֵא מִן הַכּלָל (ז)
giusto (corretto)	naχon	נָכוֹן
coniugazione (f)	hataya	הַטָיָיה (נ)
declinazione (f)	hataya	הַטָיָיה (נ)
caso (m) nominativo	yaχasa	יַחֲסָה (נ)
domanda (f)	ʃe'ela	שְאֵלָה (נ)
sottolineare (vt)	lehadgiʃ	לְהַדגִיש
linea (f) tratteggiata	kav nakud	קו נָקוּד (ז)

121. Lingue straniere

lingua (f)	safa	שָׂפָה (נ)
straniero (agg)	zar	זָר
lingua (f) straniera	safa zara	שָׂפָה זָרָה (נ)
studiare (vt)	lilmod	ללמוֹד
imparare (una lingua)	lilmod	ללמוֹד
leggere (vi, vt)	likro	לִקרוֹא
parlare (vi, vt)	ledaber	לְדַבֵּר
capire (vt)	lehavin	לְהָבִין
scrivere (vi, vt)	liχtov	לִכתוֹב
rapidamente	maher	מַהֵר
lentamente	le'at	לְאַט

correntemente	χofʃi	חוֹפשִׁי
regole (f pl)	klalim	כְּלָלִים (ז"ר)
grammatica (f)	dikduk	דִקדוּק (ז)
lessico (m)	otsar milim	אוֹצָר מִילִים (ז)
fonetica (f)	torat ha'hege	תוֹרַת הַהֶגֶה (נ)
manuale (m)	'sefer limud	סֵפֶר לִימוּד (ז)
dizionario (m)	milon	מִילוֹן (ז)
manuale (m) autodidattico	'sefer lelimud atsmi	סֵפֶר לְלִימוּד עַצמִי (ז)
frasario (m)	siχon	שִׂיחוֹן (ז)
cassetta (f)	ka'letet	קַלֶטֶת (נ)
videocassetta (f)	ka'letet 'vide'o	קַלֶטֶת וִידֵיאוֹ (נ)
CD (m)	taklitor	תַקלִיטוֹר (ז)
DVD (m)	di vi di	דִי. וְי. דִי. (ז)
alfabeto (m)	alefbeit	אָלֶפבֵּית (ז)
compitare (vt)	le'ayet	לְאַיֵית
pronuncia (f)	hagiya	הֲגִיָיה (נ)
accento (m)	mivta	מִבטָא (ז)
con un accento	im mivta	עִם מִבטָא
senza accento	bli mivta	בּלִי מִבטָא
vocabolo (m)	mila	מִילָה (נ)
significato (m)	maʃma'ut	מַשמָעוּת (נ)
corso (m) (~ di francese)	kurs	קוּרס (ז)
iscriversi (vr)	leheraʃem lekurs	לְהֵירָשֵם לְקוּרס
insegnante (m, f)	more	מוֹרֶה (ז)
traduzione (f) (fare una ~)	tirgum	תִרגוּם (ז)
traduzione (f) (un testo)	tirgum	תִרגוּם (ז)
traduttore (m)	metargem	מְתַרגֵם (ז)
interprete (m)	meturgeman	מְתוּרגְמָן (ז)
poliglotta (m)	poliglot	פּוֹלִיגלוֹט (ז)
memoria (f)	zikaron	זִיכָּרוֹן (ז)

122. Personaggi delle fiabe

Babbo Natale (m)	'santa 'kla'us	סַנטָה קלָאוּס (ז)
Cenerentola (f)	sinde'rela	סִינדֶרֶלָה
sirena (f)	bat yam, betulat hayam	בַּת יָם, בְּתוּלַת הַיָם (נ)
Nettuno (m)	neptun	נֶפטוּן (ז)
mago (m)	kosem	קוֹסֵם (ז)
fata (f)	'feya	פֵיָה (נ)
magico (agg)	kasum	קָסוּם
bacchetta (f) magica	ʃarvit 'kesem	שַרבִיט קֶסֶם (ז)
fiaba (f), favola (f)	agada	אַגָדָה (נ)
miracolo (m)	nes	נֵס (ז)
nano (m)	gamad	גַמָד (ז)

trasformarsi in ...	lahafoχ le...	לַהֲפוֹךְ לְ...
fantasma (m)	'ruaχ refa''im	רוּחַ רְפָאִים (נ)
spettro (m)	'ruaχ refa''im	רוּחַ רְפָאִים (נ)
mostro (m)	mif'letset	מִפלֶצֶת (נ)
drago (m)	drakon	דְרָקוֹן (ז)
gigante (m)	anak	עֲנָק (ז)

123. Segni zodiacali

Ariete (m)	tale	טָלֶה (ז)
Toro (m)	ʃor	שׁוֹר (ז)
Gemelli (m pl)	te'omim	תְאוֹמִים (ז"ר)
Cancro (m)	sartan	סַרטָן (ז)
Leone (m)	arye	אַריֵה (ז)
Vergine (f)	betula	בְּתוּלָה (נ)
Bilancia (f)	moz'nayim	מֹאזנַיִים (ז"ר)
Scorpione (m)	akrav	עַקרָב (ז)
Sagittario (m)	kaʃat	קַשָׁת (ז)
Capricorno (m)	gdi	גְדִי (ז)
Acquario (m)	dli	דְלִי (ז)
Pesci (m pl)	dagim	דָגִים (ז"ר)
carattere (m)	'ofi	אוֹפִי (ז)
tratti (m pl) del carattere	tχunot 'ofi	תכוּנוֹת אוֹפִי (נ"ר)
comportamento (m)	hitnahagut	הִתנַהֲגוּת (נ)
predire il futuro	lenabe et ha'atid	לְנַבֵּא אֶת הֶעָתִיד
cartomante (f)	ma'gedet atidot	מַגֶדֶת עֲתִידוֹת (נ)
oroscopo (m)	horoskop	הוֹרוֹסקוֹפ (ז)

Arte

124. Teatro

teatro (m)	te'atron	תֵיאַטרוֹן (ז)
opera (f)	'opera	אוֹפֶּרָה (נ)
operetta (f)	ope'reta	אוֹפֶּרֶטָה (נ)
balletto (m)	balet	בָּלֶט (ז)
cartellone (m)	kraza	כּרָזָה (נ)
compagnia (f) teatrale	lahaka	לַהֲקָה (נ)
tournée (f)	masa hofaʻot	מַסָע הוֹפָעוֹת (ז)
andare in tourn?e	laʦet lemasa hofaʻot	לָצֵאת לְמַסָע הוֹפָעוֹת
fare le prove	laʻaroχ χazara	לַעֲרוֹך חֲזָרָה
prova (f)	χazara	חֲזָרָה (נ)
repertorio (m)	repertu'ar	רֶפֶּרטוּאָר (ז)
rappresentazione (f)	hofaʻa	הוֹפָעָה (נ)
spettacolo (m)	haʦaga	הַצָגָה (נ)
opera (f) teatrale	maχaze	מַחֲזֶה (ז)
biglietto (m)	kartis	כַּרטִיס (ז)
botteghino (m)	kupa	קוּפָּה (נ)
hall (f)	'lobi	לוֹבִּי (ז)
guardaroba (f)	meltaχa	מֶלתָחָה (נ)
cartellino (m) del guardaroba	mispar meltaχa	מִספַּר מֶלתָחָה (ז)
binocolo (m)	miʃ'kefet	מִשקֶפֶת (נ)
maschera (f)	sadran	סַדרָן (ז)
platea (f)	parter	פַּרטֶר (ז)
balconata (f)	mir'peset	מִרפֶּסֶת (נ)
prima galleria (f)	ya'ʦiʻa	יָצִיעַ (ז)
palco (m)	ta	תָא (ז)
fila (f)	ʃura	שוּרָה (נ)
posto (m)	moʃav	מוֹשָב (ז)
pubblico (m)	'kahal	קָהָל (ז)
spettatore (m)	ʦofe	צוֹפֶה (ז)
battere le mani	limχo ka'payim	לִמחוֹא כַּפַּיִים
applauso (m)	meχi'ot ka'payim	מְחִיאוֹת כַּפַּיִים (נ"ר)
ovazione (f)	tʃu'ot	תשוּאוֹת (נ"ר)
palcoscenico (m)	bama	בָּמָה (נ)
sipario (m)	masaχ	מָסָך (ז)
scenografia (f)	taf'ura	תַפאוּרָה (נ)
quinte (f pl)	klayim	קְלָעִים
scena (f) (l'ultima ~)	'sʦena	סצֶינָה (נ)
atto (m)	maʻaraχa	מַעֲרָכָה (נ)
intervallo (m)	hafsaka	הַפסָקָה (נ)

125. Cinema

attore (m)	saχkan	שַׂחקָן (ז)
attrice (f)	saχkanit	שַׂחקָנִית (נ)
cinema (m) (industria)	kol'noʿa	קוֹלנוֹעַ (ז)
film (m)	'seret	סֶרֶט (ז)
puntata (f)	epi'zoda	אֶפִּיזוֹדָה (נ)
film (m) giallo	'seret balaʃi	סֶרֶט בַּלָשִׁי (ז)
film (m) d'azione	maʿarvon	מַעֲרבוֹן (ז)
film (m) d'avventure	'seret harpatkaʾot	סֶרֶט הַרפַּתקָאוֹת (ז)
film (m) di fantascienza	'seret mada bidyoni	סֶרֶט מַדָע בִּדיוֹנִי (ז)
film (m) d'orrore	'seret eima	סֶרֶט אֵימָה (ז)
film (m) comico	ko'medya	קוֹמֶדיָה (נ)
melodramma (m)	melo'drama	מֶלוֹדרָמָה (נ)
dramma (m)	'drama	דרָמָה (נ)
film (m) a soggetto	'seret alilati	סֶרֶט עֲלִילָתִי (ז)
documentario (m)	'seret tiʿudi	סֶרֶט תִיעוּדִי (ז)
cartoni (m pl) animati	'seret ani'matsya	סֶרֶט אֲנִימַצִיָה (ז)
cinema (m) muto	sratim ilmim	סרָטִים אִילמִים (ז"ר)
parte (f)	tafkid	תַפקִיד (ז)
parte (f) principale	tafkid raʃi	תַפקִיד רָאשִׁי (ז)
recitare (vi, vt)	lesaχek	לְשַׂחֵק
star (f), stella (f)	koχav kol'noʿa	כּוֹכַב קוֹלנוֹעַ (ז)
noto (agg)	mefursam	מְפוּרסָם
famoso (agg)	mefursam	מְפוּרסָם
popolare (agg)	popu'lari	פּוֹפּוּלָרִי
sceneggiatura (m)	tasrit	תַסרִיט (ז)
sceneggiatore (m)	tasritai	תַסרִיטַאי (ז)
regista (m)	bamai	בַּמַאי (ז)
produttore (m)	mefik	מֵפִיק (ז)
assistente (m)	ozer	עוֹזֵר (ז)
cameraman (m)	tsalam	צַלָם (ז)
cascatore (m)	paʿalulan	פַּעֲלוּלָן (ז)
controfigura (f)	saχkan maχlif	שַׂחקָן מַחֲלִיף (ז)
girare un film	letsalem 'seret	לְצַלֵם סֶרֶט
provino (m)	mivdak	מִבדָק (ז)
ripresa (f)	hasrata	הַסרָטָה (נ)
troupe (f) cinematografica	'tsevet ha'seret	צֶוֶות הַסֶרֶט (ז)
set (m)	atar hatsilum	אֲתַר הַצִילוּם (ז)
cinepresa (f)	matslema	מַצלֵמָה (נ)
cinema (m) (~ all'aperto)	beit kol'noʿa	בֵּית קוֹלנוֹעַ (ז)
schermo (m)	masaχ	מָסָך (ז)
proiettare un film	leharʾot 'seret	לְהַראוֹת סֶרֶט
colonna (f) sonora	paskol	פַּסקוֹל (ז)
effetti (m pl) speciali	e'fektim meyuχadim	אֶפֶקטִים מְיוּחָדִים (ז"ר)

sottotitoli (m pl)	ktuviyot	כּתוּבִיוֹת (נ"ר)
titoli (m pl) di coda	ktuviyot	כּתוּבִיוֹת (נ"ר)
traduzione (f)	tirgum	תִרגוּם (ז)

126. Pittura

arte (f)	amanut	אָמָנוּת (נ)
belle arti (f pl)	omanuyot yafot	אוֹמָנוּיוֹת יָפוֹת (נ"ר)
galleria (f) d'arte	ga'lerya le'amanut	גָלֶרְיָה לְאָמָנוּת (נ)
mostra (f)	ta'aruχat amanut	תַעֲרוּכַת אָמָנוּת (נ)
pittura (f)	tsiyur	צִיוּר (ז)
grafica (f)	'grafika	גרָפִיקָה (נ)
astrattismo (m)	amanut muf'ʃetet	אָמָנוּת מוּפשֶטֶת (נ)
impressionismo (m)	impresyonizm	אִימפּרֶסיוֹנִיזם (ז)
quadro (m)	tmuna	תמוּנָה (נ)
disegno (m)	tsiyur	צִיוּר (ז)
cartellone, poster (m)	'poster	פּוֹסטֶר (ז)
illustrazione (f)	iyur	אִיוּר (ז)
miniatura (f)	minya'tura	מִינִיָאטוּרָה (נ)
copia (f)	he'etek	הֶעְתֵק (ז)
riproduzione (f)	ʃi'atuk	שִיעְתוּק (ז)
mosaico (m)	psefas	פּסֵיפָס (ז)
vetrata (f)	vitraʒ	וִיטרָאז' (ז)
affresco (m)	fresko	פרֶסקוֹ (ז)
incisione (f)	taχrit	תַחרִיט (ז)
busto (m)	pro'toma	פרוֹטוֹמָה (נ)
scultura (f)	'pesel	פֶּסֶל (ז)
statua (f)	'pesel	פֶּסֶל (ז)
gesso (m)	'geves	גֶבֶס (ז)
in gesso	mi'geves	מִגֶבֶס
ritratto (m)	dyukan	דיוֹקָן (ז)
autoritratto (m)	dyukan atsmi	דיוֹקָן עַצמִי (ז)
paesaggio (m)	tsiyur nof	צִיוּר נוֹף (ז)
natura (f) morta	'teva domem	טֶבַע דוֹמֵם (ז)
caricatura (f)	karika'tura	קָרִיקָטוּרָה (נ)
abbozzo (m)	tarʃim	תַרשִים (ז)
colore (m)	'tseva	צֶבַע (ז)
acquerello (m)	'tseva 'mayim	צֶבַע מַיִם (ז)
olio (m)	'ʃemen	שֶמֶן (ז)
matita (f)	iparon	עִיפָּרוֹן (ז)
inchiostro (m) di china	tuʃ	טוּש (ז)
carbone (m)	peχam	פֶּחָם (ז)
disegnare (a matita)	letsayer	לְצַיֵיר
dipingere (un quadro)	letsayer	לְצַיֵיר
posare (vi)	ledagmen	לְדַגמֵן
modello (m)	dugman eirom	דוּגמָן עֵירוֹם (ז)

modella (f)	dugmanit erom	דוּגמָנִית עֵירוֹם (נ)
pittore (m)	tsayar	צַיָּיר (ז)
opera (f) d'arte	yetsirat amanut	יְצִירַת אָמָנוּת (נ)
capolavoro (m)	yetsirat mofet	יְצִירַת מוֹפֵת (נ)
laboratorio (m) (di artigiano)	'studyo	סטוּדִיוֹ (ז)
tela (f)	bad piʃtan	בַּד פִּשׁתָן (ז)
cavalletto (m)	kan tsiyur	כַּן צִיוּר (ז)
tavolozza (f)	'plata	פָּלֶטָה (נ)
cornice (f) (~ di un quadro)	mis'geret	מִסגֶרֶת (נ)
restauro (m)	ʃiχzur	שִׁחזוּר (ז)
restaurare (vt)	leʃaχzer	לְשַׁחזֵר

127. Letteratura e poesia

letteratura (f)	sifrut	ספרוּת (נ)
autore (m)	sofer	סוֹפֵר (ז)
pseudonimo (m)	ʃem badui	שֵׁם בָּדוּי (ז)
libro (m)	'sefer	סֵפֶר (ז)
volume (m)	'kereχ	כֶּרֶך (ז)
sommario (m), indice (m)	'toχen inyanim	תוֹכֶן עִניָינִים (ז)
pagina (f)	amud	עַמוּד (ז)
protagonista (m)	hagibor haraʃi	הַגִיבּוֹר הָרָאשִׁי (ז)
autografo (m)	χatima	חֲתִימָה (נ)
racconto (m)	sipur katsar	סִיפּוּר קָצָר (ז)
romanzo (m) breve	sipur	סִיפּוּר (ז)
romanzo (m)	roman	רוֹמָן (ז)
opera (f) (~ letteraria)	χibur	חִיבּוּר (ז)
favola (f)	maʃal	מָשָׁל (ז)
giallo (m)	roman balaʃi	רוֹמָן בַּלָשִׁי (ז)
verso (m)	ʃir	שִׁיר (ז)
poesia (f) (~ lirica)	ʃira	שִׁירָה (נ)
poema (m)	po''ema	פּוֹאֶמָה (נ)
poeta (m)	meʃorer	מְשׁוֹרֵר (ז)
narrativa (f)	sifrut yafa	ספרוּת יָפָה (נ)
fantascienza (f)	mada bidyoni	מַדָע בִּדיוֹנִי (ז)
avventure (f pl)	harpatka'ot	הַרפַּתקָאוֹת (נ"ר)
letteratura (f) formativa	sifrut limudit	ספרוּת לִימוּדִית (נ)
libri (m pl) per l'infanzia	sifrut yeladim	ספרוּת יְלָדִים (נ)

128. Circo

circo (m)	kirkas	קִרקָס (ז)
tendone (m) del circo	kirkas nayad	קִרקָס נַיָּיד (ז)
programma (m)	toχnit	תוֹכנִית (נ)
spettacolo (m)	hofa'a	הוֹפָעָה (נ)
numero (m)	hofa'a	הוֹפָעָה (נ)

arena (f)	zira	זִירָה (נ)
pantomima (m)	panto'mima	פַּנטוֹמִימָה (נ)
pagliaccio (m)	leitsan	לֵיצָן (ז)
acrobata (m)	akrobat	אַקרוֹבָּט (ז)
acrobatica (f)	akro'batika	אַקרוֹבָּטִיקָה (נ)
ginnasta (m)	mit'amel	מִתעַמֵל (ז)
ginnastica (m)	hit'amlut	הִתעַמלוּת (נ)
salto (m) mortale	'salta	סַלטָה (נ)
forzuto (m)	atlet	אַתלֶט (ז)
domatore (m)	me'alef	מְאַלֵף (ז)
cavallerizzo (m)	roχev	רוֹכֵב (ז)
assistente (m)	ozer	עוֹזֵר (ז)
acrobazia (f)	pa'alul	פַּעֲלוּל (ז)
gioco (m) di prestigio	'kesem	קֶסֶם (ז)
prestigiatore (m)	kosem	קוֹסֵם (ז)
giocoliere (m)	lahatutan	לַהֲטוּטָן (ז)
giocolare (vi)	lelahtet	לְלַהטֵט
ammaestratore (m)	me'alef hayot	מְאַלֵף חַיוֹת (ז)
ammaestramento (m)	iluf χayot	אִילוּף חַיוֹת (ז)
ammaestrare (vt)	le'alef	לְאַלֵף

129. Musica. Musica pop

musica (f)	'muzika	מוּזִיקָה (נ)
musicista (m)	muzikai	מוּזִיקָאִי (ז)
strumento (m) musicale	kli negina	כּלִי נְגִינָה (ז)
suonare ...	lenagen be...	לְנַגֵן בְּ...
chitarra (f)	gi'tara	גִיטָרָה (נ)
violino (m)	kinor	כִּינוֹר (ז)
violoncello (m)	'ʧelo	צֶ'לוֹ (ז)
contrabbasso (m)	kontrabas	קוֹנטרַבָּס (ז)
arpa (f)	'nevel	נֶבֶל (ז)
pianoforte (m)	psanter	פּסַנתֵר (ז)
pianoforte (m) a coda	psanter kanaf	פּסַנתֵר כָּנָף (ז)
organo (m)	ugav	עוּגָב (ז)
strumenti (m pl) a fiato	klei neʃifa	כּלֵי נְשִיפָה (ז"ר)
oboe (m)	abuv	אַבּוּב (ז)
sassofono (m)	saksofon	סַקסוֹפוֹן (ז)
clarinetto (m)	klarinet	קלָרִינֶט (ז)
flauto (m)	χalil	חָלִיל (ז)
tromba (f)	χatsotsra	חֲצוֹצְרָה (נ)
fisarmonica (f)	akordyon	אָקוֹרדיוֹן (ז)
tamburo (m)	tof	תוֹף (ז)
duetto (m)	'du'o	דוּאוֹ (ז)
trio (m)	ʃliʃiya	שלִישִייָה (נ)

quartetto (m)	revi'iya	רְבִיעִיָּה (נ)
coro (m)	makhela	מַקהֵלָה (נ)
orchestra (f)	tiz'moret	תִזמוֹרֶת (נ)
musica (f) pop	'muzikat pop	מוּזִיקַת פּוֹפּ (נ)
musica (f) rock	'muzikat rok	מוּזִיקַת רוֹק (נ)
gruppo (m) rock	lehakat rok	לַהֲקַת רוֹק (נ)
jazz (m)	ʤez	ג'ֶז (ז)
idolo (m)	koχav	כּוֹכָב (ז)
ammiratore (m)	ohed	אוֹהֵד (ז)
concerto (m)	kontsert	קוֹנצֶרט (ז)
sinfonia (f)	si'fonya	סִימפוֹנְיָה (נ)
composizione (f)	yetsira	יְצִירָה (נ)
comporre (vt), scrivere (vt)	leχaber	לְחַבֵּר
canto (m)	ʃira	שִירָה (נ)
canzone (f)	ʃir	שִיר (ז)
melodia (f)	mangina	מַנגִינָה (נ)
ritmo (m)	'ketsev	קֶצֶב (ז)
blues (m)	bluz	בּלוּז (ז)
note (f pl)	tavim	תָוִים (ז"ר)
bacchetta (f)	ʃarvit ni'tsuaχ	שַרבִיט נִיצוּחַ (ז)
arco (m)	'keʃet	קֶשֶת (נ)
corda (f)	meitar	מֵיתָר (ז)
custodia (f) (~ della chitarra)	nartik	נַרתִיק (ז)

Ristorante. Intrattenimento. Viaggi

130. Escursione. Viaggio

turismo (m)	tayarut	תַיָירוּת (נ)
turista (m)	tayar	תַיָיר (ז)
viaggio (m) (all'estero)	tiyul	טִיוּל (ז)
avventura (f)	harpatka	הַרפַּתקָה (נ)
viaggio (m) (corto)	nesi‘a	נְסִיעָה (נ)
vacanza (f)	χufʃa	חוּפשָׁה (נ)
essere in vacanza	lihyot beχufʃa	לִהיוֹת בְּחוּפשָׁה
riposo (m)	menuχa	מְנוּחָה (נ)
treno (m)	ra'kevet	רַכֶּבֶת (נ)
in treno	bera'kevet	בְּרַכֶּבֶת
aereo (m)	matos	מָטוֹס (ז)
in aereo	bematos	בְּמָטוֹס
in macchina	bemeχonit	בִּמְכוֹנִית
in nave	be'oniya	בְּאוֹנִייָה
bagaglio (m)	mit‘an	מִטעָן (ז)
valigia (f)	mizvada	מִזווָדָה (נ)
carrello (m)	eglat mit‘an	עֶגלַת מִטעָן (נ)
passaporto (m)	darkon	דַרכּוֹן (ז)
visto (m)	'viza, aʃra	וִיזָה, אַשׁרָה (נ)
biglietto (m)	kartis	כַּרטִיס (ז)
biglietto (m) aereo	kartis tisa	כַּרטִיס טִיסָה (ז)
guida (f)	madriχ	מַדרִיך (ז)
carta (f) geografica	mapa	מַפָּה (נ)
località (f)	ezor	אֵזוֹר (ז)
luogo (m)	makom	מָקוֹם (ז)
ogetti (m pl) esotici	ek'zotika	אֶקזוֹטִיקָה (נ)
esotico (agg)	ek'zoti	אֶקזוֹטִי
sorprendente (agg)	nifla	נִפלָא
gruppo (m)	kvuʦa	קבוּצָה (נ)
escursione (f)	tiyul	טִיוּל (ז)
guida (f) (cicerone)	madriχ tiyulim	מַדרִיך טִיוּלִים (ז)

131. Hotel

albergo (m)	beit malon	בֵּית מָלוֹן (ז)
hotel (m)	malon	מָלוֹן (ז)
motel (m)	motel	מוֹטֶל (ז)

tre stelle	ʃloʃa koχavim	שלושה כּוֹכָבִים
cinque stelle	χamiʃa koχavim	חֲמִישָׁה כּוֹכָבִים
alloggiare (vi)	lehit'aχsen	לְהִתאַכסֵן
camera (f)	'χeder	חֶדֶר (ז)
camera (f) singola	'χeder yaχid	חֶדֶר יָחִיד (ז)
camera (f) doppia	'χeder zugi	חֶדֶר זוּגִי (ז)
prenotare una camera	lehazmin 'χeder	לְהַזמִין חֶדֶר
mezza pensione (f)	χatsi pensiyon	חֲצִי פֶּנסִיוֹן (ז)
pensione (f) completa	pensyon male	פֶּנסִיוֹן מָלֵא (ז)
con bagno	im am'batya	עִם אַמבַּטיָה
con doccia	im mik'laχat	עִם מִקלַחַת
televisione (f) satellitare	tele'vizya bekvalim	טֶלֶוִויזִיָה בְּכבָלִים (נ)
condizionatore (m)	mazgan	מַזגָן (ז)
asciugamano (m)	ma'gevet	מַגֶבֶת (נ)
chiave (f)	maf'teaχ	מַפתֵחַ (ז)
amministratore (m)	amarkal	אֲמַרכָּל (ז)
cameriera (f)	χadranit	חַדרָנִית (נ)
portabagagli (m)	sabal	סַבָּל (ז)
portiere (m)	pakid kabala	פקִיד קַבָּלָה (ז)
ristorante (m)	misʿada	מִסעָדָה (נ)
bar (m)	bar	בָּר (ז)
colazione (f)	aruχat 'boker	אֲרוּחַת בּוֹקֶר (נ)
cena (f)	aruχat 'erev	אֲרוּחַת עֶרֶב (נ)
buffet (m)	miznon	מִזנוֹן (ז)
hall (f) (atrio d'ingresso)	'lobi	לוֹבִּי (ז)
ascensore (m)	maʿalit	מַעֲלִית (נ)
NON DISTURBARE	lo lehafriʿa	לא לְהַפרִיעַ
VIETATO FUMARE!	asur leʿaʃen!	אָסוּר לְעַשֵׁן!

132. Libri. Lettura

libro (m)	'sefer	סֵפֶר (ז)
autore (m)	sofer	סוֹפֵר (ז)
scrittore (m)	sofer	סוֹפֵר (ז)
scrivere (vi, vt)	liχtov	לִכתוֹב
lettore (m)	kore	קוֹרֵא (ז)
leggere (vi, vt)	likro	לִקרוֹא
lettura (f) (sala di ~)	kri'a	קרִיאָה (נ)
in silenzio (leggere ~)	belev, be'ʃeket	בְּלֵב, בְּשֶׁקֶט
ad alta voce	bekol ram	בְּקוֹל רָם
pubblicare (vt)	lehotsi la'or	לְהוֹצִיא לָאוֹר
pubblicazione (f)	hotsa'a la'or	הוֹצָאָה לָאוֹר (נ)
editore (m)	motsi le'or	מוֹצִיא לָאוֹר (ז)
casa (f) editrice	hotsa'a la'or	הוֹצָאָה לָאוֹר (נ)

uscire (vi)	latset le'or	לָצֵאת לְאוֹר
uscita (f)	hafatsa	הֲפָצָה (נ)
tiratura (f)	tfutsa	תפוּצָה (נ)
libreria (f)	χanut sfarim	חֲנוּת סְפָרִים (נ)
biblioteca (f)	sifriya	סִפְרִייָה (נ)
romanzo (m) breve	sipur	סִיפּוּר (ז)
racconto (m)	sipur katsar	סִיפּוּר קָצָר (ז)
romanzo (m)	roman	רוֹמָן (ז)
giallo (m)	roman balaʃi	רוֹמָן בַּלָשִׁי (ז)
memorie (f pl)	ziχronot	זִיכרוֹנוֹת (ז"ר)
leggenda (f)	agada	אַגָדָה (נ)
mito (m)	'mitos	מִיתוֹס (ז)
poesia (f), versi (m pl)	ʃirim	שִירִים (ז"ר)
autobiografia (f)	otobio'grafya	אוֹטוֹבִּיוֹגרַפיָה (נ)
opere (f pl) scelte	mivχar ktavim	מִבחַר כּתָבִים (ז)
fantascienza (f)	mada bidyoni	מַדָע בִּדיוֹנִי (ז)
titolo (m)	kotar	כּוֹתָר (ז)
introduzione (f)	mavo	מָבוֹא (ז)
frontespizio (m)	amud ha'ʃa'ar	עַמוּד הַשַעַר (ז)
capitolo (m)	'perek	פֶּרֶק (ז)
frammento (m)	'keta	קֶטַע (ז)
episodio (m)	epi'zoda	אֶפִּיזוֹדָה (נ)
soggetto (m)	alila	עֲלִילָה (נ)
contenuto (m)	'toχen	תוֹכֶן (ז)
sommario (m)	'toχen inyanim	תוֹכֶן עִניְינִים (ז)
protagonista (m)	hagibor haraʃi	הַגִיבּוֹר הָרָאשִׁי (ז)
volume (m)	'kereχ	כֶּרֶך (ז)
copertina (f)	kriχa	כּרִיכָה (נ)
rilegatura (f)	kriχa	כּרִיכָה (נ)
segnalibro (m)	simaniya	סִימָנִייָה (נ)
pagina (f)	amud	עַמוּד (ז)
sfogliare (~ le pagine)	ledafdef	לְדַפדֵף
margini (m pl)	ʃu'layim	שוּלַיִים (ז"ר)
annotazione (f)	he'ara	הֶעָרָה (נ)
nota (f) (a fondo pagina)	he'arat ʃu'layim	הֶעָרַת שוּלַיִים (נ)
testo (m)	tekst	טֶקסט (ז)
carattere (m)	gufan	גוּפָן (ז)
refuso (m)	ta'ut dfus	טָעוּת דפוּס (נ)
traduzione (f)	tirgum	תִרגוּם (ז)
tradurre (vt)	letargem	לְתַרגֵם
originale (m) (leggere l'~)	makor	מָקוֹר (ז)
famoso (agg)	mefursam	מְפוּרסָם
sconosciuto (agg)	lo ya'du'a	לא יָדוּע
interessante (agg)	me'anyen	מְעַניֵין

best seller (m)	rav 'meχer	רַב־מֶכֶר (ז)
dizionario (m)	milon	מִילוֹן (ז)
manuale (m)	'sefer limud	סֵפֶר לִימוּד (ז)
enciclopedia (f)	entsiklo'pedya	אֶנצִיקלוֹפֶּדיָה (נ)

133. Caccia. Pesca

caccia (f)	'tsayid	צַיִד (ז)
cacciare (vt)	latsud	לָצוּד
cacciatore (m)	tsayad	צַייָד (ז)
sparare (vi)	lirot	לִירוֹת
fucile (m)	rove	רוֹבֶה (ז)
cartuccia (f)	kadur	כַּדוּר (ז)
pallini (m pl) da caccia	kaduriyot	כַּדוּרִיוֹת (נ"ר)
tagliola (f) (~ per orsi)	mal'kodet	מַלכּוֹדֶת (נ)
trappola (f) (~ per uccelli)	mal'kodet	מַלכּוֹדֶת (נ)
cadere in trappola	lehilaχed bemal'kodet	לְהִילָכֵד בְּמַלכּוֹדֶת
tendere una trappola	leha'niaχ mal'kodet	לְהָנִיחַ מַלכּוֹדֶת
bracconiere (m)	tsayad lelo reʃut	צַייָד לְלֹא רְשוּת (ז)
cacciagione (m)	χayot bar	חַיוֹת בַּר (נ"ר)
cane (m) da caccia	'kelev 'tsayid	כֶּלֶב צַיִד (ז)
safari (m)	sa'fari	סָפָארִי (ז)
animale (m) impagliato	puχlats	פּוּחלָץ (ז)
pescatore (m)	dayag	דַייָג (ז)
pesca (f)	'dayig	דַיִג (ז)
pescare (vi)	ladug	לָדוּג
canna (f) da pesca	χaka	חַכָּה (נ)
lenza (f)	χut haχaka	חוּט הַחַכָּה (ז)
amo (m)	'keres	קֶרֶס (ז)
galleggiante (m)	matsof	מָצוֹף (ז)
esca (f)	pitayon	פִּיתָיוֹן (ז)
lanciare la canna	lizrok et haχaka	לִזרוֹק אֶת הַחַכָּה
abboccare (pesce)	liv'lo'a pitayon	לִבלוֹעַ פִּיתָיוֹן
pescato (m)	ʃlal 'dayig	שלַל דַיִג (ז)
buco (m) nel ghiaccio	mivka 'keraχ	מִבקַע קֶרַח (ז)
rete (f)	'reʃet dayagim	רֶשֶת דַייָגִים (נ)
barca (f)	sira	סִירָה (נ)
prendere con la rete	ladug be'reʃet	לָדוּג בְּרֶשֶת
gettare la rete	lizrok 'reʃet	לִזרוֹק רֶשֶת
tirare le reti	ligror 'reʃet	לִגרוֹר רֶשֶת
cadere nella rete	lehilaχed be'reʃet	לְהִילָכֵד בְּרֶשֶת
baleniere (m)	tsayad livyatanim	צַייַד לִוויָתָנִים (ז)
baleniera (f) (nave)	sfinat tseid livyetanim	ספִינַת צֵיד לִווייתָנִית (נ)
rampone (m)	tsiltsal	צִלצָל (ז)

134. Ciochi. Biliardo

biliardo (m)	bilyard	בִּילְיַארד (ז)
sala (f) da biliardo	'χeder bilyard	חֲדַר בִּילְיַארד (ז)
bilia (f)	kadur bilyard	כַּדּוּר בִּילְיַארד (ז)
imbucare (vt)	lehaχnis kadur lekis	לְהַכנִיס כַּדּוּר לְכִּיס
stecca (f) da biliardo	makel bilyard	מַקֵל בִּילְיַארד (ז)
buca (f)	kis	כִּיס (ז)

135. Giochi. Carte da gioco

quadri (m pl)	yahalom	יַהֲלוֹם (ז)
picche (f pl)	ale	עָלֶה (ז)
cuori (m pl)	lev	לֵב (ז)
fiori (m pl)	tiltan	תִּלתָן (ז)
asso (m)	as	אָס (ז)
re (m)	'meleχ	מֶלֶך (ז)
donna (f)	malka	מַלכָּה (נ)
fante (m)	nasiχ	נָסִיך (ז)
carta (f) da gioco	klaf	קלָף (ז)
carte (f pl)	klafim	קלָפִים (ז"ר)
briscola (f)	klaf nitsaχon	קלָף נִיצָחוֹן (ז)
mazzo (m) di carte	χafisat klafim	חֲפִיסַת קלָפִים (נ)
punto (m)	nekuda	נְקוּדָה (נ)
dare le carte	leχalek klafim	לְחַלֵק קלָפִים
mescolare (~ le carte)	litrof	לִטרוֹף
turno (m)	tor	תוֹר (ז)
baro (m)	noχel klafim	נוֹכֵל קלָפִים (ז)

136. Riposo. Giochi. Varie

passeggiare (vi)	letayel ba'regel	לְטַייֵל בָּרֶגֶל
passeggiata (f)	tiyul ragli	טִיוּל רַגלִי (ז)
gita (f)	nesi'a bameχonit	נְסִיעָה בָּמְכוֹנִית (נ)
avventura (f)	harpatka	הַרפַּתקָה (נ)
picnic (m)	'piknik	פִּיקנִיק (ז)
gioco (m)	misχak	מִשׂחָק (ז)
giocatore (m)	saχkan	שַׂחקָן (ז)
partita (f) (~ a scacchi)	misχak	מִשׂחָק (ז)
collezionista (m)	asfan	אַספָן (ז)
collezionare (vt)	le'esof	לֶאֱסוֹף
collezione (f)	'osef	אוֹסֶף (ז)
cruciverba (m)	taʃbets	תַשבֵּץ (ז)
ippodromo (m)	hipodrom	הִיפּוֹדרוֹם (ז)

discoteca (f)	diskotek	דִיסקוֹטֶק (ז)
sauna (f)	'sa'una	סָאוּנָה (נ)
lotteria (f)	'loto	לוֹטוֹ (ז)
campeggio (m)	tiyul maχana'ut	טִיוּל מַחֲנָאוּת (ז)
campo (m)	maχane	מַחֲנֶה (ז)
tenda (f) da campeggio	'ohel	אוֹהֶל (ז)
bussola (f)	matspen	מַצפֵּן (ז)
campeggiatore (m)	maχnai	מַחנַאי (ז)
guardare (~ un film)	lir'ot	לִראוֹת
telespettatore (m)	tsofe	צוֹפֶה (ז)
trasmissione (f)	toχnit tele'vizya	תוֹכנִית טֶלֶוִויזיָה (נ)

137. Fotografia

macchina (f) fotografica	matslema	מַצלֵמָה (נ)
fotografia (f)	tmuna	תמוּנָה (נ)
fotografo (m)	tsalam	צַלָם (ז)
studio (m) fotografico	'studyo letsilum	סטוּדיוֹ לְצִילוּם (ז)
album (m) di fotografie	albom tmunot	אַלבּוֹם תמוּנוֹת (ז)
obiettivo (m)	adaʃa	עֲדָשָה (נ)
teleobiettivo (m)	a'deʃet teleskop	עֲדָשַת טֶלֶסקוֹפּ (נ)
filtro (m)	masnen	מַסנֵן (ז)
lente (f)	adaʃa	עֲדָשָה (נ)
ottica (f)	'optika	אוֹפּטִיקָה (נ)
diaframma (m)	tsamtsam	צַמצָם (ז)
tempo (m) di esposizione	zman hahe'ara	זמַן הַהָאָרָה (ז)
mirino (m)	einit	עֵינִית (נ)
fotocamera (f) digitale	matslema digi'talit	מַצלֵמָה דִיגִיטָלִית (נ)
cavalletto (m)	χatsuva	חֲצוּבָה (נ)
flash (m)	mavzek	מַבזֵק (ז)
fotografare (vt)	letsalem	לְצַלֵם
fare foto	letsalem	לְצַלֵם
fotografarsi	lehitstalem	לְהִצטַלֵם
fuoco (m)	moked	מוֹקֵד (ז)
mettere a fuoco	lemaked	לְמַקֵד
nitido (agg)	χad, memukad	חַד, מְמוּקָד
nitidezza (f)	χadut	חַדוּת (נ)
contrasto (m)	nigud	נִיגוּד (ז)
contrastato (agg)	menugad	מְנוּגָד
foto (f)	tmuna	תמוּנָה (נ)
negativa (f)	taʃlil	תַשלִיל (ז)
pellicola (f) fotografica	'seret	סֶרֶט (ז)
fotogramma (m)	freim	פרֵיים (ז)
stampare (~ le foto)	lehadpis	לְהַדפִּיס

138. Spiaggia. Nuoto

spiaggia (f)	χof yam	חוֹף יָם (ז)
sabbia (f)	χol	חוֹל (ז)
deserto (agg)	ʃomem	שׁוֹמֵם
abbronzatura (f)	ʃizuf	שִׁיזוּף (ז)
abbronzarsi (vr)	lehiʃtazef	לְהִשְׁתַּזֵף
abbronzato (agg)	ʃazuf	שָׁזוּף
crema (f) solare	krem hagana	קֶרֶם הֲגָנָה (ז)
bikini (m)	bi'kini	בִּיקִינִי (ז)
costume (m) da bagno	'beged yam	בֶּגֶד יָם (ז)
slip (m) da bagno	'beged yam	בֶּגֶד יָם (ז)
piscina (f)	breχa	בְּרֵיכָה (נ)
nuotare (vi)	lisχot	לִשְׂחוֹת
doccia (f)	mik'laχat	מִקלַחַת (נ)
cambiarsi (~ i vestiti)	lehaχlif bgadim	לְהַחלִיף בּגָדִים
asciugamano (m)	ma'gevet	מַגֶבֶת (נ)
barca (f)	sira	סִירָה (נ)
motoscafo (m)	sirat ma'no'a	סִירַת מָנוֹעַ (נ)
sci (m) nautico	ski 'mayim	סקִי מַיִם (ז)
pedalò (m)	sirat pe'dalim	סִירַת פֶּדָלִים (נ)
surf (m)	gliʃat galim	גלִישַׁת גַלִים
surfista (m)	goleʃ	גוֹלֵשׁ (ז)
autorespiratore (m)	'skuba	סקוּבָּה (נ)
pinne (f pl)	snapirim	סנַפִּירִים (ז"ר)
maschera (f)	maseχa	מַסֵכָה (נ)
subacqueo (m)	tsolelan	צוֹלְלָן (ז)
tuffarsi (vr)	litslol	לִצלוֹל
sott'acqua	mi'taχat lifnei ha'mayim	מִתַחַת לִפנֵי הַמַיִם
ombrellone (m)	ʃimʃiya	שִׁמשִׁייָה (נ)
sdraio (f)	kise 'noaχ	כִּיסֵא נוֹחַ (ז)
occhiali (m pl) da sole	miʃkefei 'ʃemeʃ	מִשׁקְפֵי שֶׁמֶשׁ (ז"ר)
materasso (m) ad aria	mizron mitna'peaχ	מִזרוֹן מִתנַפֵּחַ (ז)
giocare (vi)	lesaχek	לְשַׂחֵק
fare il bagno	lehitraχets	לְהִתרַחֵץ
pallone (m)	kadur yam	כַּדוּר יָם (ז)
gonfiare (vt)	lena'peaχ	לְנַפֵּחַ
gonfiabile (agg)	menupaχ	מְנוּפָּח
onda (f)	gal	גַל (ז)
boa (f)	matsof	מָצוֹף (ז)
annegare (vi)	lit'bo'a	לִטבּוֹעַ
salvare (vt)	lehatsil	לְהַצִיל
giubbotto (m) di salvataggio	χagorat hatsala	חֲגוֹרַת הַצָלָה (נ)
osservare (vt)	litspot, lehaʃkif	לִצפּוֹת, לְהַשׁקִיף
bagnino (m)	matsil	מַצִיל (ז)

ATTREZZATURA TECNICA. MEZZI DI TRASPORTO

Attrezzatura tecnica

139. Computer

computer (m)	maχʃev	מַחשֵב (ז)
computer (m) portatile	maχʃev nayad	מַחשֵב נַיָיד (ז)
accendere (vt)	lehadlik	לְהַדלִיק
spegnere (vt)	leχabot	לְכַבּוֹת
tastiera (f)	mik'ledet	מִקלֶדֶת (נ)
tasto (m)	makaʃ	מַקָש (ז)
mouse (m)	aχbar	עַכבָּר (ז)
tappetino (m) del mouse	ʃa'tiaχ le'aχbar	שָטִיחַ לְעַכבָּר (ז)
tasto (m)	kaftor	כַּפתוֹר (ז)
cursore (m)	saman	סַמָן (ז)
monitor (m)	masaχ	מָסָך (ז)
schermo (m)	tsag	צָג (ז)
disco (m) rigido	disk ka'ʃiaχ	דִיסק קָשִיחַ (ז)
spazio (m) sul disco rigido	'nefaχ disk ka'ʃiaχ	נֶפַח דִיסק קָשִיחַ (ז)
memoria (f)	zikaron	זִיכָּרוֹן (ז)
memoria (f) operativa	zikaron giʃa akra'it	זִיכָּרוֹן גִישָה אַקרַאִית (ז)
file (m)	'kovets	קוֹבֶץ (ז)
cartella (f)	tikiya	תִיקִייָה (נ)
aprire (vt)	lif'toaχ	לִפתוֹחַ
chiudere (vt)	lisgor	לִסגוֹר
salvare (vt)	liʃmor	לִשמוֹר
eliminare (vt)	limχok	לִמחוֹק
copiare (vt)	leha'atik	לְהַעֲתִיק
ordinare (vt)	lemayen	לְמַייֵן
trasferire (vt)	leha'avir	לְהַעֲבִיר
programma (m)	toχna	תוֹכנָה (נ)
software (m)	toχna	תוֹכנָה (נ)
programmatore (m)	metaχnet	מְתַכנֵת (ז)
programmare (vt)	letaχnet	לְתַכנֵת
hacker (m)	'haker	הָאקֶר (ז)
password (f)	sisma	סִיסמָה (נ)
virus (m)	'virus	וִירוּס (ז)
trovare (un virus, ecc.)	limtso, le'ater	לִמצוֹא, לְאַתֵר
byte (m)	bait	בַּייט (ז)

megabyte (m)	megabait	מֶגָבַּייט (ז)
dati (m pl)	netunim	נְתוּנִים (ז"ר)
database (m)	bsis netunim	בְּסִיס נְתוּנִים (ז)
cavo (m)	'kevel	כֶּבֶל (ז)
sconnettere (vt)	lenatek	לְנַתֵק
collegare (vt)	leχaber	לְחַבֵּר

140. Internet. Posta elettronica

internet (f)	'internet	אִינטֶרנֶט (ז)
navigatore (m)	dafdefan	דַפדְפָן (ז)
motore (m) di ricerca	ma'noʿa χipus	מָנוֹעַ חִיפּוּשׂ (ז)
provider (m)	sapak	סַפָּק (ז)
webmaster (m)	menahel haʾatar	מְנַהֵל הָאֲתָר (ז)
sito web (m)	atar	אֲתָר (ז)
pagina web (f)	daf 'internet	דַף אִינטֶרנֶט (ז)
indirizzo (m)	'ktovet	כּתוֹבֶת (נ)
rubrica (f) indirizzi	'sefer ktovot	סֵפֶר כתוֹבוֹת (ז)
casella (f) di posta	teivat 'doʾar	תֵיבַת דוֹאַר (נ)
posta (f)	'doʾar, 'doʾal	דוֹאַר (ז), דוֹאַ"ל (ז)
troppo piena (agg)	gaduʃ	גָדוּשׁ
messaggio (m)	hodaʿa	הוֹדָעָה (נ)
messaggi (m pl) in arrivo	hodaʿot niχnasot	הוֹדָעוֹת נִכנָסוֹת (נ"ר)
messaggi (m pl) in uscita	hodaʿot yotsʾot	הוֹדָעוֹת יוֹצאוֹת (נ"ר)
mittente (m)	ʃo'leaχ	שׁוֹלֵחַ (ז)
inviare (vt)	liʃloaχ	לִשלוֹחַ
invio (m)	ʃliχa	שלִיחָה (ז)
destinatario (m)	nimʿan	נִמעָן (ז)
ricevere (vt)	lekabel	לְקַבֵּל
corrispondenza (f)	hitkatvut	הִתכַּתבוּת (נ)
essere in corrispondenza	lehitkatev	לְהִתכַּתֵב
file (m)	'kovets	קוֹבֶץ (ז)
scaricare (vt)	lehorid	לְהוֹרִיד
creare (vt)	litsor	לִיצוֹר
eliminare (vt)	limχok	לִמחוֹק
eliminato (agg)	maχuk	מָחוּק
connessione (f)	χibur	חִיבּוּר (ז)
velocità (f)	mehirut	מְהִירוּת (נ)
modem (m)	'modem	מוֹדֶם (ז)
accesso (m)	giʃa	גִישָׁה (נ)
porta (f)	port	פּוֹרט (ז)
collegamento (m)	χibur	חִיבּוּר (ז)
collegarsi a ...	lehitχaber	לְהִתחַבֵּר
scegliere (vt)	livχor	לִבחוֹר
cercare (vt)	leχapes	לְחַפֵּשׂ

Mezzi di trasporto

141. Aeroplano

aereo (m)	matos	מָטוֹס (ז)
biglietto (m) aereo	kartis tisa	כַּרטִיס טִיסָה (ז)
compagnia (f) aerea	χevrat te'ufa	חֶברַת תְעוּפָה (נ)
aeroporto (m)	nemal te'ufa	נְמַל תְעוּפָה (ז)
supersonico (agg)	al koli	עַל קוֹלִי
comandante (m)	kabarnit	קַבַּרנִיט (ז)
equipaggio (m)	'tsevet	צֶוֶות (ז)
pilota (m)	tayas	טַיָיס (ז)
hostess (f)	da'yelet	דַיֶילֶת (נ)
navigatore (m)	navat	נַוָוט (ז)
ali (f pl)	kna'fayim	כּנָפַיִים (נ"ר)
coda (f)	zanav	זָנָב (ז)
cabina (f)	'kokpit	קוֹקפִּיט (ז)
motore (m)	ma'no'a	מָנוֹעַ (ז)
carrello (m) d'atterraggio	kan nesi'a	כַּן נְסִיעָה (ז)
turbina (f)	tur'bina	טוּרבִּינָה (נ)
elica (f)	madχef	מַדחֵף (ז)
scatola (f) nera	kufsa ʃχora	קוּפסָה שחוֹרָה (נ)
barra (f) di comando	'hege	הֶגֶה (ז)
combustibile (m)	'delek	דֶלֶק (ז)
safety card (f)	hora'ot betiχut	הוֹרָאוֹת בְּטִיחוּת (נ"ר)
maschera (f) ad ossigeno	maseχat χamtsan	מַסֵיכַת חַמצָן (נ)
uniforme (f)	madim	מַדִים (ז"ר)
giubbotto (m) di salvataggio	χagorat hatsala	חֲגוֹרַת הַצָלָה (נ)
paracadute (m)	mitsnaχ	מִצנָח (ז)
decollo (m)	hamra'a	הַמרָאָה (נ)
decollare (vi)	lehamri	לְהַמרִיא
pista (f) di decollo	maslul hamra'a	מַסלוּל הַמרָאָה (ז)
visibilità (f)	re'ut	רְאוּת (נ)
volo (m)	tisa	טִיסָה (נ)
altitudine (f)	'gova	גוֹבַה (ז)
vuoto (m) d'aria	kis avir	כִּיס אָווִיר (ז)
posto (m)	moʃav	מוֹשָב (ז)
cuffia (f)	ozniyot	אוֹזנִיוֹת (נ"ר)
tavolinetto (m) pieghevole	magaʃ mitkapel	מַגָש מִתקַפֵּל (ז)
oblò (m), finestrino (m)	tsohar	צוֹהַר (ז)
corridoio (m)	ma'avar	מַעֲבָר (ז)

142. Treno

treno (m)	ra'kevet	רַכֶּבֶת (נ)
elettrotreno (m)	ra'kevet parvarim	רַכֶּבֶת פַּרבָרִים (נ)
treno (m) rapido	ra'kevet mehira	רַכֶּבֶת מְהִירָה (נ)
locomotiva (f) diesel	katar 'dizel	קַטָר דִיזֶל (ז)
locomotiva (f) a vapore	katar	קַטָר (ז)
carrozza (f)	karon	קָרוֹן (ז)
vagone (m) ristorante	kron mis'ada	קרוֹן מִסעָדָה (ז)
rotaie (f pl)	mesilot	מְסִילוֹת (נ"ר)
ferrovia (f)	mesilat barzel	מְסִילַת בַּרזֶל (נ)
traversa (f)	'eden	אֶדֶן (ז)
banchina (f) (~ ferroviaria)	raʦif	רָצִיף (ז)
binario (m) (~ 1, 2)	mesila	מְסִילָה (נ)
semaforo (m)	ramzor	רַמזוֹר (ז)
stazione (f)	taχana	תַחֲנָה (נ)
macchinista (m)	nahag ra'kevet	נַהַג רַכֶּבֶת (ז)
portabagagli (m)	sabal	סַבָּל (ז)
cuccettista (m, f)	sadran ra'kevet	סַדרַן רַכֶּבֶת (ז)
passeggero (m)	no'se'a	נוֹסֵעַ (ז)
controllore (m)	bodek	בּוֹדֵק (ז)
corridoio (m)	prozdor	פרוֹזדוֹר (ז)
freno (m) di emergenza	ma'aʦar χirum	מַעֲצָר חִירוּם (ז)
scompartimento (m)	ta	תָא (ז)
cuccetta (f)	dargaʃ	דַרגָש (ז)
cuccetta (f) superiore	dargaʃ elyon	דַרגָש עֶליוֹן (ז)
cuccetta (f) inferiore	dargaʃ taχton	דַרגָש תַחתוֹן (ז)
biancheria (f) da letto	maʦa'im	מַצָעִים (ז"ר)
biglietto (m)	kartis	כַּרטִיס (ז)
orario (m)	'luaχ zmanim	לוּחַ זמַנִים (ז)
tabellone (m) orari	'ʃelet meida	שֶלֶט מֵידָע (ז)
partire (vi)	laʦet	לָצֵאת
partenza (f)	yeʦi'a	יְצִיאָה (נ)
arrivare (di un treno)	leha'gi'a	לְהַגִיעַ
arrivo (m)	haga'a	הַגָעָה (נ)
arrivare con il treno	leha'gi'a bera'kevet	לְהַגִיעַ בְּרַכֶּבֶת
salire sul treno	la'alot lera'kevet	לַעֲלוֹת לְרַכֶּבֶת
scendere dal treno	la'redet mehara'kevet	לָרֶדֶת מֵהָרַכֶּבֶת
deragliamento (m)	hitraskut	הִתרַסקוּת (נ)
deragliare (vi)	la'redet mipasei ra'kevet	לָרֶדֶת מִפַּסֵי רַכֶּבֶת
locomotiva (f) a vapore	katar	קַטָר (ז)
fuochista (m)	masik	מַסִיק (ז)
forno (m)	kivʃan	כִּבשָן (ז)
carbone (m)	peχam	פֶּחָם (ז)

143. Nave

Italiano	Pronuncia	Ebraico
nave (f)	sfina	סְפִינָה (נ)
imbarcazione (f)	sfina	סְפִינָה (נ)
piroscafo (m)	oniyat kitor	אוֹנִיַּית קִיטוֹר (נ)
barca (f) fluviale	sfinat nahar	סְפִינַת נָהָר (נ)
transatlantico (m)	oniyat taʿanugot	אוֹנִיַּית תַעֲנוּגוֹת (נ)
incrociatore (m)	sa'yeret	סַיֶּירֶת (נ)
yacht (m)	'yaχta	יַכטָה (נ)
rimorchiatore (m)	go'reret	גוֹרֶרֶת (נ)
chiatta (f)	arba	אַרבָּה (נ)
traghetto (m)	maʿa'boret	מַעֲבּוֹרֶת (נ)
veliero (m)	sfinat mifras	סְפִינַת מִפרָשׂ (נ)
brigantino (m)	briganit	בְּרִיגָנִית (נ)
rompighiaccio (m)	ʃo'veret 'keraχ	שוֹבֶרֶת קֶרַח (נ)
sottomarino (m)	tso'lelet	צוֹלֶלֶת (נ)
barca (f)	sira	סִירָה (נ)
scialuppa (f)	sira	סִירָה (נ)
scialuppa (f) di salvataggio	sirat hatsala	סִירַת הַצָּלָה (נ)
motoscafo (m)	sirat ma'noʿa	סִירַת מָנוֹע (נ)
capitano (m)	rav χovel	רַב־חוֹבֵל (ז)
marittimo (m)	malaχ	מַלָּח (ז)
marinaio (m)	yamai	יַמַּאי (ז)
equipaggio (m)	'tsevet	צֶוֶות (ז)
nostromo (m)	rav malaχim	רַב־מַלָּחִים (ז)
mozzo (m) di nave	'naʿar sipun	נַעַר סִיפּוּן (ז)
cuoco (m)	tabaχ	טַבָּח (ז)
medico (m) di bordo	rofe haʾoniya	רוֹפֵא הָאוֹנִיָּיה (ז)
ponte (m)	sipun	סִיפּוּן (ז)
albero (m)	'toren	תוֹרֶן (ז)
vela (f)	mifras	מִפרָשׂ (ז)
stiva (f)	'beten oniya	בֶּטֶן אוֹנִיָּיה (נ)
prua (f)	χartom	חַרטוֹם (ז)
poppa (f)	yarketei hasfina	יַרכְּתֵי הַסְפִינָה (ז"ר)
remo (m)	maʃot	מָשוֹט (ז)
elica (f)	madχef	מַדחֵף (ז)
cabina (f)	ta	תָא (ז)
quadrato (m) degli ufficiali	moʿadon ktsinim	מוֹעֲדוֹן קְצִינִים (ז)
sala (f) macchine	χadar meχonot	חֲדַר מְכוֹנוֹת (ז)
ponte (m) di comando	'geʃer hapikud	גֶשֶר הַפִּיקוּד (ז)
cabina (f) radiotelegrafica	ta alχutan	תָא אַלחוּטָן (ז)
onda (f)	'teder	תֶדֶר (ז)
giornale (m) di bordo	yoman haʾoniya	יוֹמַן הָאוֹנִיה (ז)
cannocchiale (m)	miʃ'kefet	מִשקֶפֶת (נ)
campana (f)	paʿamon	פַּעֲמוֹן (ז)

bandiera (f)	'degel	דֶגֶל (ז)
cavo (m) (~ d'ormeggio)	avot ha'oniya	עֲבוֹת הָאוֹנִיָּה (נ)
nodo (m)	'keʃer	קֶשֶׁר (ז)
ringhiera (f)	ma'ake hasipun	מַעֲקֶה הַסִיפּוּן (ז)
passerella (f)	'keveʃ	כֶּבֶשׁ (ז)
ancora (f)	'ogen	עוֹגֶן (ז)
levare l'ancora	leharim 'ogen	לְהָרִים עוֹגֶן
gettare l'ancora	la'agon	לַעֲגוֹן
catena (f) dell'ancora	ʃar'ʃeret ha'ogen	שַׁרשֶׁרֶת הָעוֹגֶן (נ)
porto (m)	namal	נָמָל (ז)
banchina (f)	'mezaχ	מֶזַח (ז)
ormeggiarsi (vr)	la'agon	לַעֲגוֹן
salpare (vi)	lehaflig	לְהַפלִיג
viaggio (m)	masa, tiyul	מַסָע (ז), טִיוּל (ז)
crociera (f)	'ʃayit	שַׁיִט (ז)
rotta (f)	kivun	כִּיווּן (ז)
itinerario (m)	nativ	נָתִיב (ז)
tratto (m) navigabile	nativ 'ʃayit	נְתִיב שַׁיִט (ז)
secca (f)	sirton	שִׂרטוֹן (ז)
arenarsi (vr)	la'alot al hasirton	לַעֲלוֹת עַל הַשִׂרטוֹן
tempesta (f)	sufa	סוּפָה (נ)
segnale (m)	ot	אוֹת (ז)
affondare (andare a fondo)	lit'bo'a	לִטבּוֹעַ
Uomo in mare!	adam ba'mayim!	אָדָם בַּמַיִם!
SOS	kri'at hatsala	קרִיאַת הַצָלָה
salvagente (m) anulare	galgal hatsala	גַלגַל הַצָלָה (ז)

144. Aeroporto

aeroporto (m)	nemal te'ufa	נְמַל תְעוּפָה (ז)
aereo (m)	matos	מָטוֹס (ז)
compagnia (f) aerea	χevrat te'ufa	חֶברַת תְעוּפָה (נ)
controllore (m) di volo	bakar tisa	בַּקָר טִיסָה (ז)
partenza (f)	hamra'a	הַמרָאָה (נ)
arrivo (m)	neχita	נְחִיתָה (נ)
arrivare (vi)	leha'gi'a betisa	לְהַגִיעַ בְּטִיסָה
ora (f) di partenza	zman hamra'a	זמַן הַמרָאָה (ז)
ora (f) di arrivo	zman neχita	זמַן נְחִיתָה (ז)
essere ritardato	lehit'akev	לְהִתעַכֵּב
volo (m) ritardato	ikuv hatisa	עִיכּוּב הַטִיסָה (ז)
tabellone (m) orari	'luaχ meida	לוּחַ מֵידָע (ז)
informazione (f)	meida	מֵידָע (ז)
annunciare (vt)	leho'dia	לְהוֹדִיעַ
volo (m)	tisa	טִיסָה (נ)

dogana (f)	'meχes	מֶכֶס (ז)
doganiere (m)	pakid 'meχes	פְּקִיד מֶכֶס (ז)
dichiarazione (f)	hatsharat meχes	הַצהָרַת מֶכֶס (נ)
riempire (~ una dichiarazione)	lemale	לְמַלֵא
riempire una dichiarazione	lemale 'tofes hatshara	לְמַלֵא טוֹפֶס הַצהָרָה
controllo (m) passaporti	bdikat darkonim	בּדִיקַת דַרכּוֹנִים (נ)
bagaglio (m)	kvuda	כּבוּדָה (נ)
bagaglio (m) a mano	kvudat yad	כּבוּדַת יָד (נ)
carrello (m)	eglat kvuda	עֶגלַת כּבוּדָה (נ)
atterraggio (m)	neχita	נְחִיתָה (נ)
pista (f) di atterraggio	maslul neχita	מַסלוּל נְחִיתָה (ז)
atterrare (vi)	linχot	לִנחוֹת
scaletta (f) dell'aereo	'keveʃ	כֶּבֶשׁ (ז)
check-in (m)	tʃek in	צֶ'ק אִין (ז)
banco (m) del check-in	dalpak tʃek in	דַלפָּק צֶ'ק אִין (ז)
fare il check-in	leva'tseʿa tʃek in	לְבַצֵעַ צֶ'ק אִין
carta (f) d'imbarco	kartis aliya lematos	כַּרטִיס עֲלִיָה לְמָטוֹס (ז)
porta (f) d'imbarco	'ʃaʿar yetsiʾa	שַׁעַר יְצִיאָה (ז)
transito (m)	maʿavar	מַעֲבָר (ז)
aspettare (vt)	lehamtin	לְהַמתִין
sala (f) d'attesa	traklin tisa	טרַקלִין טִיסָה (ז)
accompagnare (vt)	lelavot	לְלַווֹת
congedarsi (vr)	lomar lehitraʾot	לוֹמַר לְהִתרָאוֹת

145. Bicicletta. Motocicletta

bicicletta (f)	ofa'nayim	אוֹפַנַיִים (ז"ר)
motorino (m)	kat'noʿa	קַטנוֹעַ (ז)
motocicletta (f)	of'noʿa	אוֹפַנוֹעַ (ז)
andare in bicicletta	lirkov al ofa'nayim	לִרכּוֹב עַל אוֹפַנַיִים
manubrio (m)	kidon	כִּידוֹן (ז)
pedale (m)	davʃa	דַוושָׁה (נ)
freni (m pl)	blamim	בּלָמִים (ז"ר)
sellino (m)	ukaf	אוּכָּף (ז)
pompa (f)	maʃeva	מַשׁאֵבָה (נ)
portabagagli (m)	sabal	סַבָּל (ז)
fanale (m) anteriore	panas kidmi	פָּנָס קִדמִי (ז)
casco (m)	kasda	קַסדָה (נ)
ruota (f)	galgal	גַלגַל (ז)
parafango (m)	kanaf	כָּנָף (נ)
cerchione (m)	χiʃuk	חִישׁוּק (ז)
raggio (m)	χiʃur	חִישׁוּר (ז)

Automobili

146. Tipi di automobile

automobile (f)	meχonit	מְכוֹנִית (נ)
auto (f) sportiva	meχonit sport	מְכוֹנִית ספּוֹרט (נ)
limousine (f)	limu'zina	לִימוּזִינָה (נ)
fuoristrada (m)	'reχev 'ʃetaχ	רֶכֶב שֶׁטַח (ז)
cabriolet (m)	meχonit gag niftaχ	מְכוֹנִית גַג נִפתָח (נ)
pulmino (m)	'minibus	מִינִיבּוּס (ז)
ambulanza (f)	'ambulans	אַמבּוּלַנס (ז)
spazzaneve (m)	maf'leset 'ʃeleg	מְפַלֶסֶת שֶׁלֶג (נ)
camion (m)	masa'it	מַשָׂאִית (נ)
autocisterna (f)	meχalit 'delek	מֵיכָלִית דֶלֶק (נ)
furgone (m)	masa'it kala	מַשָׂאִית קַלָה (נ)
motrice (f)	gorer	גוֹרֵר (ז)
rimorchio (m)	garur	גָרוּר (ז)
confortevole (agg)	'noaχ	נוֹחַ
di seconda mano	meʃumaʃ	מְשוּמָש

147. Automobili. Carrozzeria

cofano (m)	miχse hama'no'a	מִכסֶה הַמָנוֹעַ (ז)
parafango (m)	kanaf	כָּנָף (נ)
tetto (m)	gag	גַג (ז)
parabrezza (m)	ʃimʃa kidmit	שִמשָה קִדמִית (נ)
retrovisore (m)	mar'a aχorit	מַראָה אֲחוֹרִית (נ)
lavacristallo (m)	mataz	מַתָז (ז)
tergicristallo (m)	magev	מַגֵב (ז)
finestrino (m) laterale	ʃimʃat tsad	שִמשַת צַד (נ)
alzacristalli (m)	χalon χaʃmali	חַלוֹן חַשמַלִי (ז)
antenna (f)	an'tena	אַנטֶנָה (נ)
tettuccio (m) apribile	χalon gag	חַלוֹן גַג (ז)
paraurti (m)	pagoʃ	פָּגוֹש (ז)
bagagliaio (m)	ta mit'an	תָא מִטעָן (ז)
portapacchi (m)	gagon	גַגוֹן (ז)
portiera (f)	'delet	דֶלֶת (נ)
maniglia (f)	yadit	יָדִית (נ)
serratura (f)	man'ul	מַנעוּל (ז)
targa (f)	luχit riʃui	לוּחִית רִישוּי (נ)
marmitta (f)	am'am	עַמעָם (ז)

serbatoio (m) della benzina	meiχal 'delek	מֵיכַל דֶלֶק (ז)
tubo (m) di scarico	maflet	מַפלֵט (ז)
acceleratore (m)	gaz	גָז (ז)
pedale (m)	davʃa	דַוושָה (נ)
pedale (m) dell'acceleratore	davʃat gaz	דַוושַת גָז (נ)
freno (m)	'belem	בֶּלֶם (ז)
pedale (m) del freno	davʃat hablamim	דַוושַת הַבּלָמִים (נ)
frenare (vi)	livlom	לִבלוֹם
freno (m) a mano	'belem χaniya	בֶּלֶם חֲנִייָה (ז)
frizione (f)	matsmed	מַצמֵד (ז)
pedale (m) della frizione	davʃat hamatsmed	דַוושַת הַמַצמֵד (נ)
disco (m) della frizione	luχit hamatsmed	לוּחִית הַמַצמֵד (נ)
ammortizzatore (m)	bolem za'a'zu'a	בּוֹלֶם זַעֲזוּעִים (ז)
ruota (f)	galgal	גַלגַל (ז)
ruota (f) di scorta	galgal χilufi	גַלגַל חִילוּפִי (ז)
pneumatico (m)	tsmig	צמִיג (ז)
copriruota (m)	tsa'laχat galgal	צַלַחַת גַלגַל (נ)
ruote (f pl) motrici	galgalim meni'im	גַלגַלִים מְנִיעִים (ז"ר)
a trazione anteriore	shel hana'a kidmit	שֶל הֲנָעָה קִדמִית
a trazione posteriore	shel hana'a aχorit	שֶל הֲנָעָה אֲחוֹרִית
a trazione integrale	shel hana'a male'a	שֶל הֲנָעָה מְלֵאָה
scatola (f) del cambio	teivat hiluχim	תֵיבַת הִילוּכִים (נ)
automatico (agg)	oto'mati	אוֹטוֹמָטִי
meccanico (agg)	me'χani	מֶכָנִי
leva (f) del cambio	yadit hiluχim	יָדִית הִילוּכִים (נ)
faro (m)	panas kidmi	פָּנָס קִדמִי (ז)
luci (f pl), fari (m pl)	panasim	פָּנָסִים (ז"ר)
luci (f pl) anabbaglianti	or namuχ	אוֹר נָמוּך (ז)
luci (f pl) abbaglianti	or ga'voha	אוֹר גָבוֹהַ (ז)
luci (f pl) di arresto	or 'belem	אוֹר בֶּלֶם (ז)
luci (f pl) di posizione	orot χanaya	אוֹרוֹת חֲנָיָה (ז"ר)
luci (f pl) di emergenza	orot χerum	אוֹרוֹת חֵירוּם (ז"ר)
fari (m pl) antinebbia	orot arafel	אוֹרוֹת עֲרָפֶל (ז"ר)
freccia (f)	panas itut	פָּנַס אִיתוּת (ז)
luci (f pl) di retromarcia	orot revers	אוֹרוֹת רֶבֶרס (ז"ר)

148. Automobili. Vano passeggeri

abitacolo (m)	ta hanos'im	תָא הַנוֹסעִים (ז)
di pelle	asui me'or	עָשׂוּי מֵעוֹר
in velluto	ktifati	קטִיפָתִי
rivestimento (m)	ripud	רִיפּוּד (ז)
strumento (m) di bordo	maχven	מַכווָן (ז)
cruscotto (m)	'luaχ maχvenim	לוּחַ מַכווָנִים (ז)

tachimetro (m)	mad mehirut	מַד מְהִירוּת (ז)
lancetta (f)	'maχat	מַחַט (נ)
contachilometri (m)	mad merχak	מַד מֶרְחָק (ז)
indicatore (m)	χaiʃan	חַיישָׁן (ז)
livello (m)	ramat mi'lui	רָמַת מִילוּי (נ)
spia (f) luminosa	nurat azhara	נוּרַת אַזהָרָה (נ)
volante (m)	'hege	הֶגֶה (ז)
clacson (m)	tsofar	צוֹפָר (ז)
pulsante (m)	kaftor	כַּפתוֹר (ז)
interruttore (m)	'meteg	מֶתֶג (ז)
sedile (m)	moʃav	מוֹשָׁב (ז)
spalliera (f)	miʃ'enet	מִשׁעֶנֶת (נ)
appoggiatesta (m)	miʃ'enet roʃ	מִשׁעֶנֶת רֹאשׁ (נ)
cintura (f) di sicurezza	χagorat betiχut	חֲגוֹרַת בְּטִיחוּת (נ)
allacciare la cintura	lehadek χagora	לְהַדֵק חֲגוֹרָה
regolazione (f)	kivnun	כִּיווּנוּן (ז)
airbag (m)	karit avir	כָּרִית אֲווִיר (נ)
condizionatore (m)	mazgan	מַזגָן (ז)
radio (f)	'radyo	רַדיוֹ (ז)
lettore (m) CD	'diskmen	דִיסקמָן (ז)
accendere (vt)	lehadlik	לְהַדלִיק
antenna (f)	an'tena	אַנטֶנָה (נ)
vano (m) portaoggetti	ta kfafot	תָא כְּפָפוֹת (ז)
portacenere (m)	ma'afera	מַאֲפֵרָה (נ)

149. Automobili. Motore

motore (m)	ma'no'a	מָנוֹעַ (ז)
a diesel	shel 'dizel	שֶׁל דִיזֶל
a benzina	'delek	דֶלֶק
cilindrata (f)	'nefaχ ma'no'a	נֶפַח מָנוֹעַ (ז)
potenza (f)	otsma	עוֹצמָה (נ)
cavallo vapore (m)	'koaχ sus	כּוֹחַ סוּס (ז)
pistone (m)	buχna	בּוּכנָה (נ)
cilindro (m)	tsi'linder	צִילִינדֶר (ז)
valvola (f)	ʃastom	שַׁסתוֹם (ז)
iniettore (m)	mazrek	מַזרֵק (ז)
generatore (m)	meχolel	מְחוֹלֵל (ז)
carburatore (m)	me'ayed	מְאַייֵד (ז)
olio (m) motore	'ʃemen mano'im	שֶׁמֶן מָנוֹעִים (ז)
radiatore (m)	matsnen	מַצנֵן (ז)
liquido (m) di raffreddamento	nozel kirur	נוֹזֵל קִירוּר (ז)
ventilatore (m)	me'avrer	מְאַוורֵר (ז)
batteria (m)	matsber	מַצבֵּר (ז)
motorino (m) d'avviamento	mat'ne'a	מַתנֵעַ (ז)

accensione (f)	hatsata	הַצָּתָה (נ)
candela (f) d'accensione	matset	מַצֵּת (ז)
morsetto (m)	'hedek	הֶדֶק (ז)
più (m)	'hedek χiyuvi	הֶדֶק חִיוּבִי (ז)
meno (m)	'hedek ʃlili	הֶדֶק שלִילִי (ז)
fusibile (m)	natiχ	נָתִיך (ז)
filtro (m) dell'aria	masnen avir	מַסנֵן אֲווִיר (ז)
filtro (m) dell'olio	masnen 'ʃemen	מַסנֵן שֶׁמֶן (ז)
filtro (m) del carburante	masnen 'delek	מַסנֵן דֶלֶק (ז)

150. Automobili. Incidente. Riparazione

incidente (m)	te'una	תְאוּנָה (נ)
incidente (m) stradale	te'unat draχim	תְאוּנַת דרָכִים (נ)
sbattere contro ...	lehitnageʃ	לְהִתנַגֵשׁ
avere un incidente	lehima'eχ	לְהִימָעֵך
danno (m)	'nezek	נֶזֶק (ז)
illeso (agg)	ʃalem	שָׁלֵם
guasto (m), avaria (f)	takala	תַקָלָה (נ)
essere rotto	lehitkalkel	לְהִתקַלקֵל
cavo (m) di rimorchio	'χevel grar	חֶבֶל גרָר (ז)
foratura (f)	'teker	תֶקֶר (ז)
essere a terra	lehitpantʃer	לְהִתפַּנצֶ'ר
gonfiare (vt)	lena'peaχ	לְנַפֵּחַ
pressione (f)	'laχats	לַחַץ (ז)
controllare (verificare)	livdok	לִבדוֹק
riparazione (f)	ʃiputs	שִׁיפּוּץ (ז)
officina (f) meccanica	musaχ	מוּסָך (ז)
pezzo (m) di ricambio	'χelek χiluf	חֵלֶק חִילוּף (ז)
pezzo (m)	'χelek	חֵלֶק (ז)
bullone (m)	'boreg	בּוֹרֶג (ז)
bullone (m) a vite	'boreg	בּוֹרֶג (ז)
dado (m)	om	אוֹם (ז)
rondella (f)	diskit	דִיסקִית (נ)
cuscinetto (m)	mesav	מֶסַב (ז)
tubo (m)	tsinorit	צִינוֹרִית (נ)
guarnizione (f)	'etem	אֶטֶם (ז)
filo (m), cavo (m)	χut	חוּט (ז)
cric (m)	dʒek	ג'ק (ז)
chiave (f)	maf'teaχ bragim	מַפתֵחַ בּרָגִים (ז)
martello (m)	patiʃ	פַּטִיש (ז)
pompa (f)	maʃeva	מַשאֵבָה (נ)
giravite (m)	mavreg	מַברֵג (ז)
estintore (m)	mataf	מַטָף (ז)
triangolo (m) di emergenza	meʃulaʃ χirum	מְשוּלָש חִירוּם (ז)

spegnersi (vr)	ledomem	לְדוֹמֵם
spegnimento (m) motore	hadmama	הַדמָמָה (נ)
essere rotto	lihyot ʃavur	לִהיוֹת שָבוּר
surriscaldarsi (vr)	lehitχamem yoter midai	לְהִתחַמֵם יוֹתֵר מִדַי
intasarsi (vr)	lehisatem	לְהִיסָתֵם
ghiacciarsi (di tubi, ecc.)	likpo	לִקפּוֹא
spaccarsi (vr)	lehitpa'ke'a	לְהִתפַּקֵעַ
pressione (f)	'laχats	לַחַץ (ז)
livello (m)	ramat mi'lui	רָמַת מִילוּי (נ)
lento (cinghia ~a)	rafe	רָפֶה
ammaccatura (f)	dfika	דפִיקָה (נ)
battito (m) (nel motore)	'ra'aʃ	רַעַש (ז)
fessura (f)	'sedek	סֶדֶק (ז)
graffiatura (f)	srita	שׂרִיטָה (נ)

151. Automobili. Strada

strada (f)	'dereχ	דֶרֶך (נ)
autostrada (f)	kviʃ mahir	כּבִיש מָהִיר (ז)
superstrada (f)	kviʃ mahir	כּבִיש מָהִיר (ז)
direzione (f)	kivun	כִּיווּן (ז)
distanza (f)	merχak	מֶרחָק (ז)
ponte (m)	'geʃer	גֶשֶר (ז)
parcheggio (m)	χanaya	חֲנָיָה (נ)
piazza (f)	kikar	כִּיכָּר (נ)
svincolo (m)	meχlaf	מֶחלָף (ז)
galleria (f), tunnel (m)	minhara	מִנהָרָה (נ)
distributore (m) di benzina	taχanat 'delek	תַחֲנַת דֶלֶק (נ)
parcheggio (m)	migraʃ χanaya	מִגרַש חֲנָיָה (ז)
pompa (f) di benzina	maʃevat 'delek	מַשאֵבַת דֶלֶק (נ)
officina (f) meccanica	musaχ	מוּסָך (ז)
fare benzina	letadlek	לְתַדלֵק
carburante (m)	'delek	דֶלֶק (ז)
tanica (f)	'ʤerikan	ג'ֶרִיקָן (ז)
asfalto (m)	asfalt	אַספַלט (ז)
segnaletica (f) stradale	simun	סִימוּן (ז)
cordolo (m)	sfat midraχa	שׂפַת מִדרָכָה (נ)
barriera (f) di sicurezza	ma'ake betiχut	מַעֲקֵה בְּטִיחוּת (ז)
fosso (m)	te'ala	תְעָלָה (נ)
ciglio (m) della strada	ʃulei ha'dereχ	שוּלֵי הַדֶרֶך (ז"ר)
lampione (m)	amud te'ura	עַמוּד תְאוּרָה (ז)
guidare (~ un veicolo)	linhog	לִנהוֹג
girare (~ a destra)	lifnot	לִפנוֹת
fare un'inversione a U	leva'tse'a pniyat parsa	לְבַצֵעַ פּנִייַת פַּרסָה
retromarcia (m)	hiluχ aχori	הִילוּך אָחוֹרִי (ז)
suonare il clacson	litspor	לִצפּוֹר
colpo (m) di clacson	tsfira	צפִירָה (נ)

incastrarsi (vr)	lehitaka	לְהִיתָקַע
impantanarsi (vr)	lesovev et hagalgal al rek	לסוֹבֵב אֶת הַגַלגַלִים עַל רֵיק
spegnere (~ il motore)	ledomem	לְדוֹמֵם
velocità (f)	mehirut	מְהִירוּת (נ)
superare i limiti di velocità	linhog bemehirut muf'rezet	לִנהוֹג בִּמְהִירוּת מוּפרֶזֶת
multare (vt)	liknos	לִקנוֹס
semaforo (m)	ramzor	רַמזוֹר (ז)
patente (f) di guida	riʃyon nehiga	רִשיוֹן נְהִיגָה (ז)
passaggio (m) a livello	maʿavar pasei ra'kevet	מַעֲבַר פַּסֵי רַכֶּבֶת (ז)
incrocio (m)	'tsomet	צוֹמֶת (ז)
passaggio (m) pedonale	maʿavar χatsaya	מַעֲבַר חֲצָיָה (ז)
curva (f)	pniya	פּנִייָה (נ)
zona (f) pedonale	midreχov	מִדרְחוֹב (ז)

GENTE. SITUAZIONI QUOTIDIANE

Situazioni quotidiane

152. Vacanze. Evento

festa (f)	χagiga	חֲגִיגָה (נ)
festa (f) nazionale	χag le'umi	חַג לְאוּמִי (ז)
festività (f) civile	yom χag	יוֹם חַג (ז)
festeggiare (vt)	laχgog	לָחגוֹג
avvenimento (m)	hitraχaʃut	הִתרַחֲשׁוּת (נ)
evento (m) (organizzare un ~)	ei'ru'a	אֵירוּעַ (ז)
banchetto (m)	se'uda χagigit	סְעוּדָה חֲגִיגִית (נ)
ricevimento (m)	ei'ruaχ	אֵירוּחַ (ז)
festino (m)	miʃte	מִשׁתֶּה (ז)
anniversario (m)	yom haʃana	יוֹם הַשָּׁנָה (ז)
giubileo (m)	χag hayovel	חַג הַיוֹבֵל (ז)
festeggiare (vt)	laχgog	לָחגוֹג
Capodanno (m)	ʃana χadaʃa	שָׁנָה חֲדָשָׁה (נ)
Buon Anno!	ʃana tova!	שָׁנָה טוֹבָה!
Babbo Natale (m)	'santa 'kla'us	סַנטָה קלָאוּס
Natale (m)	χag hamolad	חַג הַמוֹלָד (ז)
Buon Natale!	χag hamolad sa'meaχ!	חַג הַמוֹלָד שָׂמֵחַ!
Albero (m) di Natale	eʦ χag hamolad	עֵץ חַג הַמוֹלָד (ז)
fuochi (m pl) artificiali	zikukim	זִיקוּקִים (ז"ר)
nozze (f pl)	χatuna	חֲתוּנָה (נ)
sposo (m)	χatan	חָתָן (ז)
sposa (f)	kala	כַּלָה (נ)
invitare (vt)	lehazmin	לְהַזמִין
invito (m)	hazmana	הַזמָנָה (נ)
ospite (m)	o'reaχ	אוֹרֵחַ (ז)
andare a trovare	levaker	לְבַקֵר
accogliere gli invitati	lekabel orχim	לְקַבֵּל אוֹרחִים
regalo (m)	matana	מַתָנָה (נ)
offrire (~ un regalo)	latet matana	לָתֵת מַתָנָה
ricevere i regali	lekabel matanot	לְקַבֵּל מַתָנוֹת
mazzo (m) di fiori	zer	זֵר (ז)
auguri (m pl)	braχa	בְּרָכָה (נ)
augurare (vt)	levareχ	לְבָרֵך
cartolina (f)	kartis braχa	כַּרטִיס בְּרָכָה (ז)

mandare una cartolina	liʃloaχ gluya	לִשלוֹחַ גלוּיָה
ricevere una cartolina	lekabel gluya	לְקַבֵּל גלוּיָה
brindisi (m)	leharim kosit	לְהָרִים כּוֹסִית
offrire (~ qualcosa da bere)	leχabed	לְכַבֵּד
champagne (m)	ʃam'panya	שַמפַּנִיָה (נ)
divertirsi (vr)	lehanot	לֵיהָנוֹת
allegria (f)	aliʦut	עַלִיצוּת (נ)
gioia (f)	simχa	שִׂמחָה (נ)
danza (f), ballo (m)	rikud	רִיקוּד (ז)
ballare (vi, vt)	lirkod	לִרקוֹד
valzer (m)	vals	וַלס (ז)
tango (m)	'tango	טַנגוֹ (ז)

153. Funerali. Sepoltura

cimitero (m)	beit kvarot	בֵּית קְבָרוֹת (ז)
tomba (f)	'kever	קֶבֶר (ז)
croce (f)	ʦlav	צלָב (ז)
pietra (f) tombale	maʦeva	מַצֵבָה (נ)
recinto (m)	gader	גָדֵר (נ)
cappella (f)	beit tfila	בֵּית תפִילָה (ז)
morte (f)	'mavet	מָוֶות (ז)
morire (vi)	lamut	לָמוּת
defunto (m)	niftar	נִפטָר (ז)
lutto (m)	'evel	אֵבֶל (ז)
seppellire (vt)	likbor	לִקבּוֹר
sede (f) di pompe funebri	beit levayot	בֵּית לְווָיוֹת (ז)
funerale (m)	levaya	לְווָיָה (נ)
corona (f) di fiori	zer	זֵר (ז)
bara (f)	aron metim	אָרוֹן מֵתִים (ז)
carro (m) funebre	kron hamet	קרוֹן הַמֵת (ז)
lenzuolo (m) funebre	taχriχim	תַכרִיכִים (ז"ר)
corteo (m) funebre	tahaluχat 'evel	תַהֲלוּכַת אֵבֶל (נ)
urna (f) funeraria	kad 'efer	כַּד אֵפֶר (ז)
crematorio (m)	misrafa	מִשׂרָפָה (נ)
necrologio (m)	moda'at 'evel	מוֹדָעַת אֵבֶל (נ)
piangere (vi)	livkot	לִבכּוֹת
singhiozzare (vi)	lehitya'peaχ	לְהִתייַפֵּחַ

154. Guerra. Soldati

plotone (m)	maχlaka	מַחלָקָה (נ)
compagnia (f)	pluga	פלוּגָה (נ)

reggimento (m)	χativa	חֲטִיבָה (נ)
esercito (m)	tsava	צָבָא (ז)
divisione (f)	ugda	אוּגדָה (נ)
distaccamento (m)	kita	כִּיתָה (נ)
armata (f)	'χayil	חַיִל (ז)
soldato (m)	χayal	חַייָל (ז)
ufficiale (m)	katsin	קָצִין (ז)
soldato (m) semplice	turai	טוּרָאי (ז)
sergente (m)	samal	סַמָל (ז)
tenente (m)	'segen	סֶגֶן (ז)
capitano (m)	'seren	סֶרֶן (ז)
maggiore (m)	rav 'seren	רַב־סֶרֶן (ז)
colonnello (m)	aluf miʃne	אַלוּף מִשנֶה (ז)
generale (m)	aluf	אַלוּף (ז)
marinaio (m)	yamai	יַמַאי (ז)
capitano (m)	rav χovel	רַב־חוֹבֵל (ז)
nostromo (m)	rav malaχim	רַב־מַלָחִים (ז)
artigliere (m)	totχan	תוֹתחָן (ז)
paracadutista (m)	tsanχan	צַנחָן (ז)
pilota (m)	tayas	טַייָס (ז)
navigatore (m)	navat	נַווָט (ז)
meccanico (m)	meχonai	מְכוֹנַאי (ז)
geniere (m)	χablan	חַבלָן (ז)
paracadutista (m)	tsanχan	צַנחָן (ז)
esploratore (m)	iʃ modi'in kravi	אִיש מוֹדִיעִין קרָבִי (ז)
cecchino (m)	tsalaf	צַלָף (ז)
pattuglia (f)	siyur	סִיוּר (ז)
pattugliare (vt)	lefatrel	לְפַטרֵל
sentinella (f)	zakif	זָקִיף (ז)
guerriero (m)	loχem	לוֹחֵם (ז)
patriota (m)	patriyot	פַּטרִיוֹט (ז)
eroe (m)	gibor	גִיבּוֹר (ז)
eroina (f)	gibora	גִיבּוֹרָה (נ)
traditore (m)	boged	בּוֹגֵד (ז)
tradire (vt)	livgod	לִבגוֹד
disertore (m)	arik	עָרִיק (ז)
disertare (vi)	la'arok	לַעֲרוֹק
mercenario (m)	sχir 'χerev	שׂכִיר חֶרֶב (ז)
recluta (f)	tiron	טִירוֹן (ז)
volontario (m)	mitnadev	מִתנַדֵב (ז)
ucciso (m)	harug	הָרוּג (ז)
ferito (m)	pa'tsu'a	פָּצוּעַ (ז)
prigioniero (m) di guerra	ʃavui	שָבוּי (ז)

155. Guerra. Azioni militari. Parte 1

guerra (f)	milχama	מִלחָמָה (נ)
essere in guerra	lehilaχem	לְהִילָחֵם
guerra (f) civile	mil'χemet ezraχim	מִלחֶמֶת אֶזרָחִים (נ)
perfidamente	bogdani	בּוֹגדָנִי
dichiarazione (f) di guerra	haχrazat milχama	הַכרָזַת מִלחָמָה (נ)
dichiarare (~ guerra)	lehaχriz	לְהַכרִיז
aggressione (f)	tokfanut	תוֹקפָנוּת (נ)
attaccare (vt)	litkof	לִתקוֹף
invadere (vt)	liχboʃ	לִכבּוֹש
invasore (m)	koveʃ	כּוֹבֵש (ז)
conquistatore (m)	koveʃ	כּוֹבֵש (ז)
difesa (f)	hagana	הֲגָנָה (נ)
difendere (~ un paese)	lehagen al	לְהָגֵן עַל
difendersi (vr)	lehitgonen	לְהִתגוֹנֵן
nemico (m)	oyev	אוֹיֵב (ז)
avversario (m)	yariv	יָרִיב (ז)
ostile (agg)	ʃel oyev	שֶל אוֹיֵב
strategia (f)	astra'tegya	אַסטרָטֶגיָה (נ)
tattica (f)	'taktika	טַקטִיקָה (נ)
ordine (m)	pkuda	פּקוּדָה (נ)
comando (m)	pkuda	פּקוּדָה (נ)
ordinare (vt)	lifkod	לִפקוֹד
missione (f)	mesima	מְשִׂימָה (נ)
segreto (agg)	sodi	סוֹדִי
battaglia (f)	ma'araχa	מַעֲרָכָה (נ)
combattimento (m)	krav	קרָב (ז)
attacco (m)	hatkafa	הַתקָפָה (נ)
assalto (m)	hista'arut	הִסתָעֲרוּת (נ)
assalire (vt)	lehista'er	לְהִסתַעֵר
assedio (m)	matsor	מָצוֹר (ז)
offensiva (f)	mitkafa	מִתקָפָה (נ)
passare all'offensiva	latset lemitkafa	לָצֵאת לְמִתקָפָה
ritirata (f)	nesiga	נְסִיגָה (נ)
ritirarsi (vr)	la'seget	לָסֶגֶת
accerchiamento (m)	kitur	כִּיתוּר (ז)
accerchiare (vt)	leχater	לְכַתֵר
bombardamento (m)	haftsatsa	הַפצָצָה (נ)
lanciare una bomba	lehatil ptsatsa	לְהָטִיל פּצָצָה
bombardare (vt)	lehaftsits	לְהַפצִיץ
esplosione (f)	pitsuts	פִּיצוּץ (ז)
sparo (m)	yeriya	יְרִייָה (נ)

sparare un colpo	lirot	לִירוֹת
sparatoria (f)	'yeri	יֶרִי (ז)
puntare su …	leχaven 'neʃek	לְכַוֵון נֶשֶק
puntare (~ una pistola)	leχaven	לְכַוֵון
colpire (~ il bersaglio)	lik'lo'a	לִקלוֹעַ
affondare (mandare a fondo)	lehat'bi'a	לְהַטבִּיעַ
falla (f)	pirtsa	פִּרצָה (נ)
affondare (andare a fondo)	lit'bo'a	לִטבּוֹעַ
fronte (m) (~ di guerra)	χazit	חֲזִית (נ)
evacuazione (f)	pinui	פִּינוּי (ז)
evacuare (vt)	lefanot	לְפַנוֹת
trincea (f)	te'ala	תְּעָלָה (נ)
filo (m) spinato	'tayil dokrani	תַיִל דוֹקרָנִי (ז)
sbarramento (m)	maχsom	מַחסוֹם (ז)
torretta (f) di osservazione	migdal ʃmira	מִגדָל שמִירָה (ז)
ospedale (m) militare	beit χolim tsva'i	בֵּית חוֹלִים צבָאִי (ז)
ferire (vt)	lif'tso'a	לִפצוֹעַ
ferita (f)	'petsa	פֶּצַע (ז)
ferito (m)	pa'tsu'a	פָּצוּעַ (ז)
rimanere ferito	lehipatsa	לְהִיפָּצַע
grave (ferita ~)	kaʃe	קָשֶה

156. Armi

armi (f pl)	'neʃek	נֶשֶק (ז)
arma (f) da fuoco	'neʃek χam	נֶשֶק חַם (ז)
arma (f) bianca	'neʃek kar	נֶשֶק קַר (ז)
armi (f pl) chimiche	'neʃek 'χimi	נֶשֶק כִּימִי (ז)
nucleare (agg)	gar'ini	גַרעִינִי
armi (f pl) nucleari	'neʃek gar'ini	נֶשֶק גַרעִינִי (ז)
bomba (f)	ptsatsa	פּצָצָה (נ)
bomba (f) atomica	ptsatsa a'tomit	פּצָצָה אָטוֹמִית (נ)
pistola (f)	ekdaχ	אֶקדָח (ז)
fucile (m)	rove	רוֹבֶה (ז)
mitra (m)	tat mak'le'a	תַת־מַקלֵעַ (ז)
mitragliatrice (f)	mak'le'a	מַקלֵעַ (ז)
bocca (f)	kane	קָנֶה (ז)
canna (f)	kane	קָנֶה (ז)
calibro (m)	ka'liber	קָלִיבֶּר (ז)
grilletto (m)	'hedek	הֶדֶק (ז)
mirino (m)	ka'venet	כַּוֶונֶת (נ)
caricatore (m)	maχsanit	מַחסָנִית (נ)
calcio (m)	kat	קַת (נ)
bomba (f) a mano	rimon	רִימוֹן (ז)

esplosivo (m)	'χomer 'nefets	חוֹמֶר נֶפֶץ (ז)
pallottola (f)	ka'li'a	קָלִיעַ (ז)
cartuccia (f)	kadur	כַּדוּר (ז)
carica (f)	te'ina	טְעִינָה (נ)
munizioni (f pl)	taχ'moʃet	תַחמוֹשֶת (נ)
bombardiere (m)	maftsits	מַפצִיץ (ז)
aereo (m) da caccia	metos krav	מְטוֹס קְרָב (ז)
elicottero (m)	masok	מַסוֹק (ז)
cannone (m) antiaereo	totaχ 'neged metosim	תוֹתָח נֶגֶד מְטוֹסִים (ז)
carro (m) armato	tank	טַנק (ז)
cannone (m)	totaχ	תוֹתָח (ז)
artiglieria (f)	arti'lerya	אַרטִילֶרִיָה (נ)
cannone (m)	totaχ	תוֹתָח (ז)
mirare a …	leχaven	לְכַווֵן
proiettile (m)	pagaz	פָּגָז (ז)
granata (f) da mortaio	ptsatsat margema	פְּצָצַת מַרגֵמָה (נ)
mortaio (m)	margema	מַרגֵמָה (נ)
scheggia (f)	resis	רְסִיס (ז)
sottomarino (m)	tso'lelet	צוֹלֶלֶת (נ)
siluro (m)	tor'pedo	טוֹרפֶּדוֹ (ז)
missile (m)	til	טִיל (ז)
caricare (~ una pistola)	lit'on	לִטעוֹן
sparare (vi)	lirot	לִירוֹת
puntare su …	leχaven	לְכַווֵן
baionetta (f)	kidon	כִּידוֹן (ז)
spada (f)	'χerev	חֶרֶב (נ)
sciabola (f)	'χerev paraʃim	חֶרֶב פָּרָשִים (ז)
lancia (f)	χanit	חֲנִית (נ)
arco (m)	'keʃet	קֶשֶת (נ)
freccia (f)	χets	חֵץ (ז)
moschetto (m)	musket	מוּסקֶט (ז)
balestra (f)	'keʃet metsu'levet	קֶשֶת מְצוּלֶבֶת (נ)

157. Gli antichi

primitivo (agg)	kadmon	קדמוֹן
preistorico (agg)	prehis'tori	פּרֶהִיסטוֹרִי
antico (agg)	atik	עַתִיק
Età (f) della pietra	idan ha''even	עִידָן הָאֶבֶן (ז)
Età (f) del bronzo	idan ha'arad	עִידָן הָאָרָד (ז)
epoca (f) glaciale	idan ha'keraχ	עִידָן הַקֶרַח (ז)
tribù (f)	'ʃevet	שֵבֶט (ז)
cannibale (m)	oχel adam	אוֹכֵל אָדָם (ז)
cacciatore (m)	tsayad	צַיָיד (ז)
cacciare (vt)	latsud	לָצוּד

mammut (m)	ma'muta	מָמוּטָה (נ)
caverna (f), grotta (f)	meʿara	מְעָרָה (נ)
fuoco (m)	eʃ	אֵשׁ (נ)
falò (m)	medura	מְדוּרָה (נ)
pittura (f) rupestre	pet'roglif	פֶּטרוֹגלִיף (ז)
strumento (m) di lavoro	kli	כְּלִי (ז)
lancia (f)	χanit	חֲנִית (נ)
ascia (f) di pietra	garzen ha'even	גַרזֶן הָאֶבֶן (ז)
essere in guerra	lehilaχem	לְהִילָחֵם
addomesticare (vt)	levayet	לְבַיֵית
idolo (m)	'pesel	פֶּסֶל (ז)
idolatrare (vt)	laʿavod et	לַעֲבוֹד אֶת
superstizione (f)	emuna tfela	אֱמוּנָה תפֵלָה (נ)
rito (m)	'tekes	טֶקֶס (ז)
evoluzione (f)	evo'lutsya	אֶבוֹלוּצִיָה (נ)
sviluppo (m)	hitpatχut	הִתפַּתחוּת (נ)
estinzione (f)	heʿalmut	הֵיעָלמוּת (נ)
adattarsi (vr)	lehistagel	לְהִסתַגֵל
archeologia (f)	arχeʾo'logya	אַרכֵיאוֹלוֹגיָה (נ)
archeologo (m)	arχeʾolog	אַרכֵיאוֹלוֹג (ז)
archeologico (agg)	arχeʾo'logi	אַרכֵיאוֹלוֹגִי
sito (m) archeologico	atar χafirot	אֲתַר חֲפִירוֹת (ז)
scavi (m pl)	χafirot	חֲפִירוֹת (נ"ר)
reperto (m)	mimtsa	מִמצָא (ז)
frammento (m)	resis	רְסִיס (ז)

158. Il Medio Evo

popolo (m)	am	עַם (ז)
popoli (m pl)	amim	עַמִים (ז"ר)
tribù (f)	'ʃevet	שֵׁבֶט (ז)
tribù (f pl)	ʃvatim	שבָטִים (ז"ר)
barbari (m pl)	bar'barim	בַּרבָּרִים (ז"ר)
galli (m pl)	'galim	גָאלִים (ז"ר)
goti (m pl)	'gotim	גוֹתִים (ז"ר)
slavi (m pl)	'slavim	סלָאבִים (ז"ר)
vichinghi (m pl)	'vikingim	וִיקִינגִים (ז"ר)
romani (m pl)	romaʾim	רוֹמָאִים (ז"ר)
romano (agg)	'romi	רוֹמִי
bizantini (m pl)	bi'zantim	בִּיזַנטִים (ז"ר)
Bisanzio (m)	bizantion, bizants	בִּיזַנטִיוֹן, בִּיזַנץ (נ)
bizantino (agg)	bi'zanti	בִּיזַנטִי
imperatore (m)	keisar	קֵיסָר (ז)
capo (m)	manhig	מַנהִיג (ז)
potente (un re ~)	rav 'koaχ	רַב־כּוֹחַ

re (m)	'meleχ	מֶלֶך (ז)
governante (m) (sovrano)	ʃalit	שַלִיט (ז)
cavaliere (m)	abir	אַבִּיר (ז)
feudatario (m)	fe'odal	פֵיאוֹדָל (ז)
feudale (agg)	fe'o'dali	פֵיאוֹדָלִי
vassallo (m)	vasal	וַסָל (ז)
duca (m)	dukas	דוּכָּס (ז)
conte (m)	rozen	רוֹזֵן (ז)
barone (m)	baron	בָּרוֹן (ז)
vescovo (m)	'biʃof	בִּישוֹף (ז)
armatura (f)	ʃiryon	שִריוֹן (ז)
scudo (m)	magen	מָגֵן (ז)
spada (f)	'χerev	חֶרֶב (נ)
visiera (f)	magen panim	מָגֵן פָּנִים (ז)
cotta (f) di maglia	ʃiryon kaskasim	שִריוֹן קַשׂקַשִׂים (ז)
crociata (f)	masa tslav	מַסָע צלָב (ז)
crociato (m)	tsalban	צַלבָּן (ז)
territorio (m)	'ʃetaχ	שֶטַח (ז)
attaccare (vt)	litkof	לִתקוֹף
conquistare (vt)	liχboʃ	לִכבּוֹש
occupare (invadere)	lehiʃtalet	לְהִשתַלֵט
assedio (m)	matsor	מָצוֹר (ז)
assediato (agg)	natsur	נָצוּר
assediare (vt)	latsur	לָצוּר
inquisizione (f)	inkvi'zitsya	אִינקוִויזִיצִיָה (נ)
inquisitore (m)	inkvi'zitor	אִינקוִויזִיטוֹר (ז)
tortura (f)	inui	עִינוּי (ז)
crudele (agg)	aχzari	אַכזָרִי
eretico (m)	kofer	כּוֹפֵר (ז)
eresia (f)	kfira	כּפִירָה (נ)
navigazione (f)	haflaga bayam	הַפלָגָה בַּיָם (נ)
pirata (m)	ʃoded yam	שוֹדֵד יָם (ז)
pirateria (f)	pi'ratiyut	פִּירָטִיוּת (נ)
arrembaggio (m)	la'alot al	לַעֲלוֹת עַל
bottino (m)	ʃalal	שָלָל (ז)
tesori (m)	otsarot	אוֹצָרוֹת (ז"ר)
scoperta (f)	taglit	תַגלִית (נ)
scoprire (~ nuove terre)	legalot	לְגַלוֹת
spedizione (f)	miʃlaχat	מִשלַחַת (נ)
moschettiere (m)	musketer	מוּסקֶטָר (ז)
cardinale (m)	χaʃman	חַשמָן (ז)
araldica (f)	he'raldika	הֶרַלדִיקָה (נ)
araldico (agg)	he'raldi	הֶרַלדִי

159. Leader. Capo. Le autorità

re (m)	'meleχ	מֶלֶך (ז)
regina (f)	malka	מַלכָּה (נ)
reale (agg)	malχuti	מַלכוּתִי
regno (m)	mamlaχa	מַמלָכָה (נ)
principe (m)	nasiχ	נָסִיך (ז)
principessa (f)	nesiχa	נְסִיכָה (נ)
presidente (m)	nasi	נָשִׂיא (ז)
vicepresidente (m)	sgan nasi	סגַן נָשִׂיא (ז)
senatore (m)	se'nator	סֶנָאטוֹר (ז)
monarca (m)	'meleχ	מֶלֶך (ז)
governante (m) (sovrano)	ʃalit	שַׁלִיט (ז)
dittatore (m)	rodan	רוֹדָן (ז)
tiranno (m)	aruʦ	עָרוּץ (ז)
magnate (m)	eil hon	אֵיל הוֹן (ז)
direttore (m)	menahel	מְנַהֵל (ז)
capo (m)	menahel, roʃ	מְנַהֵל (ז), רֹאש (ז)
dirigente (m)	menahel	מְנַהֵל (ז)
capo (m)	bos	בּוֹס (ז)
proprietario (m)	'ba'al	בַּעַל (ז)
leader (m)	manhig	מַנהִיג (ז)
capo (m) (~ delegazione)	roʃ	רֹאש (ז)
autorità (f pl)	ʃiltonot	שִלטוֹנוֹת (ז"ר)
superiori (m pl)	memunim	מְמוּנִים (ז"ר)
governatore (m)	moʃel	מוֹשֵל (ז)
console (m)	'konsul	קוֹנסוּל (ז)
diplomatico (m)	diplomat	דִיפלוֹמָט (ז)
sindaco (m)	roʃ ha'ir	רֹאש הָעִיר (ז)
sceriffo (m)	ʃerif	שֶרִיף (ז)
imperatore (m)	keisar	קֵיסָר (ז)
zar (m)	ʦar	צָאר (ז)
faraone (m)	par'o	פַּרעֹה (ז)
khan (m)	χan	חָאן (ז)

160. Infrangere la legge. Criminali. Parte 1

bandito (m)	ʃoded	שוֹדֵד (ז)
delitto (m)	'peʃa	פֶּשַע (ז)
criminale (m)	po'ʃe'a	פּוֹשֵעַ (ז)
ladro (m)	ganav	גַנָב (ז)
rubare (vi, vt)	lignov	לִגנוֹב
furto (m), ruberia (f)	gneva	גנֵיבָה (נ)
ruberia (f)	gneva	גנֵיבָה (נ)
rapire (vt)	laχatof	לַחֲטוֹף

rapimento (m)	χatifa	חֲטִיפָה (נ)
rapitore (m)	χotef	חוֹטֵף (ז)
riscatto (m)	'kofer	כּוֹפֶר (ז)
chiedere il riscatto	lidroʃ 'kofer	לִדרוֹשׁ כּוֹפֶר
rapinare (vt)	liʃdod	לִשדוֹד
rapina (f)	ʃod	שוֹד (ז)
rapinatore (m)	ʃoded	שוֹדֵד (ז)
estorcere (vt)	lisχot	לִסחוֹט
estorsore (m)	saχtan	סַחטָן (ז)
estorsione (f)	saχtanut	סַחטָנוּת (נ)
uccidere (vt)	lir'tsoaχ	לִרצוֹחַ
assassinio (m)	'retsaχ	רֶצַח (ז)
assassino (m)	ro'tseaχ	רוֹצֵחַ (ז)
sparo (m)	yeriya	יְרִייָה (נ)
tirare un colpo	lirot	לִירוֹת
abbattere (con armi da fuoco)	lirot la'mavet	לִירוֹת לַמָוֶות
sparare (vi)	lirot	לִירוֹת
sparatoria (f)	'yeri	יֶרִי (ז)
incidente (m) (rissa, ecc.)	takrit	תַקרִית (נ)
rissa (f)	ktata	קטָטָה (נ)
Aiuto!	ha'tsilu!	הַצִילוּ!
vittima (f)	nifga	נִפגָע (ז)
danneggiare (vt)	lekalkel	לְקַלקֵל
danno (m)	'nezek	נֶזֶק (ז)
cadavere (m)	gufa	גוּפָה (נ)
grave (reato ~)	χamur	חָמוּר
aggredire (vt)	litkof	לִתקוֹף
picchiare (vt)	lehakot	לְהַכּוֹת
malmenare (picchiare)	lehakot	לְהַכּוֹת
sottrarre (vt)	la'kaχat be'koaχ	לָקַחַת בְּכוֹחַ
accoltellare a morte	lidkor le'mavet	לִדקוֹר לְמָוֶות
mutilare (vt)	lehatil mum	לְהָטִיל מוּם
ferire (vt)	lif'tso'a	לִפצוֹעַ
ricatto (m)	saχtanut	סַחטָנוּת (נ)
ricattare (vt)	lisχot	לִסחוֹט
ricattatore (m)	saχtan	סַחטָן (ז)
estorsione (f)	dmei χasut	דמֵי חָסוּת (ז"ר)
estortore (m)	gove χasut	גוֹבֵה חָסוּת (ז)
gangster (m)	'gangster	גַנגסטֶר (ז)
mafia (f)	'mafya	מַאפִיָה (נ)
borseggiatore (m)	kayas	כַּייָס (ז)
scassinatore (m)	porets	פּוֹרֵץ (ז)
contrabbando (m)	havraχa	הַברָחָה (נ)
contrabbandiere (m)	mav'riaχ	מַברִיחַ (ז)
falsificazione (f)	ziyuf	זִיוּף (ז)

falsificare (vt)	lezayef	לְזַייֵף
falso, falsificato (agg)	mezuyaf	מְזוּיָף

161. Infrangere la legge. Criminali. Parte 2

stupro (m)	'ones	אוֹנֶס (ז)
stuprare (vt)	le'enos	לֶאֱנוֹס
stupratore (m)	anas	אַנָס (ז)
maniaco (m)	'manyak	מַנִיָאק (ז)
prostituta (f)	zona	זוֹנָה (נ)
prostituzione (f)	znut	זנוּת (נ)
magnaccia (m)	sarsur	סַרסוּר (ז)
drogato (m)	narkoman	נַרקוֹמָן (ז)
trafficante (m) di droga	soχer samim	סוֹחֵר סַמִים (ז)
far esplodere	lefotsets	לְפוֹצֵץ
esplosione (f)	pitsuts	פִּיצוּץ (ז)
incendiare (vt)	lehatsit	לְהַצִית
incendiario (m)	matsit	מַצִית (ז)
terrorismo (m)	terorizm	טֶרוֹרִיזם (ז)
terrorista (m)	meχabel	מְחַבֵּל (ז)
ostaggio (m)	ben aruba	בֶּן עֲרוּבָּה (ז)
imbrogliare (vt)	lehonot	לְהוֹנוֹת
imbroglio (m)	hona'a	הוֹנָאָה (נ)
imbroglione (m)	ramai	רַמַאי (ז)
corrompere (vt)	leʃaχed	לְשַחֵד
corruzione (f)	'ʃoχad	שוֹחַד (ז)
bustarella (f)	'ʃoχad	שוֹחַד (ז)
veleno (m)	'ra'al	רַעַל (ז)
avvelenare (vt)	lehar'il	לְהַרעִיל
avvelenarsi (vr)	lehar'il et atsmo	לְהַרעִיל אֶת עַצמוֹ
suicidio (m)	hit'abdut	הִתאַבְּדוּת (נ)
suicida (m)	mit'abed	מִתאַבֵּד (ז)
minacciare (vt)	le'ayem	לְאַייֵם
minaccia (f)	iyum	אִיוּם (ז)
attentare (vi)	lehitnakeʃ	לְהִתנַקֵש
attentato (m)	nisayon hitnakʃut	נִיסָיוֹן הִתנַקשוּת (ז)
rubare (~ una macchina)	lignov	לִגנוֹב
dirottare (~ un aereo)	laχatof matos	לַחֲטוֹף מָטוֹס
vendetta (f)	nekama	נְקָמָה (נ)
vendicare (vt)	linkom	לִנקוֹם
torturare (vt)	la'anot	לְעַנוֹת
tortura (f)	inui	עִינוּי (ז)

maltrattare (vt)	leyaser	לְייַסֵר
pirata (m)	ʃoded yam	שוֹדֵד יָם (ז)
teppista (m)	χuligan	חוּלִיגָאן (ז)
armato (agg)	mezuyan	מְזוּיָן
violenza (f)	alimut	אַלִימוּת (נ)
illegale (agg)	'bilti le'gali	בִּלתִי לֶגָלִי
spionaggio (m)	rigul	רִיגוּל (ז)
spiare (vi)	leragel	לְרַגֵל

162. Polizia. Legge. Parte 1

giustizia (f)	'tsedek	צֶדֶק (ז)
tribunale (m)	beit miʃpat	בֵּית מִשפָּט (ז)
giudice (m)	ʃofet	שוֹפֵט (ז)
giurati (m)	muʃba'im	מוּשבָּעִים (ז"ר)
processo (m) con giuria	χaver muʃba'im	חָבֶר מוּשבָּעִים (ז)
giudicare (vt)	liʃpot	לִשפּוֹט
avvocato (m)	oreχ din	עוֹרֵך דִין (ז)
imputato (m)	omed lemiʃpat	עוֹמֵד לְמִשפָּט (ז)
banco (m) degli imputati	safsal ne'eʃamim	סַפסַל נֶאֱשָמִים (ז)
accusa (f)	ha'aʃama	הַאֲשָמָה (נ)
accusato (m)	ne'eʃam	נֶאֱשָם (ז)
condanna (f)	gzar din	גזַר דִין (ז)
condannare (vt)	lifsok	לִפסוֹק
colpevole (m)	aʃem	אָשֵם (ז)
punire (vt)	leha'aniʃ	לְהַעֲנִיש
punizione (f)	'oneʃ	עוֹנֶש (ז)
multa (f), ammenda (f)	knas	קנָס (ז)
ergastolo (m)	ma'asar olam	מַאֲסַר עוֹלָם (ז)
pena (f) di morte	'oneʃ 'mavet	עוֹנֶש מָוֶות (ז)
sedia (f) elettrica	kise χaʃmali	כִּיסֵא חַשמַלִי (ז)
impiccagione (f)	gardom	גַרדוֹם (ז)
giustiziare (vt)	lehotsi la'horeg	לְהוֹצִיא לַהוֹרֵג
esecuzione (f)	hatsa'a le'horeg	הוֹצָאָה לְהוֹרֵג (ז)
prigione (f)	beit 'sohar	בֵּית סוֹהַר (ז)
cella (f)	ta	תָא (ז)
scorta (f)	miʃmar livui	מִשמָר לִיווּי (ז)
guardia (f) carceraria	soher	סוֹהֵר (ז)
prigioniero (m)	asir	אָסִיר (ז)
manette (f pl)	azikim	אֲזִיקִים (ז"ר)
mettere le manette	liχbol be'azikim	לִכבּוֹל בַּאֲזִיקִים
fuga (f)	briχa	בּרִיחָה (נ)
fuggire (vi)	liv'roaχ	לִברוֹחַ

scomparire (vi)	lehe'alem	לְהֵיעָלֵם
liberare (vt)	leʃaχrer	לְשַחרֵר
amnistia (f)	χanina	חֲנִינָה (נ)
polizia (f)	miʃtara	מִשטָרָה (נ)
poliziotto (m)	ʃoter	שוֹטֵר (ז)
commissariato (m)	taχanat miʃtara	תַחֲנַת מִשטָרָה (נ)
manganello (m)	ala	אַלָה (נ)
altoparlante (m)	megafon	מֶגָפוֹן (ז)
macchina (f) di pattuglia	na'yedet	נַייֶדֶת (נ)
sirena (f)	tsofar	צוֹפָר (ז)
mettere la sirena	lehaf'il tsofar	לְהַפעִיל צוֹפָר
suono (m) della sirena	tsfira	צפִירָה (נ)
luogo (m) del crimine	zirat 'peʃa	זִירַת פֶּשַע (נ)
testimone (m)	ed	עֵד (ז)
libertà (f)	'χofeʃ	חוֹפֶש (ז)
complice (m)	ʃutaf	שוּתָף (ז)
fuggire (vi)	lehiχave	לְהִיחָבֵא
traccia (f)	akev	עָקֵב (ז)

163. Polizia. Legge. Parte 2

ricerca (f) (~ di un criminale)	χipus	חִיפּוּש (ז)
cercare (vt)	leχapes	לְחַפֵּש
sospetto (m)	χaʃad	חָשָד (ז)
sospetto (agg)	χaʃud	חָשוּד
fermare (vt)	la'atsor	לַעֲצוֹר
arrestare (qn)	la'atsor	לַעֲצוֹר
causa (f)	tik	תִיק (ז)
inchiesta (f)	χakira	חֲקִירָה (נ)
detective (m)	balaʃ	בַּלָש (ז)
investigatore (m)	χoker	חוֹקֵר (ז)
versione (f)	haʃ'ara	הַשעָרָה (נ)
movente (m)	me'ni'a	מֵנִיע (ז)
interrogatorio (m)	χakira	חֲקִירָה (נ)
interrogare (sospetto)	laχkor	לַחקוֹר
interrogare (vicini)	letaʃ'el	לְתַשאֵל
controllo (m) (~ di polizia)	bdika	בּדִיקָה (נ)
retata (f)	matsod	מָצוֹד (ז)
perquisizione (f)	χipus	חִיפּוּש (ז)
inseguimento (m)	mirdaf	מִרדָף (ז)
inseguire (vt)	lirdof aχarei	לִרדוֹף אַחֲרֵי
essere sulle tracce	la'akov aχarei	לַעֲקוֹב אַחֲרֵי
arresto (m)	ma'asar	מַאֲסָר (ז)
arrestare (qn)	le'esor	לֶאֱסוֹר
catturare (~ un ladro)	lilkod	לִלכּוֹד
cattura (f)	leχida	לְכִידָה (נ)
documento (m)	mismaχ	מִסמָך (ז)

prova (f), reperto (m)	hoχaχa	הוֹכָחָה (נ)
provare (vt)	leho'χiaχ	לְהוֹכִיחַ
impronta (f) del piede	akev	עָקֵב (ז)
impronte (f pl) digitali	tvi'ot etsba'ot	טְבִיעוֹת אֶצבָּעוֹת (נ"ר)
elemento (m) di prova	re'aya	רְאָיָה (נ)
alibi (m)	'alibi	אָלִיבִּי (ז)
innocente (agg)	χaf mi'peʃa	חַף מִפֶּשַׁע
ingiustizia (f)	i 'tsedek	אִי צֶדֶק (ז)
ingiusto (agg)	lo tsodek	לֹא צוֹדֵק
criminale (agg)	plili	פלִילִי
confiscare (vt)	lehaχrim	לְהַחרִים
droga (f)	sam	סַם (ז)
armi (f pl)	'neʃek	נֶשֶׁק (ז)
disarmare (vt)	lifrok mi'neʃek	לִפרוֹק מִנֶשֶׁק
ordinare (vt)	lifkod	לִפקוֹד
sparire (vi)	lehe'alem	לְהֵיעָלֵם
legge (f)	χok	חוֹק (ז)
legale (agg)	χuki	חוּקִי
illegale (agg)	'bilti χuki	בִּלתִי חוּקִי
responsabilità (f)	aχrayut	אַחרָיוּת (נ)
responsabile (agg)	aχrai	אַחרָאִי

LA NATURA

La Terra. Parte 1

164. L'Universo

cosmo (m)	xalal	חָלָל (ז)
cosmico, spaziale (agg)	ʃel xalal	שֶל חָלָל
spazio (m) cosmico	xalal xitson	חָלָל חִיצוֹן (ז)
mondo (m)	olam	עוֹלָם (ז)
universo (m)	yekum	יְקוּם (ז)
galassia (f)	ga'laksya	גָלַקסִיָה (נ)
stella (f)	koxav	כּוֹכָב (ז)
costellazione (f)	tsvir koxavim	צבִיר כּוֹכָבִים (ז)
pianeta (m)	koxav 'lexet	כּוֹכָב לֶכֶת (ז)
satellite (m)	lavyan	לַוויָין (ז)
meteorite (m)	mete'orit	מֶטֶאוֹרִיט (ז)
cometa (f)	koxav ʃavit	כּוֹכָב שָבִיט (ז)
asteroide (m)	aste'ro'id	אַסטֶרוֹאִיד (ז)
orbita (f)	maslul	מַסלוּל (ז)
ruotare (vi)	lesovev	לסוֹבֵב
atmosfera (f)	atmos'fera	אַטמוֹספֶרָה (נ)
il Sole	'ʃemeʃ	שֶמֶש (נ)
sistema (m) solare	ma'a'rexet ha'ʃemeʃ	מַעֲרֶכֶת הַשֶמֶש (נ)
eclisse (f) solare	likui xama	לִיקוּי חַמָה (ז)
la Terra	kadur ha''arets	כַּדוּר הָאָרֶץ (ז)
la Luna	ya'reax	יָרֵחַ (ז)
Marte (m)	ma'adim	מַאְדִים (ז)
Venere (f)	'noga	נוֹגָה (ז)
Giove (m)	'tsedek	צֶדֶק (ז)
Saturno (m)	ʃabtai	שַבּתַאי (ז)
Mercurio (m)	koxav xama	כּוֹכָב חַמָה (ז)
Urano (m)	u'ranus	אוּרָנוּס (ז)
Nettuno (m)	neptun	נֶפטוּן (ז)
Plutone (m)	'pluto	פלוּטוֹ (ז)
Via (f) Lattea	ʃvil haxalav	שבִיל הֶחָלָב (ז)
Orsa (f) Maggiore	duba gdola	דוּבָּה גדוֹלָה (נ)
Stella (f) Polare	koxav hatsafon	כּוֹכָב הַצָפוֹן (ז)
marziano (m)	toʃav ma'adim	תוֹשָב מַאְדִים (ז)
extraterrestre (m)	xutsan	חוּצָן (ז)

alieno (m)	χaizar	חַייזָר (ז)
disco (m) volante	ʦa'laχat meʿo'fefet	צַלַחַת מְעוֹפֶפֶת (נ)
nave (f) spaziale	χalalit	חֲלָלִית (נ)
stazione (f) spaziale	taχanat χalal	תַחֲנַת חָלָל (נ)
lancio (m)	hamraʾa	הַמרָאָה (נ)
motore (m)	ma'noʿa	מָנוֹעַ (ז)
ugello (m)	neχir	נְחִיר (ז)
combustibile (m)	'delek	דֶלֶק (ז)
cabina (f) di pilotaggio	'kokpit	קוֹקפִּיט (ז)
antenna (f)	an'tena	אַנטֶנָה (נ)
oblò (m)	eʃnav	אֶשנָב (ז)
batteria (f) solare	'luaχ so'lari	לוּחַ סוֹלָרִי (ז)
scafandro (m)	χalifat χalal	חֲלִיפַת חָלָל (נ)
imponderabilità (f)	'χoser miʃkal	חוֹסֶר מִשקָל (ז)
ossigeno (m)	χamʦan	חַמצָן (ז)
aggancio (m)	agina	עֲגִינָה (נ)
agganciarsi (vr)	laʿagon	לַעֲגוֹן
osservatorio (m)	miʦpe koχavim	מִצפֵּה כּוֹכָבִים (ז)
telescopio (m)	teleskop	טֶלֶסקוֹפּ (ז)
osservare (vt)	liʦpot, lehaʃkif	לִצפּוֹת, לְהַשקִיף
esplorare (vt)	laχkor	לַחקוֹר

165. La Terra

la Terra	kadur ha'ʾareʦ	כַּדוּר הָאָרֶץ (ז)
globo (m) terrestre	kadur ha'ʾareʦ	כַּדוּר הָאָרֶץ (ז)
pianeta (m)	koχav 'leχet	כּוֹכָב לֶכֶת (ז)
atmosfera (f)	atmos'fera	אַטמוֹספֶרָה (נ)
geografia (f)	geʾo'grafya	גֵיאוֹגרַפיָה (נ)
natura (f)	'teva	טֶבַע (ז)
mappamondo (m)	'globus	גלוֹבּוּס (ז)
carta (f) geografica	mapa	מַפָּה (נ)
atlante (m)	'atlas	אַטלָס (ז)
Europa (f)	ei'ropa	אֵירוֹפָּה (נ)
Asia (f)	'asya	אַסיָה (נ)
Africa (f)	'afrika	אַפרִיקָה (נ)
Australia (f)	ost'ralya	אוֹסטרַליָה (נ)
America (f)	a'merika	אָמֶרִיקָה (נ)
America (f) del Nord	a'merika haʦfonit	אָמֶרִיקָה הַצפוֹנִית (נ)
America (f) del Sud	a'merika hadromit	אָמֶרִיקָה הַדרוֹמִית (נ)
Antartide (f)	ya'beʃet an'tarktika	יַבֶּשֶת אַנטַארקטִיקָה (נ)
Artico (m)	'arktika	אַרקטִיקָה (נ)

166. Punti cardinali

nord (m)	ʦafon	צָפוֹן (ז)
a nord	ʦa'fona	צָפוֹנָה
al nord	baʦafon	בַּצָפוֹן
del nord (agg)	ʦfoni	צפוֹנִי
sud (m)	darom	דָרוֹם (ז)
a sud	da'roma	דָרוֹמָה
al sud	badarom	בַּדָרוֹם
del sud (agg)	dromi	דרוֹמִי
ovest (m)	maʿarav	מַעֲרָב (ז)
a ovest	maʿa'rava	מַעֲרָבָה
all'ovest	bamaʿarav	בַּמַעֲרָב
dell'ovest, occidentale	maʿaravi	מַעֲרָבִי
est (m)	mizraχ	מִזרָח (ז)
a est	miz'raχa	מִזרָחָה
all'est	bamizraχ	בַּמִזרָח
dell'est, orientale	mizraχi	מִזרָחִי

167. Mare. Oceano

mare (m)	yam	יָם (ז)
oceano (m)	ok'yanos	אוֹקיָאנוֹס (ז)
golfo (m)	mifraʦ	מִפרָץ (ז)
stretto (m)	meiʦar	מֵיצָר (ז)
terra (f) (terra firma)	yabaʃa	יַבָּשָׁה (נ)
continente (m)	ya'beʃet	יַבֶּשֶׁת (נ)
isola (f)	i	אִי (ז)
penisola (f)	χaʦi i	חֲצִי אִי (ז)
arcipelago (m)	arχipelag	אַרכִיפֶּלָג (ז)
baia (f)	mifraʦ	מִפרָץ (ז)
porto (m)	namal	נָמָל (ז)
laguna (f)	la'guna	לָגוּנָה (נ)
capo (m)	kef	כֵּף (ז)
atollo (m)	atol	אָטוֹל (ז)
scogliera (f)	ʃunit	שׁוּנִית (נ)
corallo (m)	almog	אַלמוֹג (ז)
barriera (f) corallina	ʃunit almogim	שׁוּנִית אַלמוֹגִים (נ)
profondo (agg)	amok	עָמוֹק
profondità (f)	'omek	עוֹמֶק (ז)
abisso (m)	tehom	תְהוֹם (נ)
fossa (f) (~ delle Marianne)	maχteʃ	מַכתֶשׁ (ז)
corrente (f)	'zerem	זֶרֶם (ז)
circondare (vt)	lehakif	לְהַקִיף
litorale (m)	χof	חוֹף (ז)

costa (f)	χof yam	חוֹף יָם (ז)
alta marea (f)	ge'ut	גֵאוּת (נ)
bassa marea (f)	'ʃefel	שֵׁפֶל (ז)
banco (m) di sabbia	sirton	שִׂרטוֹן (ז)
fondo (m)	karka'it	קַרקָעִית (נ)
onda (f)	gal	גַל (ז)
cresta (f) dell'onda	pisgat hagal	פִּסגַת הַגַל (נ)
schiuma (f)	'ketsef	קֶצֶף (ז)
tempesta (f)	sufa	סוּפָה (נ)
uragano (m)	hurikan	הוּרִיקָן (ז)
tsunami (m)	tsu'nami	צוּנָאמִי (ז)
bonaccia (f)	'roga	רוֹגַע (ז)
tranquillo (agg)	ʃalev	שָׁלֵו
polo (m)	'kotev	קוֹטֶב (ז)
polare (agg)	kotbi	קוֹטבִּי
latitudine (f)	kav 'roχav	קַו רוֹחַב (ז)
longitudine (f)	kav 'oreχ	קַו אוֹרֶך (ז)
parallelo (m)	kav 'roχav	קַו רוֹחַב (ז)
equatore (m)	kav hamaʃve	קַו הַמַשווֶה (ז)
cielo (m)	ʃa'mayim	שָׁמַיִים (ז"ר)
orizzonte (m)	'ofek	אוֹפֶק (ז)
aria (f)	avir	אֲווִיר (ז)
faro (m)	migdalor	מִגדַלוֹר (ז)
tuffarsi (vr)	litslol	לִצלוֹל
affondare (andare a fondo)	lit'bo'a	לִטבּוֹעַ
tesori (m)	otsarot	אוֹצָרוֹת (ז"ר)

168. Montagne

monte (m), montagna (f)	har	הַר (ז)
catena (f) montuosa	'reχes harim	רֶכֶס הָרִים (ז)
crinale (m)	'reχes har	רֶכֶס הַר (ז)
cima (f)	pisga	פִּסגָה (נ)
picco (m)	pisga	פִּסגָה (נ)
piedi (m pl)	margelot	מַרגְלוֹת (נ"ר)
pendio (m)	midron	מִדרוֹן (ז)
vulcano (m)	har 'ga'aʃ	הַר גַעַשׁ (ז)
vulcano (m) attivo	har 'ga'aʃ pa'il	הַר גַעַשׁ פָּעִיל (ז)
vulcano (m) inattivo	har 'ga'aʃ radum	הַר גַעַשׁ רָדוּם (ז)
eruzione (f)	hitpartsut	הִתפָּרצוּת (נ)
cratere (m)	lo'a	לוֹעַ (ז)
magma (m)	megama	מַגמָה (נ)
lava (f)	'lava	לָאבָה (נ)
fuso (lava ~a)	lohet	לוֹהֵט
canyon (m)	kanyon	קַניוֹן (ז)

gola (f)	gai	גַיא (ז)
crepaccio (m)	'beka	בֶּקַע (ז)
precipizio (m)	tehom	תְהוֹם (נ)
passo (m), valico (m)	ma'avar harim	מַעֲבַר הָרִים (ז)
altopiano (m)	rama	רָמָה (נ)
falesia (f)	tsuk	צוּק (ז)
collina (f)	giv'a	גִבעָה (נ)
ghiacciaio (m)	karχon	קרחוֹן (ז)
cascata (f)	mapal 'mayim	מַפַּל מַיִם (ז)
geyser (m)	'geizer	גֵייזֶר (ז)
lago (m)	agam	אֲגַם (ז)
pianura (f)	miʃor	מִישוֹר (ז)
paesaggio (m)	nof	נוֹף (ז)
eco (f)	hed	הֵד (ז)
alpinista (m)	metapes harim	מְטַפֵּס הָרִים (ז)
scalatore (m)	metapes sla'im	מְטַפֵּס סלָעִים (ז)
conquistare (~ una cima)	liχboʃ	לִכבּוֹש
scalata (f)	tipus	טִיפּוּס (ז)

169. Fiumi

fiume (m)	nahar	נָהָר (ז)
fonte (f) (sorgente)	ma'ayan	מַעֲיָין (ז)
letto (m) (~ del fiume)	afik	אָפִיק (ז)
bacino (m)	agan nahar	אַגַן נָהָר (ז)
sfociare nel ...	lehiʃapeχ	לְהִישָפֵך
affluente (m)	yuval	יוּבַל (ז)
riva (f)	χof	חוֹף (ז)
corrente (f)	'zerem	זֶרֶם (ז)
a valle	bemorad hanahar	בְּמוֹרַד הַנָהָר
a monte	bema'ale hanahar	בְּמַעֲלֵה הַזֶרֶם
inondazione (f)	hatsafa	הֲצָפָה (נ)
piena (f)	ʃitafon	שִיטָפוֹן (ז)
straripare (vi)	la'alot al gdotav	לַעֲלוֹת עַל גדוֹתָיו
inondare (vt)	lehatsif	לְהָצִיף
secca (f)	sirton	שִׂרטוֹן (ז)
rapida (f)	'eʃed	אֶשֶד (ז)
diga (f)	'seχer	סֶכֶר (ז)
canale (m)	te'ala	תְעָלָה (נ)
bacino (m) di riserva	ma'agar 'mayim	מַאֲגָר מַיִם (ז)
chiusa (f)	ta 'ʃayit	תָא שַיִט (ז)
specchio (m) d'acqua	ma'agar 'mayim	מַאֲגָר מַיִם (ז)
palude (f)	bitsa	בִּיצָה (נ)
pantano (m)	bitsa	בִּיצָה (נ)

vortice (m)	me'ar'bolet	מְעַרבּוֹלֶת (נ)
ruscello (m)	'naχal	נַחַל (ז)
potabile (agg)	ʃel ʃtiya	שֶׁל שתִייָה
dolce (di acqua ~)	metukim	מְתוּקִים
ghiaccio (m)	'keraχ	קֶרַח (ז)
ghiacciarsi (vr)	likpo	לִקפּוֹא

170. Foresta

foresta (f)	'ya'ar	יַעַר (ז)
forestale (agg)	ʃel 'ya'ar	שֶׁל יַעַר
foresta (f) fitta	avi ha'ya'ar	עָבִי הַיַעַר (ז)
boschetto (m)	χurʃa	חוּרשָׁה (נ)
radura (f)	ka'raχat 'ya'ar	קָרַחַת יַעַר (נ)
roveto (m)	svaχ	סבַך (ז)
boscaglia (f)	'siaχ	שִׂיחַ (ז)
sentiero (m)	ʃvil	שבִיל (ז)
calanco (m)	'emek tsar	עֵמֶק צַר (ז)
albero (m)	ets	עֵץ (ז)
foglia (f)	ale	עָלֶה (ז)
fogliame (m)	alva	עַלווָה (נ)
caduta (f) delle foglie	ʃa'leχet	שַׁלֶכֶת (נ)
cadere (vi)	linʃor	לִנשוֹר
cima (f)	tsa'meret	צַמֶרֶת (נ)
ramo (m), ramoscello (m)	anaf	עָנָף (ז)
ramo (m)	anaf ave	עָנָף עָבֶה (ז)
gemma (f)	nitsan	נִיצָן (ז)
ago (m)	'maχat	מַחַט (נ)
pigna (f)	itstrubal	אִצטרוּבָּל (ז)
cavità (f)	χor ba'ets	חוֹר בָּעֵץ (ז)
nido (m)	ken	קֵן (ז)
tana (f) (del fox, ecc.)	meχila	מְחִילָה (נ)
tronco (m)	'geza	גֶזַע (ז)
radice (f)	'ʃoreʃ	שוֹרֶש (ז)
corteccia (f)	klipa	קלִיפָּה (נ)
musco (m)	taχav	טַחַב (ז)
sradicare (vt)	la'akor	לַעֲקוֹר
abbattere (~ un albero)	liχrot	לִכרוֹת
disboscare (vt)	levare	לְבָרֵא
ceppo (m)	'gedem	גֶדֶם (ז)
falò (m)	medura	מְדוּרָה (נ)
incendio (m) boschivo	srefa	שׂרֵיפָה (נ)
spegnere (vt)	leχabot	לְכַבּוֹת

guardia (f) forestale	ʃomer 'ya'ar	שוֹמֵר יַעַר (ז)
protezione (f)	ʃmira	שמִירָה (נ)
proteggere (~ la natura)	liʃmor	לִשמוֹר
bracconiere (m)	tsayad lelo reʃut	צַיָּיד לְלֹא רְשוּת (ז)
tagliola (f) (~ per orsi)	mal'kodet	מַלכּוֹדֶת (נ)
raccogliere (vt)	lelaket	לְלַקֵט
perdersi (vr)	lit'ot	לְתעוֹת

171. Risorse naturali

risorse (f pl) naturali	otsarot 'teva	אוֹצָרוֹת טֶבַע (ז"ר)
minerali (m pl)	mine'ralim	מִינֶרָלִים (ז"ר)
deposito (m) (~ di carbone)	mirbats	מִרבָּץ (ז)
giacimento (m) (~ petrolifero)	mirbats	מִרבָּץ (ז)
estrarre (vt)	lixrot	לִכרוֹת
estrazione (f)	kriya	כּרִייָה (נ)
minerale (m) grezzo	afra	עַפרָה (נ)
miniera (f)	mixre	מִכרֶה (ז)
pozzo (m) di miniera	pir	פִּיר (ז)
minatore (m)	kore	כּוֹרֶה (ז)
gas (m)	gaz	גָז (ז)
gasdotto (m)	tsinor gaz	צִינוֹר גָז (ז)
petrolio (m)	neft	נֶפט (ז)
oleodotto (m)	tsinor neft	צִינוֹר נֶפט (ז)
torre (f) di estrazione	be'er neft	בְּאֵר נֶפט (נ)
torre (f) di trivellazione	migdal ki'duax	מִגדָל קִידוּחַ (ז)
petroliera (f)	mexalit	מֵיכָלִית (נ)
sabbia (f)	xol	חוֹל (ז)
calcare (m)	'even gir	אֶבֶן גִיר (נ)
ghiaia (f)	xatsats	חָצָץ (ז)
torba (f)	kavul	כָּבוּל (ז)
argilla (f)	tit	טִיט (ז)
carbone (m)	pexam	פֶּחָם (ז)
ferro (m)	barzel	בַּרזֶל (ז)
oro (m)	zahav	זָהָב (ז)
argento (m)	'kesef	כֶּסֶף (ז)
nichel (m)	'nikel	נִיקֶל (ז)
rame (m)	ne'xoʃet	נְחוֹשֶת (נ)
zinco (m)	avats	אָבָץ (ז)
manganese (m)	mangan	מַנגָן (ז)
mercurio (m)	kaspit	כַּספִּית (נ)
piombo (m)	o'feret	עוֹפֶרֶת (נ)
minerale (m)	mineral	מִינֶרָל (ז)
cristallo (m)	gaviʃ	גָבִיש (ז)
marmo (m)	'ʃayiʃ	שַיִש (ז)
uranio (m)	u'ranyum	אוּרַניוּם (ז)

La Terra. Parte 2

172. Tempo

tempo (m)	'mezeg avir	מֶזֶג אֲווִיר (ז)
previsione (f) del tempo	taχazit 'mezeg ha'avir	תַחֲזִית מֶזֶג הָאֲווִיר (נ)
temperatura (f)	tempera'tura	טֶמפֶּרָטוּרָה (נ)
termometro (m)	madχom	מַדחוֹם (ז)
barometro (m)	ba'rometer	בָּרוֹמֶטֶר (ז)
umido (agg)	laχ	לַח
umidità (f)	laχut	לַחוּת (נ)
caldo (m), afa (f)	χom	חוֹם (ז)
molto caldo (agg)	χam	חַם
fa molto caldo	χam	חַם
fa caldo	χamim	חָמִים
caldo, mite (agg)	χamim	חָמִים
fa freddo	kar	קַר
freddo (agg)	kar	קַר
sole (m)	'ʃemeʃ	שֶמֶש (נ)
splendere (vi)	lizhor	לִזהוֹר
di sole (una giornata ~)	ʃimʃi	שִמשִי
sorgere, levarsi (vr)	liz'roaχ	לִזרוֹחַ
tramontare (vi)	liʃ'ko'a	לִשקוֹעַ
nuvola (f)	anan	עָנָן (ז)
nuvoloso (agg)	me'unan	מְעוּנָן
nube (f) di pioggia	av	עָב (ז)
nuvoloso (agg)	sagriri	סַגרִירִי
pioggia (f)	'geʃem	גֶשֶם (ז)
piove	yored 'geʃem	יוֹרֵד גֶשֶם
piovoso (agg)	gaʃum	גָשוּם
piovigginare (vi)	letaftef	לְטַפטֵף
pioggia (f) torrenziale	matar	מָטָר (ז)
acquazzone (m)	mabul	מַבּוּל (ז)
forte (una ~ pioggia)	χazak	חָזָק
pozzanghera (f)	ʃlulit	שלוּלִית (נ)
bagnarsi (~ sotto la pioggia)	lehitratev	לְהִתרַטֵב
foschia (f), nebbia (f)	arapel	עֲרָפֶל (ז)
nebbioso (agg)	me'urpal	מְעוּרפָּל
neve (f)	'ʃeleg	שֶלֶג (ז)
nevica	yored 'ʃeleg	יוֹרֵד שֶלֶג

173. Rigide condizioni metereologiche. Disastri naturali

temporale (m)	sufat re'amim	סוּפַת רְעָמִים (נ)
fulmine (f)	barak	בָּרָק (ז)
lampeggiare (vi)	livhok	לִבהוֹק
tuono (m)	'ra'am	רַעַם (ז)
tuonare (vi)	lir'om	לִרעוֹם
tuona	lir'om	לִרעוֹם
grandine (f)	barad	בָּרָד (ז)
grandina	yored barad	יוֹרֵד בָּרָד
inondare (vt)	lehatsif	לְהָצִיף
inondazione (f)	ʃitafon	שִׁיטָפוֹן (ז)
terremoto (m)	re'idat adama	רְעִידַת אֲדָמָה (נ)
scossa (f)	re'ida	רְעִידָה (נ)
epicentro (m)	moked	מוֹקֵד (ז)
eruzione (f)	hitpartsut	הִתפָּרצוּת (נ)
lava (f)	'lava	לָאבָה (נ)
tromba (f) d'aria	hurikan	הוּרִיקָן (ז)
tornado (m)	tor'nado	טוֹרנָדוֹ (ז)
tifone (m)	taifun	טַייפוּן (ז)
uragano (m)	hurikan	הוּרִיקָן (ז)
tempesta (f)	sufa	סוּפָה (נ)
tsunami (m)	tsu'nami	צוּנָאמִי (ז)
ciclone (m)	tsiklon	צִיקלוֹן (ז)
maltempo (m)	sagrir	סַגרִיר (ז)
incendio (m)	srefa	שְׂרֵיפָה (נ)
disastro (m)	ason	אָסוֹן (ז)
meteorite (m)	mete'orit	מֶטֶאוֹרִיט (ז)
valanga (f)	ma'polet ʃlagim	מַפּוֹלֶת שלָגִים (נ)
slavina (f)	ma'polet ʃlagim	מַפּוֹלֶת שלָגִים (נ)
tempesta (f) di neve	sufat ʃlagim	סוּפַת שלָגִים (נ)
bufera (f) di neve	sufat ʃlagim	סוּפַת שלָגִים (נ)

Fauna

174. Mammiferi. Predatori

predatore (m)	χayat 'teref	חַיַּת טֶרֶף (נ)
tigre (f)	'tigris	טִיגרִיס (ז)
leone (m)	arye	אַרְיֵה (ז)
lupo (m)	ze'ev	זְאֵב (ז)
volpe (m)	ʃu'al	שׁוּעָל (ז)
giaguaro (m)	yagu'ar	יָגוּאָר (ז)
leopardo (m)	namer	נָמֵר (ז)
ghepardo (m)	bardelas	בַּרדְלָס (ז)
pantera (f)	panter	פַּנתֵר (ז)
puma (f)	'puma	פוּמָה (נ)
leopardo (m) delle nevi	namer 'ʃeleg	נָמֵר שֶׁלֶג (ז)
lince (f)	ʃunar	שׁוּנָר (ז)
coyote (m)	ze'ev ha'aravot	זְאֵב הָעֲרָבוֹת (ז)
sciacallo (m)	tan	תַּן (ז)
iena (f)	tsa'vo'a	צָבוֹעַ (ז)

175. Animali selvatici

animale (m)	'ba'al χayim	בַּעַל חַיִים (ז)
bestia (f)	χaya	חַיָּה (נ)
scoiattolo (m)	sna'i	סְנָאִי (ז)
riccio (m)	kipod	קִיפּוֹד (ז)
lepre (f)	arnav	אַרנָב (ז)
coniglio (m)	ʃafan	שָׁפָן (ז)
tasso (m)	girit	גִירִית (נ)
procione (f)	dvivon	דבִיבוֹן (ז)
criceto (m)	oger	אוֹגֵר (ז)
marmotta (f)	mar'mita	מַרמִיטָה (נ)
talpa (f)	χafar'peret	חֲפַרפֶּרֶת (נ)
topo (m)	aχbar	עַכבָּר (ז)
ratto (m)	χulda	חוּלדָה (נ)
pipistrello (m)	atalef	עֲטַלֵף (ז)
ermellino (m)	hermin	הֶרמִין (ז)
zibellino (m)	tsobel	צוֹבֶּל (ז)
martora (f)	dalak	דָלָק (ז)
donnola (f)	χamus	חָמוּס (ז)
visone (m)	χorfan	חוֹרפָן (ז)

castoro (m)	bone	בּוֹנֶה (ז)
lontra (f)	lutra	לוּטרָה (נ)
cavallo (m)	sus	סוּס (ז)
alce (m)	ayal hakore	אַיַּל הַקוֹרֵא (ז)
cervo (m)	ayal	אַיָּל (ז)
cammello (m)	gamal	גָמָל (ז)
bisonte (m) americano	bizon	בִּיזוֹן (ז)
bisonte (m) europeo	bizon ei'ropi	בִּיזוֹן אֵירוֹפִּי (ז)
bufalo (m)	te'o	תְאוֹ (ז)
zebra (f)	'zebra	זֶבּרָה (נ)
antilope (f)	anti'lopa	אַנטִילוֹפָּה (ז)
capriolo (m)	ayal hakarmel	אַיַּל הַכַּרמֶל (ז)
daino (m)	yaχmur	יַחמוּר (ז)
camoscio (m)	ya'el	יָעֵל (ז)
cinghiale (m)	χazir bar	חֲזִיר בָּר (ז)
balena (f)	livyatan	לִווייָתָן (ז)
foca (f)	'kelev yam	כֶּלֶב יָם (ז)
tricheco (m)	sus yam	סוּס יָם (ז)
otaria (f)	dov yam	דוֹב יָם (ז)
delfino (m)	dolfin	דוֹלפִין (ז)
orso (m)	dov	דוֹב (ז)
orso (m) bianco	dov 'kotev	דוֹב קוֹטֶב (ז)
panda (m)	'panda	פַּנדָה (נ)
scimmia (f)	kof	קוֹף (ז)
scimpanzè (m)	ʃimpanze	שִימפַּנזָה (נ)
orango (m)	orang utan	אוֹרַנג־אוּטָן (ז)
gorilla (m)	go'rila	גוֹרִילָה (נ)
macaco (m)	makak	מָקָק (ז)
gibbone (m)	gibon	גִיבּוֹן (ז)
elefante (m)	pil	פִּיל (ז)
rinoceronte (m)	karnaf	קַרנַף (ז)
giraffa (f)	dʒi'rafa	ג'ירָפָה (נ)
ippopotamo (m)	hipopotam	הִיפּוֹפּוֹטָם (ז)
canguro (m)	'kenguru	קֶנגוּרוּ (ז)
koala (m)	ko''ala	קוֹאָלָה (ז)
mangusta (f)	nemiya	נְמִייָה (נ)
cincillà (f)	tʃin'tʃila	צִ'ינצִ'ילָה (נ)
moffetta (f)	bo'eʃ	בּוֹאֵש (ז)
istrice (m)	darban	דָרבָּן (ז)

176. Animali domestici

gatta (f)	χatula	חֲתוּלָה (נ)
gatto (m)	χatul	חָתוּל (ז)
cane (m)	'kelev	כֶּלֶב (ז)

cavallo (m)	sus	סוס (ז)
stallone (m)	sus harba‘a	סוס הַרבָּעָה (ז)
giumenta (f)	susa	סוּסָה (נ)
mucca (f)	para	פָּרָה (נ)
toro (m)	ʃor	שוֹר (ז)
bue (m)	ʃor	שוֹר (ז)
pecora (f)	kivsa	כִּבשָׂה (נ)
montone (m)	'ayil	אַיִל (ז)
capra (f)	ez	עֵז (נ)
caprone (m)	'tayiʃ	תַּיִש (ז)
asino (m)	χamor	חֲמוֹר (ז)
mulo (m)	'pered	פֶּרֶד (ז)
porco (m)	χazir	חֲזִיר (ז)
porcellino (m)	χazarzir	חֲזַרזִיר (ז)
coniglio (m)	arnav	אַרנָב (ז)
gallina (f)	tarne'golet	תַּרנְגוֹלֶת (נ)
gallo (m)	tarnegol	תַּרנְגוֹל (ז)
anatra (f)	barvaz	בַּרווָז (ז)
maschio (m) dell'anatra	barvaz	בַּרווָז (ז)
oca (f)	avaz	אַווָז (ז)
tacchino (m)	tarnegol 'hodu	תַּרנְגוֹל הוֹדוּ (ז)
tacchina (f)	tarne'golet 'hodu	תַּרנְגוֹלֶת הוֹדוּ (נ)
animali (m pl) domestici	χayot 'bayit	חַיוֹת בַּיִת (נ"ר)
addomesticato (agg)	mevuyat	מְבוּיָת
addomesticare (vt)	levayet	לְבַיֵית
allevare (vt)	lehar'bi‘a	לְהַרבִּיעַ
fattoria (f)	χava	חַווָה (נ)
pollame (m)	ofot 'bayit	עוֹפוֹת בַּיִת (נ"ר)
bestiame (m)	bakar	בָּקָר (ז)
branco (m), mandria (f)	'eder	עֵדֶר (ז)
scuderia (f)	urva	אוּרווָה (נ)
porcile (m)	dir χazirim	דִיר חֲזִירִים (ז)
stalla (f)	'refet	רֶפֶת (נ)
conigliera (f)	arnaviya	אַרנָבִייָה (נ)
pollaio (m)	lul	לוּל (ז)

177. Cani. Razze canine

cane (m)	'kelev	כֶּלֶב (ז)
cane (m) da pastore	'kelev ro‘e	כֶּלֶב רוֹעֶה (ז)
pastore (m) tedesco	ro‘e germani	רוֹעֶה גֶרמָנִי (ז)
barbone (m)	'pudel	פּוּדֶל (ז)
bassotto (m)	'taχaʃ	תַּחַש (ז)
bulldog (m)	buldog	בּוּלדוֹג (ז)

boxer (m)	'bokser	בּוֹקסֶר (ז)
mastino (m)	mastif	מַסטִיף (ז)
rottweiler (m)	rot'vailer	רוֹטוַויילֶר (ז)
dobermann (m)	'doberman	דוֹבֶּרמָן (ז)
bassotto (m)	'baset 'ha'und	בָּאסֶט־הָאוּנד (ז)
bobtail (m)	bobteil	בּוֹבטֵייל (ז)
dalmata (m)	dal'mati	דַלמָטִי (ז)
cocker (m)	'koker 'spani'el	קוֹקֶר סְפָּנִיאֵל (ז)
terranova (m)	nyu'fa'undlend	ניוּפָאוּנדלֶנד (ז)
sanbernardo (m)	sen bernard	סֶן בֶּרנָרד (ז)
husky (m)	'haski	הָאסקִי (ז)
chow chow (m)	'ʧa'u 'ʧa'u	צָ'או צָ'או (ז)
volpino (m)	ʃpiʦ	שפִּיץ (ז)
carlino (m)	pag	פָּאג (ז)

178. Versi emessi dagli animali

abbaiamento (m)	neviχa	נְבִיחָה (נ)
abbaiare (vi)	lin'boaχ	לִנבּוֹחַ
miagolare (vi)	leyalel	לְייַלֵל
fare le fusa	legarger	לְגַרגֵר
muggire (vacca)	lig'ot	לִגעוֹת
muggire (toro)	lig'ot	לִגעוֹת
ringhiare (vi)	linhom	לִנהוֹם
ululato (m)	yelala	יְלָלָה (נ)
ululare (vi)	leyalel	לְייַלֵל
guaire (vi)	leyabev	לְייַבֵּב
belare (pecora)	lif'ot	לִפעוֹת
grugnire (maiale)	leχarχer	לְחַרחֵר
squittire (vi)	liʦ'voaχ	לִצווֹחַ
gracidare (rana)	lekarker	לְקַרקֵר
ronzare (insetto)	lezamzem	לְזַמזֵם
frinire (vi)	leʦarʦer	לְצַרצֵר

179. Uccelli

uccello (m)	ʦipor	צִיפּוֹר (נ)
colombo (m), piccione (m)	yona	יוֹנָה (נ)
passero (m)	dror	דרוֹר (ז)
cincia (f)	yargazi	יַרגָזִי (ז)
gazza (f)	orev neχalim	עוֹרֵב נְחָלִים (ז)
corvo (m)	orev ʃaχor	עוֹרֵב שָחוֹר (ז)
cornacchia (f)	orev afor	עוֹרֵב אָפוֹר (ז)
taccola (f)	ka'ak	קָאָק (ז)

corvo (m) nero	orev hamizra	עוֹרֵב הַמִזרָע (ז)
anatra (f)	barvaz	בַּרווָז (ז)
oca (f)	avaz	אֲווָז (ז)
fagiano (m)	pasyon	פַּסיוֹן (ז)
aquila (f)	'ayit	עַיִט (ז)
astore (m)	nets	נֵץ (ז)
falco (m)	baz	בַּז (ז)
grifone (m)	ozniya	עוֹזנִייָה (ז)
condor (m)	kondor	קוֹנדוֹר (ז)
cigno (m)	barbur	בַּרבּוּר (ז)
gru (f)	agur	עָגוּר (ז)
cicogna (f)	χasida	חֲסִידָה (נ)
pappagallo (m)	'tuki	תוּכִּי (ז)
colibrì (m)	ko'libri	קוֹלִיבּרִי (ז)
pavone (m)	tavas	טַווָס (ז)
struzzo (m)	bat ya'ana	בַּת יַעֲנָה (נ)
airone (m)	anafa	אֲנָפָה (נ)
fenicottero (m)	fla'mingo	פלָמִינגוֹ (ז)
pellicano (m)	saknai	שַׂקנַאי (ז)
usignolo (m)	zamir	זָמִיר (ז)
rondine (f)	snunit	סנוּנִית (נ)
tordo (m)	kiχli	קִיכלִי (ז)
tordo (m) sasello	kiχli mezamer	קִיכלִי מְזַמֵר (ז)
merlo (m)	kiχli ʃaχor	קִיכלִי שָחוֹר (ז)
rondone (m)	sis	סִיס (ז)
allodola (f)	efroni	עֶפרוֹנִי (ז)
quaglia (f)	slav	שׂלָיו (ז)
picchio (m)	'neker	נַקָר (ז)
cuculo (m)	kukiya	קוּקִייָה (נ)
civetta (f)	yanʃuf	יַנשוּף (ז)
gufo (m) reale	'oaχ	אוֹחַ (ז)
urogallo (m)	seχvi 'ya'ar	שֶׂכווִי יַעַר (ז)
fagiano (m) di monte	seχvi	שֶׂכווִי (ז)
pernice (f)	χogla	חוֹגלָה (נ)
storno (m)	zarzir	זַרזִיר (ז)
canarino (m)	ka'narit	קְנָרִית (נ)
francolino (m) di monte	seχvi haya'arot	שֶׂכווִי הַיְעָרוֹת (ז)
fringuello (m)	paroʃ	פְּרוּש (ז)
ciuffolotto (m)	admonit	אַדמוֹנִית (נ)
gabbiano (m)	'ʃaχaf	שַחַף (ז)
albatro (m)	albatros	אַלבַּטרוֹס (ז)
pinguino (m)	pingvin	פִּינגווִין (ז)

180. Uccelli. Cinguettio e versi

cantare (vi)	laʃir	לָשִׁיר
gridare (vi)	lits'ok	לִצעוֹק
cantare (gallo)	lekarker	לְקַרקֵר
chicchirichì (m)	kuku'riku	קוּקוּרִיקוּ
chiocciare (gallina)	lekarker	לְקַרקֵר
gracchiare (vi)	lits'roaχ	לִצרוֹחַ
fare qua qua	lega'a'ge'a	לְגַעְגֵעַ
pigolare (vi)	letsayets	לְצַייֵץ
cinguettare (vi)	letsaftsef, letsayets	לְצַפְצֵף, לְצַייֵץ

181. Pesci. Animali marini

abramide (f)	avroma	אַברוֹמָה (נ)
carpa (f)	karpiyon	קַרפִּיוֹן (ז)
perca (f)	'okunus	אוֹקוּנוּס (ז)
pesce (m) gatto	sfamnun	שְׂפַמנוּן (ז)
luccio (m)	ze'ev 'mayim	זְאֵב מַיִם (ז)
salmone (m)	'salmon	סַלמוֹן (ז)
storione (m)	χidkan	חִדקָן (ז)
aringa (f)	ma'liaχ	מָלִיחַ (ז)
salmone (m)	iltit	אִילתִית (נ)
scombro (m)	makarel	מָקָרֶל (ז)
sogliola (f)	dag moʃe ra'benu	דַג מֹשֶה רַבֵּנוּ (ז)
lucioperca (f)	amnun	אַמנוּן (ז)
merluzzo (m)	ʃibut	שִיבּוּט (ז)
tonno (m)	'tuna	טוּנָה (נ)
trota (f)	forel	פוֹרֶל (ז)
anguilla (f)	tslofaχ	צלוֹפָח (ז)
torpedine (f)	trisanit	תְרִיסָנִית (נ)
murena (f)	mo'rena	מוֹרֶנָה (נ)
piranha (f)	pi'ranya	פִּירַנְיָה (נ)
squalo (m)	kariʃ	כָּרִיש (ז)
delfino (m)	dolfin	דוֹלפִין (ז)
balena (f)	livyatan	לִווייָתָן (ז)
granchio (m)	sartan	סַרטָן (ז)
medusa (f)	me'duza	מֶדוּזָה (נ)
polpo (m)	tamnun	תְמַנוּן (ז)
stella (f) marina	koχav yam	כּוֹכָב יָם (ז)
riccio (m) di mare	kipod yam	קִיפּוֹד יָם (ז)
cavalluccio (m) marino	suson yam	סוּסוֹן יָם (ז)
ostrica (f)	tsidpa	צִדפָה (נ)
gamberetto (m)	χasilon	חֲסִילוֹן (ז)

astice (m)	'lobster	לוֹבּסטֶר (ז)
aragosta (f)	'lobster kotsani	לוֹבּסטֶר קוֹצָנִי (ז)

182. Anfibi. Rettili

serpente (m)	naχaʃ	נָחָש (ז)
velenoso (agg)	arsi	אַרסִי
vipera (f)	'tsefa	צֶפַע (ז)
cobra (m)	'peten	פֶּתֶן (ז)
pitone (m)	piton	פִּיתוֹן (ז)
boa (m)	χanak	חַנָק (ז)
biscia (f)	naχaʃ 'mayim	נְחַש מַיִם (ז)
serpente (m) a sonagli	ʃfifon	שפִיפוֹן (ז)
anaconda (f)	ana'konda	אָנָקוֹנדָה (נ)
lucertola (f)	leta'a	לְטָאָה (נ)
iguana (f)	igu''ana	אִיגוּאָנָה (נ)
varano (m)	'koaχ	כּוֹחַ (ז)
salamandra (f)	sala'mandra	סָלָמַנדרָה (נ)
camaleonte (m)	zikit	זִיקִית (נ)
scorpione (m)	akrav	עַקרָב (ז)
tartaruga (f)	tsav	צָב (ז)
rana (f)	tsfar'de'a	צפַרדֵעַ (נ)
rospo (m)	karpada	קַרפָּדָה (נ)
coccodrillo (m)	tanin	תַנִין (ז)

183. Insetti

insetto (m)	χarak	חָרָק (ז)
farfalla (f)	parpar	פַּרפַּר (ז)
formica (f)	nemala	נְמָלָה (נ)
mosca (f)	zvuv	זבוּב (ז)
zanzara (f)	yatuʃ	יַתוּש (ז)
scarabeo (m)	χipuʃit	חִיפּוּשִית (נ)
vespa (f)	tsir'a	צִרעָה (נ)
ape (f)	dvora	דבוֹרָה (נ)
bombo (m)	dabur	דַבּוּר (ז)
tafano (m)	zvuv hasus	זבוּב הַסוּס (ז)
ragno (m)	akaviʃ	עַכָּבִיש (ז)
ragnatela (f)	kurei akaviʃ	קוּרֵי עַכָּבִיש (ז"ר)
libellula (f)	ʃapirit	שַפִּירִית (נ)
cavalletta (f)	χagav	חָגָב (ז)
farfalla (f) notturna	aʃ	עָש (ז)
scarafaggio (m)	makak	מַקָק (ז)
zecca (f)	kartsiya	קַרצִייָה (נ)

pulce (f)	par'oʃ	פַּרעוֹש (ז)
moscerino (m)	yavχuʃ	יַבחוּש (ז)
locusta (f)	arbe	אַרבֶּה (ז)
lumaca (f)	χilazon	חִילָזוֹן (ז)
grillo (m)	tsartsar	צְרָצַר (ז)
lucciola (f)	gaχlilit	גַחלִילִית (נ)
coccinella (f)	parat moʃe ra'benu	פָּרַת מֹשֶה רַבֵּנוּ (נ)
maggiolino (m)	χipuʃit aviv	חִיפּוּשִׂית אָבִיב (נ)
sanguisuga (f)	aluka	עֲלוּקָה (נ)
bruco (m)	zaχal	זַחַל (ז)
verme (m)	to'la'at	תוֹלַעַת (נ)
larva (f)	'deren	דֶרֶן (ז)

184. Animali. Parti del corpo

becco (m)	makor	מַקוֹר (ז)
ali (f pl)	kna'fayim	כְּנָפַיִים (נ"ר)
zampa (f)	'regel	רֶגֶל (נ)
piumaggio (m)	pluma	פלוּמָה (נ)
penna (f), piuma (f)	notsa	נוֹצָה (נ)
cresta (f)	tsitsa	צִיצָה (נ)
branchia (f)	zimim	זִימִים (ז"ר)
uova (f pl)	beitsei dagim	בֵּיצֵי דָגִים (נ"ר)
larva (f)	'deren	דֶרֶן (ז)
pinna (f)	snapir	סְנַפִּיר (ז)
squama (f)	kaskasim	קַשׂקַשִׂים (ז"ר)
zanna (f)	niv	נִיב (ז)
zampa (f)	'regel	רֶגֶל (נ)
muso (m)	partsuf	פַּרצוּף (ז)
bocca (f)	lo'a	לוֹעַ (ז)
coda (f)	zanav	זָנָב (ז)
baffi (m pl)	safam	שָׂפָם (ז)
zoccolo (m)	parsa	פַּרסָה (נ)
corno (m)	'keren	קֶרֶן (נ)
carapace (f)	ʃiryon	שִׁריוֹן (ז)
conchiglia (f)	konχiya	קוֹנכִייָה (נ)
guscio (m) dell'uovo	klipa	קלִיפָּה (נ)
pelo (m)	parva	פַּרוָוה (נ)
pelle (f)	or	עוֹר (ז)

185. Animali. Ambiente naturale

ambiente (m) naturale	beit gidul	בֵּית גִידוּל (ז)
migrazione (f)	hagira	הֲגִירָה (נ)
monte (m), montagna (f)	har	הַר (ז)

scogliera (f)	ʃunit	שׁוּנִית (נ)
falesia (f)	'sela	סֶלַע (ז)
foresta (f)	'ya'ar	יַעַר (ז)
giungla (f)	'dʒungel	ג'וּנְגֶל (ז)
savana (f)	sa'vana	סָוָונָה (נ)
tundra (f)	'tundra	טוּנדְרָה (נ)
steppa (f)	arava	עֲרָבָה (נ)
deserto (m)	midbar	מִדבָּר (ז)
oasi (f)	neve midbar	נְווֵה מִדבָּר (ז)
mare (m)	yam	יָם (ז)
lago (m)	agam	אֲגַם (ז)
oceano (m)	ok'yanos	אוֹקְיָאנוֹס (ז)
palude (f)	bitsa	בִּיצָה (נ)
di acqua dolce	ʃel 'mayim metukim	שֶׁל מַיִם מְתוּקִים
stagno (m)	breχa	בְּרֵיכָה (נ)
fiume (m)	nahar	נָהָר (ז)
tana (f) (dell'orso)	me'ura	מְאוּרָה (נ)
nido (m)	ken	קֵן (ז)
cavità (f) (~ in un albero)	χor ba'ets	חוֹר בָּעֵץ (ז)
tana (f) (del fox, ecc.)	meχila	מְחִילָה (נ)
formicaio (m)	kan nemalim	קַן נְמָלִים (ז)

Flora

186. Alberi

albero (m)	ets	עֵץ (ז)
deciduo (agg)	naʃir	נָשִיר
conifero (agg)	maχtani	מַחטָנִי
sempreverde (agg)	yarok ad	יָרוֹק עַד
melo (m)	ta'puaχ	תַפּוּחַ (ז)
pero (m)	agas	אַגָס (ז)
ciliegio (m)	gudgedan	גודגְדָן (ז)
amareno (m)	duvdevan	דובדְבָן (ז)
prugno (m)	ʃezif	שְזִיף (ז)
betulla (f)	ʃadar	שַדָר (ז)
quercia (f)	alon	אַלוֹן (ז)
tiglio (m)	'tilya	טִילִיָה (נ)
pioppo (m) tremolo	aspa	אַספָּה (נ)
acero (m)	'eder	אֶדֶר (ז)
abete (m)	a'ʃuaχ	אַשוּחַ (ז)
pino (m)	'oren	אוֹרֶן (ז)
larice (m)	arzit	אַרזִית (נ)
abete (m) bianco	a'ʃuaχ	אַשוּחַ (ז)
cedro (m)	'erez	אֶרֶז (ז)
pioppo (m)	tsaftsefa	צַפצָפָה (נ)
sorbo (m)	ben χuzrar	בֶּן־חוזרָר (ז)
salice (m)	arava	עֲרָבָה (נ)
alno (m)	alnus	אַלנוּס (ז)
faggio (m)	aʃur	אָשוּר (ז)
olmo (m)	bu'kitsa	בּוּקִיצָה (נ)
frassino (m)	mela	מֵילָה (נ)
castagno (m)	armon	עַרמוֹן (ז)
magnolia (f)	mag'nolya	מַגנוֹלִיָה (נ)
palma (f)	'dekel	דֶקֶל (ז)
cipresso (m)	broʃ	בְּרוֹש (ז)
mangrovia (f)	mangrov	מַנגרוֹב (ז)
baobab (m)	ba'obab	בָּאוֹבָּב (ז)
eucalipto (m)	eika'liptus	אֵיקָלִיפּטוּס (ז)
sequoia (f)	sek'voya	סֶקווֹיָה (נ)

187. Arbusti

cespuglio (m)	'siaχ	שִׂיחַ (ז)
arbusto (m)	'siaχ	שִׂיחַ (ז)

vite (f)	'gefen	גֶפֶן (ז)
vigneto (m)	'kerem	כֶּרֶם (ז)
lampone (m)	'petel	פֶּטֶל (ז)
ribes (m) nero	'siaχ dumdemaniyot ʃχorot	שִׂיחַ דומדְמָנִיּוֹת שחוֹרוֹת (ז)
ribes (m) rosso	'siaχ dumdemaniyot adumot	שִׂיחַ דומדְמָנִיּוֹת אֲדומוֹת (ז)
uva (f) spina	χazarzar	חֲזַרְזָר (ז)
acacia (f)	ʃita	שִׁיטָה (נ)
crespino (m)	berberis	בֶּרבֶּרִיס (ז)
gelsomino (m)	yasmin	יַסמִין (ז)
ginepro (m)	arʿar	עַרעָר (ז)
roseto (m)	'siaχ vradim	שִׂיחַ וְרָדִים (ז)
rosa (f) canina	'vered bar	וֶרֶד בָּר (ז)

188. Funghi

fungo (m)	pitriya	פִּטרִייָה (נ)
fungo (m) commestibile	pitriya raʾuya lemaʾaχal	פִּטרִייָה רְאוּיָה לְמַאֲכָל
fungo (m) velenoso	pitriya raʿila	פִּטרִייָה רָעִילָה (נ)
cappello (m)	kipat pitriya	כִּיפַּת פִּטרִייָה (נ)
gambo (m)	'regel	רֶגֶל (נ)
porcino (m)	por'ʧini	פּוֹרצִ'ינִי (ז)
boleto (m) rufo	pitriyat 'kova aduma	פִּטרִיַית כּוֹבַע אֲדומָה (נ)
porcinello (m)	pitriyat 'yaʿar	פִּטרִיַית יַעַר (נ)
gallinaccio (m)	gviʿonit neʾe'χelet	גבִיעוֹנִית נֶאֱכֶלֶת (נ)
rossola (f)	χarifit	חֲרִיפִית (נ)
spugnola (f)	gamʦuʦ	גַמצוּץ (ז)
ovolaccio (m)	zvuvanit	זבובָנִית (נ)
fungo (m) moscario	pitriya raʿila	פִּטרִייָה רָעִילָה (נ)

189. Frutti. Bacche

frutto (m)	pri	פּרִי (ז)
frutti (m pl)	perot	פֵּירוֹת (ז"ר)
mela (f)	ta'puaχ	תַפּוּחַ (ז)
pera (f)	agas	אַגָס (ז)
prugna (f)	ʃezif	שְׁזִיף (ז)
fragola (f)	tut sade	תוּת שָׂדֶה (ז)
amarena (f)	duvdevan	דובדְבָן (ז)
ciliegia (f)	gudgedan	גודגְדָן (ז)
uva (f)	anavim	עֲנָבִים (ז"ר)
lampone (m)	'petel	פֶּטֶל (ז)
ribes (m) nero	dumdemanit ʃχora	דומדְמָנִית שחוֹרָה (נ)
ribes (m) rosso	dumdemanit aduma	דומדְמָנִית אֲדומָה (נ)
uva (f) spina	χazarzar	חֲזַרְזָר (ז)
mirtillo (m) di palude	χamuʦit	חֲמוּצִית (נ)

arancia (f)	tapuz	תַפּוּז (ז)
mandarino (m)	klemen'tina	קלֶמֶנטִינָה (נ)
ananas (m)	'ananas	אָנָנָס (ז)
banana (f)	ba'nana	בָּנָנָה (נ)
dattero (m)	tamar	תָמָר (ז)
limone (m)	limon	לִימוֹן (ז)
albicocca (f)	'miʃmeʃ	מִשמֵש (ז)
pesca (f)	afarsek	אֲפַרסֵק (ז)
kiwi (m)	'kivi	קִיווִי (ז)
pompelmo (m)	eʃkolit	אֶשכּוֹלִית (נ)
bacca (f)	garger	גַרגֵר (ז)
bacche (f pl)	gargerim	גַרגְרִים (ז"ר)
mirtillo (m) rosso	uχmanit aduma	אוּכמָנִית אֲדוּמָה (נ)
fragola (f) di bosco	tut 'ya'ar	תוּת יַעַר (ז)
mirtillo (m)	uχmanit	אוּכמָנִית (נ)

190. Fiori. Piante

fiore (m)	'peraχ	פֶּרַח (ז)
mazzo (m) di fiori	zer	זֵר (ז)
rosa (f)	'vered	וֶרֶד (ז)
tulipano (m)	tsiv'oni	צִבעוֹנִי (ז)
garofano (m)	tsi'poren	צִיפּוֹרֶן (ז)
gladiolo (m)	glad'yola	גלַדיוֹלָה (נ)
fiordaliso (m)	dganit	דגָנִיָה (נ)
campanella (f)	pa'amonit	פַּעֲמוֹנִית (נ)
soffione (m)	ʃinan	שִינָן (ז)
camomilla (f)	kamomil	קָמוֹמִיל (ז)
aloe (m)	alvai	אַלוַוי (ז)
cactus (m)	'kaktus	קַקטוּס (ז)
ficus (m)	'fikus	פִיקוּס (ז)
giglio (m)	ʃoʃana	שוֹשָנָה (נ)
geranio (m)	ge'ranyum	גֶרַניוּם (ז)
giacinto (m)	yakinton	יָקִינטוֹן (ז)
mimosa (f)	mi'moza	מִימוֹזָה (נ)
narciso (m)	narkis	נַרקִיס (ז)
nasturzio (m)	'kova hanazir	כּוֹבַע הַנָזִיר (ז)
orchidea (f)	saχlav	סַחלָב (ז)
peonia (f)	admonit	אַדמוֹנִית (נ)
viola (f)	sigalit	סִיגָלִית (נ)
viola (f) del pensiero	amnon vetamar	אַמנוֹן וְתָמָר (ז)
nontiscordardimé (m)	ziχ'rini	זִכרִינִי (ז)
margherita (f)	marganit	מַרגָנִית (נ)
papavero (m)	'pereg	פֶּרֶג (ז)
canapa (f)	ka'nabis	קָנָאבִּיס (ז)

menta (f)	'menta	מֶנתָה (נ)
mughetto (m)	zivanit	זִיווֹנִית (נ)
bucaneve (m)	ga'lantus	גָלַנטוּס (ז)
ortica (f)	sirpad	סִרפָּד (ז)
acetosa (f)	χumʿa	חוּמעָה (נ)
ninfea (f)	nufar	נוּפָר (ז)
felce (f)	ʃaraχ	שָׁרָך (ז)
lichene (m)	χazazit	חֲזָזִית (נ)
serra (f)	χamama	חֲמָמָה (נ)
prato (m) erboso	midʃa'a	מִדשָׁאָה (נ)
aiuola (f)	arugat praχim	עֲרוּגַת פְּרָחִים (נ)
pianta (f)	'tsemaχ	צֶמַח (ז)
erba (f)	'deʃe	דֶשֶׁא (ז)
filo (m) d'erba	givʿol 'esev	גִבעוֹל עֵשֶׂב (ז)
foglia (f)	ale	עָלֶה (ז)
petalo (m)	ale ko'teret	עֲלֵה כּוֹתֶרֶת (ז)
stelo (m)	givʿol	גִבעוֹל (ז)
tubero (m)	'pkaʿat	פְּקַעַת (נ)
germoglio (m)	'nevet	נֶבֶט (ז)
spina (f)	kots	קוֹץ (ז)
fiorire (vi)	lif'roaχ	לִפרוֹחַ
appassire (vi)	linbol	לִנבּוֹל
odore (m), profumo (m)	'reaχ	רֵיחַ (ז)
tagliare (~ i fiori)	ligzom	לִגזוֹם
cogliere (vt)	liktof	לִקטוֹף

191. Cereali, granaglie

grano (m)	tvu'a	תְבוּאָה (נ)
cereali (m pl)	dganim	דגָנִים (ז"ר)
spiga (f)	ʃi'bolet	שִיבּוֹלֶת (נ)
frumento (m)	χita	חִיטָה (נ)
segale (f)	ʃifon	שִיפוֹן (ז)
avena (f)	ʃi'bolet ʃuʿal	שִיבּוֹלֶת שוּעָל (נ)
miglio (m)	'doχan	דוֹחַן (ז)
orzo (m)	seʿora	שְׂעוֹרָה (נ)
mais (m)	'tiras	תִירָס (ז)
riso (m)	'orez	אוֹרֶז (ז)
grano (m) saraceno	ku'semet	כּוּסֶמֶת (נ)
pisello (m)	afuna	אֲפוּנָה (נ)
fagiolo (m)	ʃuʿit	שְעוּעִית (נ)
soia (f)	'soya	סוֹיָה (נ)
lenticchie (f pl)	adaʃim	עֲדָשִים (נ"ר)
fave (f pl)	pol	פּוֹל (ז)

GEOGRAFIA REGIONALE

Paesi. Nazionalità

192. Politica. Governo. Parte 1

politica (f)	po'litika	פּוֹלִיטִיקָה (נ)
politico (agg)	po'liti	פּוֹלִיטִי
politico (m)	politikai	פּוֹלִיטִיקַאי (ז)
stato (m) (nazione, paese)	medina	מְדִינָה (נ)
cittadino (m)	ezraχ	אֶזרָח (ז)
cittadinanza (f)	ezraχut	אֶזרָחוּת (נ)
emblema (m) nazionale	'semel le'umi	סֶמֶל לְאוּמִי (ז)
inno (m) nazionale	himnon le'umi	הִמנוֹן לְאוּמִי (ז)
governo (m)	memʃala	מֶמשָׁלָה (נ)
capo (m) di Stato	roʃ medina	רֹאשׁ מְדִינָה (ז)
parlamento (m)	parlament	פַּרלָמֶנט (ז)
partito (m)	miflaga	מִפלָגָה (נ)
capitalismo (m)	kapitalizm	קַפִּיטָלִיזם (ז)
capitalistico (agg)	kapita'listi	קַפִּיטָלִיסטִי
socialismo (m)	sotsyalizm	סוֹצִיָאלִיזם (ז)
socialista (agg)	sotsya'listi	סוֹצִיָאלִיסטִי
comunismo (m)	komunizm	קוֹמוּנִיזם (ז)
comunista (agg)	komu'nisti	קוֹמוּנִיסטִי
comunista (m)	komunist	קוֹמוּנִיסט (ז)
democrazia (f)	demo'kratya	דֶמוֹקרַטיָה (נ)
democratico (m)	demokrat	דֶמוֹקרָט (ז)
democratico (agg)	demo'krati	דֶמוֹקרָטִי
partito (m) democratico	miflaga demo'kratit	מִפלָגָה דֶמוֹקרָטִית (נ)
liberale (m)	libe'rali	לִיבֶּרָלִי (ז)
liberale (agg)	libe'rali	לִיבֶּרָלִי
conservatore (m)	ʃamran	שַׁמרָן (ז)
conservatore (agg)	ʃamrani	שַׁמרָנִי
repubblica (f)	re'publika	רֶפּוּבּלִיקָה (נ)
repubblicano (m)	republi'kani	רֶפּוּבּלִיקָנִי (ז)
partito (m) repubblicano	miflaga republi'kanit	מִפלָגָה רֶפּוּבּלִיקָנִית (נ)
elezioni (f pl)	bχirot	בְּחִירוֹת (נ"ר)
eleggere (vt)	livχor	לִבחוֹר
elettore (m)	mats'biʿa	מַצבִּיעַ (ז)

campagna (f) elettorale	masa bχirot	מַסָע בּחִירוֹת (ז)
votazione (f)	hatsba'a	הַצבָּעָה (נ)
votare (vi)	lehats'bi'a	לְהַצבִּיעַ
diritto (m) di voto	zχut hatsba'a	זכוּת הַצבָּעָה (נ)
candidato (m)	mu'amad	מוּעֲמָד (ז)
candidarsi (vr)	lehatsig mu'amadut	לְהַצִיג מוּעֲמָדוּת
campagna (f)	masa	מַסָע (ז)
d'opposizione (agg)	opozitsyoni	אוֹפּוֹזִיציוֹנִי
opposizione (f)	opo'zitsya	אוֹפּוֹזִיציָה (נ)
visita (f)	bikur	בִּיקוּר (ז)
visita (f) ufficiale	bikur riʃmi	בִּיקוּר רִשמִי (ז)
internazionale (agg)	benle'umi	בֵּינלְאוּמִי
trattative (f pl)	masa umatan	מַשָׂא וּמַתָן (ז)
negoziare (vi)	laset velatet	לָשֵׂאת וְלָתֵת

193. Politica. Governo. Parte 2

società (f)	χevra	חֶברָה (נ)
costituzione (f)	χuka	חוּקָה (נ)
potere (m) (~ politico)	ʃilton	שִלטוֹן (ז)
corruzione (f)	ʃχitut	שחִיתוּת (נ)
legge (f)	χok	חוֹק (ז)
legittimo (agg)	χuki	חוּקִי
giustizia (f)	'tsedek	צֶדֶק (ז)
giusto (imparziale)	tsodek	צוֹדֵק
comitato (m)	'va'ad	וַעַד (ז)
disegno (m) di legge	hatsa'at χok	הַצָעַת חוֹק (נ)
bilancio (m)	taktsiv	תַקצִיב (ז)
politica (f)	mediniyut	מְדִינִיוּת (נ)
riforma (f)	re'forma	רֶפוֹרמָה (נ)
radicale (agg)	radi'kali	רָדִיקָלִי
forza (f) (potenza)	otsma	עוֹצמָה (נ)
potente (agg)	rav 'koaχ	רַב־כּוֹחַ
sostenitore (m)	tomeχ	תוֹמֵך (ז)
influenza (f)	haʃpa'a	הַשפָּעָה (נ)
regime (m) (~ militare)	miʃtar	מִשטָר (ז)
conflitto (m)	siχsuχ	סִכסוּך (ז)
complotto (m)	'keʃer	קֶשֶר (ז)
provocazione (f)	provo'katsya, hitgarut	פּרוֹבוֹקַציָה, הִתגָרוּת (נ)
rovesciare (~ un regime)	leha'diaχ	לְהַדִיחַ
rovesciamento (m)	hadaχa mikes malχut	הַדָחָה מִכֵּס מַלכוּת (נ)
rivoluzione (f)	mahapeχa	מַהְפֵּכָה (נ)
colpo (m) di Stato	hafiχa	הֲפִיכָה (נ)
golpe (m) militare	mahapaχ tsva'i	מַהְפָּך צבָאִי (ז)

crisi (f)	maʃber	מַשבֵּר (ז)
recessione (f) economica	mitun kalkali	מִיתוּן כַּלכָּלִי (ז)
manifestante (m)	mafgin	מַפגִין (ז)
manifestazione (f)	hafgana	הַפגָנָה (נ)
legge (f) marziale	miʃtar tsva'i	מִשטָר צבָאִי (ז)
base (f) militare	basis tsva'i	בָּסִיס צבָאִי (ז)
stabilità (f)	yatsivut	יַצִיבוּת (נ)
stabile (agg)	yatsiv	יַצִיב
sfruttamento (m)	nitsul	נִיצוּל (ז)
sfruttare (~ i lavoratori)	lenatsel	לְנַצֵל
razzismo (m)	giz'anut	גִזעָנוּת (נ)
razzista (m)	giz'ani	גִזעָנִי (ז)
fascismo (m)	faʃizm	פָשִיזם (ז)
fascista (m)	faʃist	פָשִיסט (ז)

194. Paesi. Varie

straniero (m)	zar	זָר (ז)
straniero (agg)	zar	זָר
all'estero	beχul	בְּחוּ"ל
emigrato (m)	mehager	מְהַגֵר (ז)
emigrazione (f)	hagira	הֲגִירָה (נ)
emigrare (vi)	lehager	לְהַגֵר
Ovest (m)	ma'arav	מַעֲרָב (ז)
Est (m)	mizraχ	מִזרָח (ז)
Estremo Oriente (m)	hamizraχ haraχok	הַמִזרָח הָרָחוֹק (ז)
civiltà (f)	tsivili'zatsya	צִיבִילִיזַציָה (ז)
umanità (f)	enoʃut	אֱנוֹשוּת (נ)
mondo (m)	olam	עוֹלָם (ז)
pace (f)	ʃalom	שָלוֹם (ז)
mondiale (agg)	olami	עוֹלָמִי
patria (f)	mo'ledet	מוֹלֶדֶת (נ)
popolo (m)	am	עַם (ז)
popolazione (f)	oχlusiya	אוֹכלוּסִיָה (נ)
gente (f)	anaʃim	אֲנָשִים (ז"ר)
nazione (f)	uma	אוּמָה (נ)
generazione (f)	dor	דוֹר (ז)
territorio (m)	'ʃetaχ	שֶטַח (ז)
regione (f)	ezor	אֵזוֹר (ז)
stato (m)	medina	מְדִינָה (נ)
tradizione (f)	ma'soret	מָסוֹרֶת (נ)
costume (m)	minhag	מִנהָג (ז)
ecologia (f)	eko'logya	אֶקוֹלוֹגיָה (נ)
indiano (m)	ind'yani	אִינדִיָאנִי (ז)
zingaro (m)	tso'ani	צוֹעֲנִי (ז)

zingara (f)	tso'aniya	צוֹעֲנִיָה (נ)
di zingaro	tso'ani	צוֹעֲנִי
impero (m)	im'perya	אִימפֶּרְיָה (נ)
colonia (f)	ko'lonya	קוֹלוֹנְיָה (נ)
schiavitù (f)	avdut	עַבדוּת (נ)
invasione (f)	pliʃa	פּלִישָׁה (נ)
carestia (f)	'ra'av	רָעָב (ז)

195. Principali gruppi religiosi. Credi religiosi

religione (f)	dat	דָת (נ)
religioso (agg)	dati	דָתִי
fede (f)	emuna	אֱמוּנָה (נ)
credere (vi)	leha'amin	לְהַאֲמִין
credente (m)	ma'amin	מַאֲמִין
ateismo (m)	ate'izm	אָתֵאִיזם (ז)
ateo (m)	ate'ist	אָתֵאִיסט (ז)
cristianesimo (m)	natsrut	נַצרוּת (נ)
cristiano (m)	notsri	נוֹצרִי (ז)
cristiano (agg)	notsri	נוֹצרִי
cattolicesimo (m)	ka'toliyut	קָתוֹלִיוּת (נ)
cattolico (m)	ka'toli	קָתוֹלִי (ז)
cattolico (agg)	ka'toli	קָתוֹלִי
Protestantesimo (m)	protes'tantiyut	פּרוֹטֶסטַנטִיוּת (נ)
Chiesa (f) protestante	knesiya protes'tantit	כְּנֵסִיָה פּרוֹטֶסטַנטִית (נ)
protestante (m)	protestant	פּרוֹטֶסטַנט (ז)
Ortodossia (f)	natsrut orto'doksit	נַצרוּת אוֹרתוֹדוֹקסִית (נ)
Chiesa (f) ortodossa	knesiya orto'doksit	כְּנֵסִיָה אוֹרתוֹדוֹקסִית (נ)
ortodosso (m)	orto'doksi	אוֹרתוֹדוֹקסִי
Presbiterianesimo (m)	presbiteryanizm	פְּרֶסבִּיטֶרְיָאנִיזם (ז)
Chiesa (f) presbiteriana	knesiya presviteri''anit	כְּנֵסִיָה פְּרֶסבִּיטֶרִיאַנִית (נ)
presbiteriano (m)	presbiter'yani	פְּרֶסבִּיטֶרְיָאנִי (ז)
Luteranesimo (m)	knesiya lute'ranit	כְּנֵסִיָה לוּתֶרָנִית (נ)
luterano (m)	lute'rani	לוּתֶרָנִי (ז)
confessione (f) battista	knesiya bap'tistit	כְּנֵסִיָה בַּפּטִיסטִית (נ)
battista (m)	baptist	בַּפּטִיסט (ז)
Chiesa (f) anglicana	knesiya angli'kanit	כְּנֵסִיָה אַנגלִיקָנִית (נ)
anglicano (m)	angli'kani	אַנגלִיקָנִי (ז)
mormonismo (m)	mor'monim	מוֹרמוֹנִים (ז)
mormone (m)	mormon	מוֹרמוֹן (ז)
giudaismo (m)	yahadut	יַהדוּת (נ)
ebreo (m)	yehudi, yehudiya	יְהוּדִי (ז), יְהוּדִיָה (נ)

buddismo (m)	budhizm	בּוּדהִיזם (ז)
buddista (m)	budhist	בּוּדהִיסט (ז)
Induismo (m)	hindu'izm	הִינדוּאִיזם (ז)
induista (m)	'hindi	הִינדִי (ז)
Islam (m)	islam	אִיסלָאם (ז)
musulmano (m)	'muslemi	מוּסלְמִי (ז)
musulmano (agg)	'muslemi	מוּסלְמִי
sciismo (m)	islam 'ʃi'i	אִסלָאם שִיעִי (ז)
sciita (m)	'ʃi'i	שִיעִי (ז)
sunnismo (m)	islam 'suni	אִסלָאם סוּנִי (ז)
sunnita (m)	'suni	סוּנִי (ז)

196. Religioni. Sacerdoti

prete (m)	'komer	כּוֹמֶר (ז)
Papa (m)	apifyor	אַפִּיפיוֹר (ז)
monaco (m)	nazir	נָזִיר (ז)
monaca (f)	nazira	נְזִירָה (נ)
pastore (m)	'komer	כּוֹמֶר (ז)
abate (m)	roʃ minzar	רֹאש מִנזָר (ז)
vicario (m)	'komer hakehila	כּוֹמֶר הַקְהִילָה (ז)
vescovo (m)	'biʃof	בִּישוֹף (ז)
cardinale (m)	χaʃman	חַשמָן (ז)
predicatore (m)	matif	מַטִיף (ז)
predica (f)	hatafa, draʃa	הַטָפָה, דרָשָה (נ)
parrocchiani (m)	χaver kehila	חָבֵר קְהִילָה (ז)
credente (m)	ma'amin	מַאֲמִין (ז)
ateo (m)	ate'ist	אָתֵאִיסט (ז)

197. Fede. Cristianesimo. Islam

Adamo	adam	אָדָם
Eva	χava	חַוָה
Dio (m)	elohim	אֱלוֹהִים
Signore (m)	adonai	אֲדוֹנָי
Onnipotente (m)	kol yaχol	כָּל יָכוֹל
peccato (m)	χet	חֵטא (ז)
peccare (vi)	laχato	לַחֲטוֹא
peccatore (m)	χote	חוֹטֵא (ז)
peccatrice (f)	χo'ta'at	חוֹטֵאת (נ)
inferno (m)	gehinom	גֵיהִינוֹם (ז)
paradiso (m)	gan 'eden	גַן עֵדֶן (ז)

Gesù	'yeʃu	יֵשׁוּ
Gesù Cristo	'yeʃu hanotsri	יֵשׁוּ הַנוֹצרִי
Spirito (m) Santo	'ruaχ ha'kodeʃ	רוּחַ הַקוֹדֶשׁ (נ)
Salvatore (m)	mo'ʃiʿa	מוֹשִׁיעַ (ז)
Madonna	'miryam hakdoʃa	מִרְיָם הַקדוֹשָׁה
Diavolo (m)	satan	שָׂטָן (ז)
del diavolo	stani	שׂטָנִי
Satana (m)	satan	שָׂטָן (ז)
satanico (agg)	stani	שׂטָנִי
angelo (m)	mal'aχ	מַלאָך (ז)
angelo (m) custode	mal'aχ ʃomer	מַלאָך שוֹמֵר (ז)
angelico (agg)	mal'aχi	מַלאָכִי
apostolo (m)	ʃa'liaχ	שָׁלִיחַ (ז)
arcangelo (m)	arχimalaχ	אַרכִימַלאָך (ז)
Anticristo (m)	an'tikrist	אַנטִיכּרִיסט (ז)
Chiesa (f)	knesiya	כּנֵסִייָה (נ)
Bibbia (f)	tanaχ	תַנָ"ך (ז)
biblico (agg)	tanaχi	תַנָ"כִי
Vecchio Testamento (m)	habrit hayeʃana	הַבּרִית הַיְשָׁנָה (נ)
Nuovo Testamento (m)	habrit haχadaʃa	הַבּרִית הַחֲדָשָׁה (נ)
Vangelo (m)	evangelyon	אֶוונגֶליוֹן (ז)
Sacra Scrittura (f)	kitvei ha'kodeʃ	כִּתבֵי הַקוֹדֶשׁ (ז"ר)
Il Regno dei Cieli	malχut ʃa'mayim, gan 'eden	מַלכוּת שָׁמַיִים (נ), גַן עֵדֶן (ז)
comandamento (m)	mitsva	מִצווָה (נ)
profeta (m)	navi	נָבִיא (ז)
profezia (f)	nevu'a	נְבוּאָה (נ)
Allah	'alla	אַללָה
Maometto	mu'χamad	מוּחַמַד
Corano (m)	kur'an	קוּראָן (ז)
moschea (f)	misgad	מִסגָד (ז)
mullah (m)	'mula	מוּלָא (ז)
preghiera (f)	tfila	תפִילָה (נ)
pregare (vi, vt)	lehitpalel	לְהִתפַּלֵל
pellegrinaggio (m)	aliya le'regel	עֲלִיָה לְרֶגֶל (נ)
pellegrino (m)	tsalyan	צַליָין (ז)
La Mecca (f)	'meka	מֶכָּה (נ)
chiesa (f)	knesiya	כּנֵסִייָה (נ)
tempio (m)	mikdaʃ	מִקדָשׁ (ז)
cattedrale (f)	kated'rala	קָתֶדרָלָה (נ)
gotico (agg)	'goti	גוֹתִי
sinagoga (f)	beit 'kneset	בֵּית כּנֶסֶת (ז)
moschea (f)	misgad	מִסגָד (ז)
cappella (f)	beit tfila	בֵּית תפִילָה (ז)
abbazia (f)	minzar	מִנזָר (ז)

convento (m) di suore	minzar	מִנזָר (ז)
monastero (m)	minzar	מִנזָר (ז)
campana (f)	paʿamon	פַּעֲמוֹן (ז)
campanile (m)	migdal paʿamonim	מִגדַל פַּעֲמוֹנִים (ז)
suonare (campane)	letsaltsel	לְצַלצֵל
croce (f)	tslav	צלָב (ז)
cupola (f)	kipa	כִּיפָּה (נ)
icona (f)	ikonin	אִיקוֹנִין (ז)
anima (f)	neʃama	נְשָמָה (נ)
destino (m), sorte (f)	goral	גוֹרָל (ז)
male (m)	'roʿa	רוֹעַ (ז)
bene (m)	tuv	טוּב (ז)
vampiro (m)	arpad	עַרפָּד (ז)
strega (f)	maχʃefa	מְכַשֵפָה (נ)
demone (m)	ʃed	שֵד (ז)
spirito (m)	'ruaχ	רוּחַ (נ)
redenzione (f)	kapara	כַּפָּרָה (נ)
redimere (vt)	leχaper al	לְכַפֵּר עַל
messa (f)	'misa	מִיסָה (נ)
dire la messa	laʿaroχ 'misa	לַעֲרוֹך מִיסָה
confessione (f)	vidui	וִידוּי (ז)
confessarsi (vr)	lehitvadot	לְהִתווַדוֹת
santo (m)	kadoʃ	קָדוֹש (ז)
sacro (agg)	mekudaʃ	מְקוּדָש
acqua (f) santa	'mayim kdoʃim	מַיִם קדוֹשִים (ז"ר)
rito (m)	'tekes	טֶקֶס (ז)
rituale (agg)	ʃel 'tekes	שֶל טֶקֶס
sacrificio (m) (offerta)	korban	קוֹרבָּן (ז)
superstizione (f)	emuna tfela	אֱמוּנָה תפֵלָה (נ)
superstizioso (agg)	ma'amin emunot tfelot	מַאֲמִין אֱמוּנוֹת תפֵלוֹת
vita (f) dell'oltretomba	haʿolam haba	הָעוֹלָם הַבָּא (ז)
vita (f) eterna	χayei olam, χayei 'netsaχ	חַיֵי עוֹלָם (ז"ר), חַיֵי נֶצַח (ז"ר)

VARIE

198. Varie parole utili

aiuto (m)	ezra	עֶזרָה (נ)
barriera (f) (ostacolo)	mixʃol	מִכשוֹל (ז)
base (f)	basis	בָּסִיס (ז)
bilancio (m) (equilibrio)	izun	אִיזוּן (ז)
categoria (f)	kate'gorya	קָטֵגוֹרְיָה (נ)
causa (f) (ragione)	siba	סִיבָּה (נ)
coincidenza (f)	hat'ama	הַתאָמָה (נ)
comodo (agg)	'noax	נוֹחַ
compenso (m)	pitsui	פִּיצוּי (ז)
confronto (m)	haʃva'a	הַשווָאָה (נ)
cosa (f) (oggetto, articolo)	'xefets	חֵפֶץ (ז)
crescita (f)	gidul	גִידוּל (ז)
differenza (f)	'ʃoni	שוֹנִי (ז)
effetto (m)	efekt	אֶפֶקט (ז)
elemento (m)	element	אֶלֶמֶנט (ז)
errore (m)	ta'ut	טָעוּת (נ)
esempio (m)	dugma	דוּגמָה (נ)
fatto (m)	uvda	עוּבדָה (נ)
forma (f) (aspetto)	tsura	צוּרָה (נ)
frequente (agg)	tadir	תָדִיר
genere (m) (tipo, sorta)	sug	סוּג (ז)
grado (m) (livello)	darga	דַרגָה (נ)
ideale (m)	ide'al	אִידֵיאָל (ז)
inizio (m)	hatxala	הַתחָלָה (נ)
labirinto (m)	mavox	מָבוֹך (ז)
modo (m) (maniera)	'ofen	אוֹפֶן (ז)
momento (m)	'rega	רֶגַע (ז)
oggetto (m) (cosa)	'etsem	עֶצֶם (ז)
originale (m) (non è una copia)	makor	מָקוֹר (ז)
ostacolo (m)	maxsom	מַחסוֹם (ז)
parte (f) (~ di qc)	'xelek	חֵלֶק (ז)
particella (f)	xelkik	חֶלקִיק (ז)
pausa (f)	hafsaka	הַפסָקָה (נ)
pausa (f) (sosta)	hafuga	הֲפוּגָה (נ)
posizione (f)	emda	עֶמדָה (נ)
principio (m)	ikaron	עִיקָרוֹן (ז)
problema (m)	be'aya	בְּעָיָה (נ)
processo (m)	tahalix	תַהֲלִיך (ז)
progresso (m)	kidma	קִדמָה (נ)

proprietà (f) (qualità)	tχuna, sgula	תכוּנָה, סגוּלָה (נ)
reazione (f)	tguva	תגוּבָה (נ)
rischio (m)	sikun	סִיכּוּן (ז)
ritmo (m)	'ketsev	קֶצֶב (ז)
scelta (f)	bχina	בחִינָה (נ)
segreto (m)	sod	סוֹד (ז)
serie (f)	sidra	סִדרָה (נ)
sfondo (m)	'reka	רֶקַע (ז)
sforzo (m) (fatica)	ma'amats	מַאֲמָץ (ז)
sistema (m)	ʃita	שִיטָה (נ)
situazione (f)	matsav	מַצָב (ז)
soluzione (f)	pitaron	פִּיתָרוֹן (ז)
standard (agg)	tikni	תִקנִי
standard (m)	'teken	תֶקֶן (ז)
stile (m)	signon	סִגנוֹן (ז)
sviluppo (m)	hitpatχut	הִתפַּתחוּת (נ)
tabella (f) (delle calorie, ecc.)	tavla	טַבלָה (נ)
termine (m)	sof	סוֹף (ז)
termine (m) (parola)	musag	מוּשָׂג (ז)
tipo (m)	min	מִין (ז)
turno (m) (aspettare il proprio ~)	tor	תוֹר (ז)
urgente (agg)	daχuf	דָחוּף
urgentemente	bidχifut	בִּדחִיפוּת
utilità (f)	to''elet	תוֹעֶלֶת (נ)
variante (f)	girsa	גִירסָה (נ)
verità (f)	emet	אֱמֶת (נ)
zona (f)	ezor	אֵזוֹר (ז)

www.ingramcontent.com/pod-product-compliance
Lightning Source LLC
LaVergne TN
LVHW051346080426
835509LV00020BA/3301

* 9 7 8 1 7 8 7 1 6 4 2 5 3 *